U0541112

本书系国家社会科学基金一般项目"融资约束异质性与经济政策不确定性视角下企业杠杆率动态调整研究"（项目批准号：20BJL137）最终研究成果

中国企业杠杆率动态调整

决策机制与实现路径

舒长江 著

中国社会科学出版社

图书在版编目（CIP）数据

中国企业杠杆率动态调整：决策机制与实现路径／舒长江著．—北京：中国社会科学出版社，2022．10
ISBN 978－7－5227－0715－0

Ⅰ.①中… Ⅱ.①舒… Ⅲ.①企业管理—研究—中国 Ⅳ.①F279.23

中国版本图书馆 CIP 数据核字（2022）第 144834 号

出 版 人	赵剑英	
责任编辑	党旺旺	
责任校对	夏慧萍	
责任印制	王　超	

出　　版	中国社会科学出版社	
社　　址	北京鼓楼西大街甲 158 号	
邮　　编	100720	
网　　址	http://www.csspw.cn	
发 行 部	010－84083685	
门 市 部	010－84029450	
经　　销	新华书店及其他书店	
印　　刷	北京明恒达印务有限公司	
装　　订	廊坊市广阳区广增装订厂	
版　　次	2022 年 10 月第 1 版	
印　　次	2022 年 10 月第 1 次印刷	
开　　本	710×1000　1/16	
印　　张	14.5	
字　　数	226 千字	
定　　价	78.00 元	

凡购买中国社会科学出版社图书，如有质量问题请与本社营销中心联系调换
电话：010－84083683
版权所有　侵权必究

目 录

第一章 绪论 ……………………………………………………（1）
  第一节 研究背景与意义 …………………………………………（1）
  第二节 研究内容与研究目标 ……………………………………（8）
  第三节 研究思路与研究方法 ……………………………………（15）
  第四节 研究特色与创新之处 ……………………………………（16）
  第五节 研究不足 …………………………………………………（17）

第二章 文献综述 ………………………………………………（19）
  第一节 融资约束与企业杠杆率 …………………………………（19）
  第二节 经济政策不确定性与企业杠杆率 ………………………（22）
  第三节 企业杠杆率动态调整 ……………………………………（24）
  第四节 文献简评 …………………………………………………（27）

第三章 企业杠杆率结构性失衡：融资约束异质性视角 …………（29）
  第一节 理论分析及研究假设 ……………………………………（31）
  第二节 研究设计 …………………………………………………（35）
  第三节 描述性统计及检验结果 …………………………………（37）
  第四节 微观效应分析 ……………………………………………（42）
  第五节 研究结论 …………………………………………………（45）

第四章　企业生命周期、盈利能力与企业杠杆率……………(46)
  第一节　理论分析及研究假设……………………………(48)
  第二节　研究设计…………………………………………(55)
  第三节　计量结果…………………………………………(57)
  第四节　稳健性检验………………………………………(62)
  第五节　研究结论…………………………………………(64)

第五章　经济政策不确定性与融资约束异质性企业杠杆率………(66)
  第一节　基准模型扩展……………………………………(68)
  第二节　研究设计…………………………………………(73)
  第三节　实证结果分析……………………………………(74)
  第四节　稳健性检验………………………………………(76)
  第五节　研究结论…………………………………………(80)

第六章　美联储货币政策不确定性对企业杠杆率溢出效应………(82)
  第一节　理论分析…………………………………………(84)
  第二节　研究设计…………………………………………(88)
  第三节　回归结果及分析…………………………………(90)
  第四节　时变效应分析……………………………………(97)
  第五节　稳健性检验………………………………………(99)
  第六节　研究结论…………………………………………(101)

第七章　企业杠杆率与企业价值………………………………(102)
  第一节　文献回顾…………………………………………(103)
  第二节　研究设计…………………………………………(106)
  第三节　稳健性检验………………………………………(115)
  第四节　研究结论…………………………………………(116)

第八章　企业杠杆率与企业风险承担…………………………(118)
  第一节　理论分析及研究假设……………………………(120)

第二节 研究设计 …………………………………………… (122)
第三节 实证设计与假设检验 ……………………………… (124)
第四节 稳健性检验 ………………………………………… (130)
第五节 研究结论 …………………………………………… (131)

第九章 企业杠杆率动态调整的经济效应与策略 ………… (132)
第一节 文献回顾 …………………………………………… (135)
第二节 研究设计 …………………………………………… (137)
第三节 实证分析 …………………………………………… (141)
第四节 企业杠杆率动态调整策略 ………………………… (150)

第十章 总量货币政策调控对异质性企业杠杆率动态调整的微观效应 ……………………………………………… (153)
第一节 机理分析与研究假设 ……………………………… (157)
第二节 研究设计 …………………………………………… (161)
第三节 结构效应检验 ……………………………………… (164)
第四节 期限效应检验 ……………………………………… (170)
第五节 研究结论 …………………………………………… (174)

第十一章 结构性货币政策对企业融资约束的靶向调控 …… (176)
第一节 文献回顾 …………………………………………… (178)
第二节 理论分析与研究假设 ……………………………… (180)
第三节 研究设计 …………………………………………… (182)
第四节 计量分析 …………………………………………… (184)
第五节 进一步分析：渠道效应检验 ……………………… (191)
第六节 研究结论 …………………………………………… (194)

第十二章 研究结论与政策建议 ………………………………… (196)
第一节 研究结论 …………………………………………… (196)
第二节 政策建议 …………………………………………… (201)

第三节 未来展望 ………………………………………… (205)

参考文献 ……………………………………………………… (207)

后　记 ………………………………………………………… (223)

第一章

绪　　论

第一节　研究背景与意义

经济增长理论认为，投资是拉动经济增长的重要源泉之一，能够促进经济繁荣，创造充分就业。改革开放40多年来中国经济取得了令世界瞩目的成绩，年均经济增长率为9.5%，远高于同期世界平均增长率2.9%，中国已经成为拉动世界经济增长的第一引擎[①]。中国是一个典型的以投资要素驱动的发展中国家，投资在推动国民经济持续发展中具有重要的地位，又由于中国是一个典型的以商业银行为主导的间接融资国家，这就使得中国投资资金来源主要靠商业银行信贷，债务融资比重过大。因此，相比发达国家，中国宏观杠杆率总量一直居高不下（见表1-1）。从中国实体经济各部门结构上看（见图1-1），2014年之前，虽然中国政府部门杠杆率远远高于居民和非金融企业部门，但是居民部门和非金融企业部门杠杆率一直处于上升态势，尤其是非金融企业部门呈现加速上升态势。国际清算银行（BIS）最新数据显示，2018年第三季度中国非金融企业杠杆率为152.9%，在所公布的44个国家和地区中位列第7[②]。

---

① 数据来源于国家统计局官网。
② 数据来源于国际清算银行官网。

表1-1　　　　　中国宏观杠杆率的国际比较　　　　　单位:%

	居民部门杠杆率（2016/12）	政府部门杠杆率（2016/6）	非金融企业部门杠杆率（2015/12）	总杠杆率（2016/12）
美国	80.2	110.27	73.5	279.47
日本	68.8	231.5	105.4	463.52
英国	88.7	88.9	77.8	316.75
加拿大	100	92.4	—	351.6
欧元区	59.8	89.6	—	—
法国	57.6	95.9	85.1	323
德国	54.3	72.1	45.7	223.8
希腊	63.4	179.8	65	320.8
意大利	77.5	96.9	77.6	307.8
中国	41.14	58.6	131.2	248.07

注:"—"表示数据缺失。

数据来源:BIS。

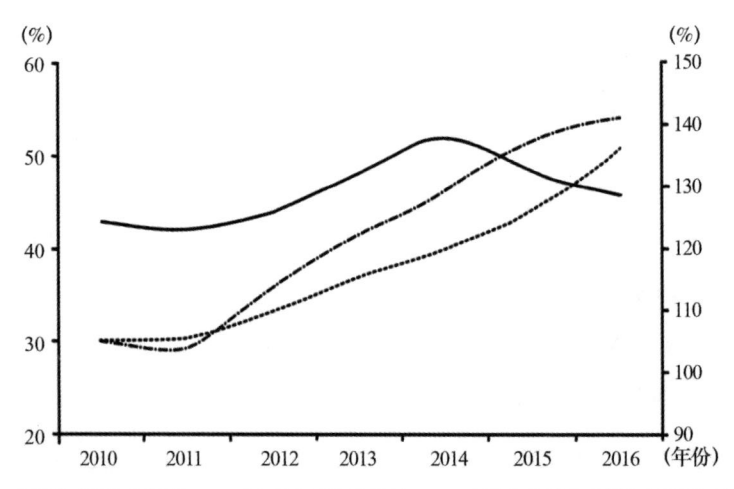

图1-1　中国实体经济各部门杠杆率

数据来源:海通证券研究所、Wind数据库。

首先从总量上看（见图 1-2），2008 年国际金融危机发生后，为了防止经济滑落，非金融企业部门尤其是国有企业部门出现了显著的加杠杆趋势，对支撑经济增长做出了巨大贡献。从 2011 年第三季度起，非金融企业部门杠杆率加速上升，截至 2017 年第二季度已经高达 163.4%，但同期 GDP 同比增速却跌至 7% 以下，表明中国非金融企业资金使用效率边际下降，杠杆率已经超过了最优负债规模。

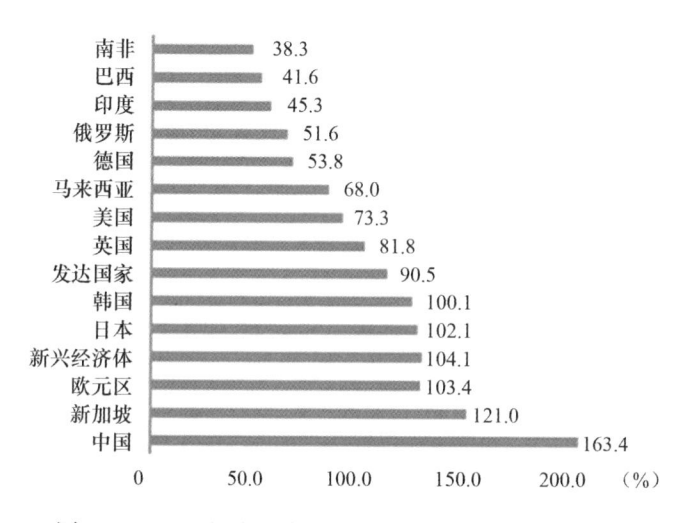

国家/地区	杠杆率 (%)
南非	38.3
巴西	41.6
印度	45.3
俄罗斯	51.6
德国	53.8
马来西亚	68.0
美国	73.3
英国	81.8
发达国家	90.5
韩国	100.1
日本	102.1
新兴经济体	104.1
欧元区	103.4
新加坡	121.0
中国	163.4

图 1-2　2017 年第二季度非金融企业部门杠杆率国际比较

数据来源：Wind 数据库、财政部、中国人民银行。

其次从非金融部门债务余额来源的具体分项来看（见图 1-3），银行信贷占比高达 70%，其次是企业债券，两项合计超过非金融企业部门债务余额的 85%，企业偿债压力巨大。

最后从非金融部门杠杆率的行业分项来看（见图 1-4），将各行业 2008—2017 年的现金到期债务比做算术平均，发现偿债压力比较大的行业大部分是集中在上游的水利、环境和公共设施管理、建筑业、燃气、热力、电子业及水生产和供应、制造业、采矿业等。这些重资产行业和民生行业相比其他产业链上的企业不仅资产收益率低下（甚至为负），而且往往也是产能过剩的行业。这些行业占用了大量的信贷资源，具有明显的"挤出效应"，造成金融资源错配，不仅使得中下游新兴产业无法得

(亿元)

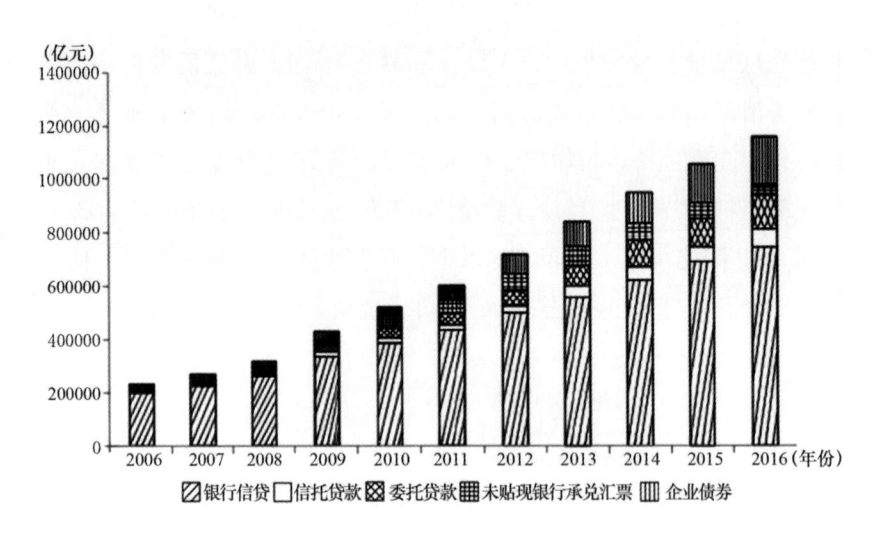

图 1-3 中国非金融企业部门举债方式比较

数据来源：Wind 数据库、财政部、中国人民银行。

到足够融资支持，制约经济转型升级，也使得下游民营企业和中小企业只能通过民间借贷、影子银行等方式融资，背负了沉重的债务负担。

历次经济危机充分证明，过度融资、杠杆率高企、债务规模过大是触发"明斯基时刻"①的引爆器。经济部门债务总量不断攀升，债务负担日益加重，导致中国系统性风险不断积聚，金融脆弱性不断增大，严重威胁整个经济体系平稳运行。综观人类金融史上发生的各种金融危机，诸如 2007 年美国次贷危机、2010 年欧洲主权债务危机以及 2014 年俄罗斯金融危机，虽然其发生的表象各异，但本质上是金融杠杆率不断提升的危机。历次的经济危机提醒我们，一个行业部门持续不断地加杠杆就很容易产生系统性风险，这种系统性风险如果稍不注意，很可能演变为"灰犀牛"事件。鉴于高杠杆所带来的潜在风险，推进供给侧结构性改革，分部门、分行业把杠杆率降下来，成为当前乃至今后很长一段时间中国经济工作的重点。

在 2015 年中央经济工作会议上，首次提出了金融"去杠杆"政策，并将其列为 2016 年经济工作的重点任务之一。2016 年中央经济工作会议

---

① "明斯基时刻"是指资产价值崩溃时刻。

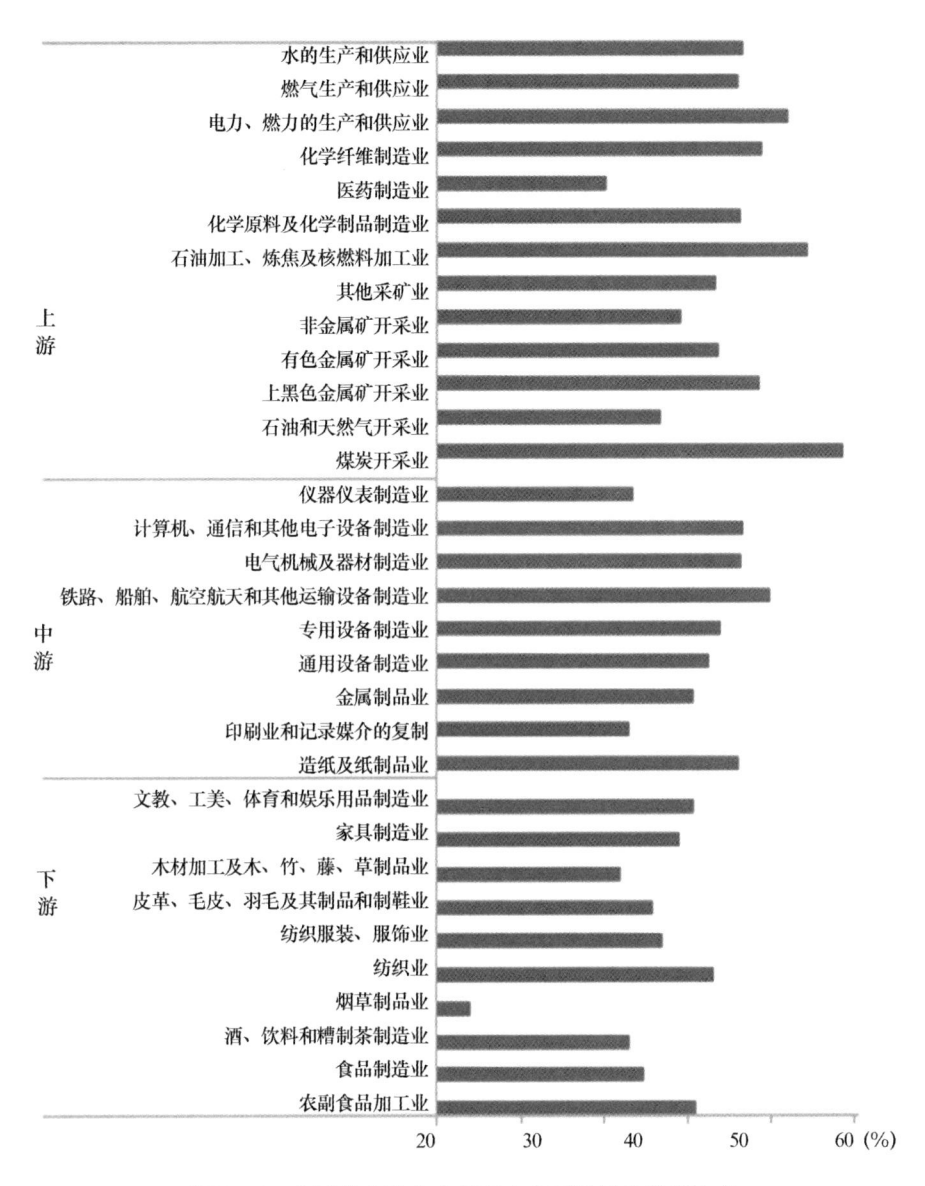

图 1-4 中国非金融企业部门上中下游行业偿债比率

数据来源：wind 数据库。

明确提出"要在控制总杠杆率的前提下，把降低企业杠杆率作为重中之重"。2017年召开的全国金融工作会议进一步明确提出"要推动经济去杠杆""要把国有企业降低企业杠杆率作为重中之重，抓好处置'僵尸企业'工作",坚定不移通过综合措施手段推动降低企业杠杆率工作。2018年4月召开的中央财经工作会议,再次明确提出了"结构性去杠杆",并将其作为重要目标写进了2019年的政府工作报告。中国人民银行在2019年第三季度的货币政策报告中,重点重申了"有序推进结构性去杠杆"。

为了结构性去杠杆、防范与化解系统性金融风险,中国政府相关监管部门相继出台了若干具体措施,在"穿透式"强监管等系列组合政策作用下,一是成功稳住了宏观杠杆率的上升,根据测算,2018年年末中国宏观杠杆率降到了239%①。杠杆率的降低,减轻了企业债务负担,使得企业将更多信贷资金投资到回报率高的领域,从而增强企业的盈利能力,提升了银行信贷资金可偿还概率,缓解了金融系统的脆弱性(马建堂等,2016;舒长江等,2019);二是中国企业杠杆率已开始下降。根据国际清算银行(BIS)最新数据,中国2018年年末非金融企业杠杆率为164.3%,连续两个季度环比下降或持平,这是中国非金融企业杠杆率连续19个季度上升后首次改变上升趋势。三是信贷/GDP缺口保持下降。根据国际清算银行(BIS)最新数据,截至2018年年末,中国信贷/GDP缺口24.4%,较2016年第一季度末降低0.2个百分点,已连续3个季度下降,下降趋势明显,显示中国潜在债务压力正趋于减轻。四是微观杠杆率也呈下降趋势。截至2017年6月末,中国规模以上工业企业资产负债率55.9%,同比下降0.8个百分点,企业资产负债率过高的问题在逐步缓解。但是,与此同时,高杠杆的形成是历史的、长期的过程,想去掉没那么容易,要逐步、渐进地去杠杆。快速去杠杆势必会造成非金融企业流动性资金不足乃至枯竭,容易引发企业衰退乃至破产倒闭,在金融加速器机制作用下,使得整个社会投资、产出大幅下滑,整个经济陷入萧条②(刘晓光,2016)。"去杠杆不能'为去而去',对于实体经济需要的资金和有前景的项目,还是应给予支持,

---

① 根据修正后的GDP数据测算。
② 数据表明,截至2019年9月末,中国社会融资规模存量为219.04万亿元,其中商业银行信贷融资存量为148.58万亿元,占比约为68%,表明中国金融市场是典型的以商业银行为主体的间接融资国家。

确保企业平稳过渡"。

在2015年年末的中央经济工作会议上，党中央、国务院将"去杠杆"确定为五大经济工作任务之一。自此，中国非金融企业部门债务问题的解决开始成为供给侧结构性改革的重中之重。党的十九大报告指出，中国经济正处在转变发展方式、优化经济结构、转换增长动力的攻关期，要深化供给侧结构性改革，"坚持去产能、去库存、去杠杆、降成本、补短板，优化存量资源配置，扩大优质增量供给，实现供需动态平衡"。2018年4月，中央财经委员会召开第一次会议，强调优化非金融企业部门杠杆率结构，分部门、分债务类型提出不同要求，努力实现宏观杠杆率的稳定，做好稳增长与防风险的动态平衡。目前"去杠杆"已经形成共识，但对"如何去杠杆""去到什么程度"还存在较大分歧。大多数专家学者都认同，高杠杆是中国经济的一个主要风险因素，但在实际操作过程中去杠杆的举措收效甚微，甚至适得其反。因此党的十九届四中全会和2019年中央经济工作会议共同提出要求："健全各种政策协同发力的宏观调控体系，营造各种所有制主体公开公平公正参与竞争的市场环境，坚持结构性去杠杆的基本思路，防范金融市场异常波动和共振"。在此背景下，从企业融资约束异质性与外生经济政策不确定性视角考察企业杠杆率动态调整内在机理、决策机制和实现路径，以便精准结构性去杠杆，不仅是政策讨论的必要基础，还是一个具有中国特色的学术谜题。

（1）根据企业成长周期理论，处于生命周期的不同阶段时，企业对资金需求明显不同，融资偏好、融资结构会存在显著差异（王小燕等，2019）。那么，一个值得研究的问题是：企业杠杆率水平是否因企业生命周期阶段变化而存在差异？本书尝试从企业债务结构与企业生命周期视角，重点剖析企业杠杆率动态调整后的经济效应，对企业杠杆率动态非线性调整路径进行分析，从而对上述问题给出一定的回应。

（2）在"债务—投资"驱动的增长模式下，中国企业债务规模不断攀升，债务风险有所上扬，中国"债务—投资"的微观运行机制面临较严重的问题，实体经济正逐步步入"借新还旧"→"借新还息"→"资产负债表恶化"的困境（刘晓光、刘元春，2019）。正因如此，中央决策层高度重视企业的债务风险问题，出台了一系列去杠杆举措。研究中国企业杠杆率动态调整内在机制、经济效应与实现策略不仅是重要理论问题，更是重大现实问题。本书在 Almeida et al.（2004）和 Han & Qiu（2007）模型基础上，将融资约束异质性与经济政策不确定性纳入统一分析框架构建了三期动态投融资决策理论框架，重点考察企业杠杆率显著差异化的形成机制，并基于2008—2019年A股上市非金融企业的数据进行计量检验，整个研究既有理论基础又有实证检验。

（3）"去杠杆"政策实施效果离不开货币政策的精准调控，在推进企业去杠杆过程中，货币政策扮演着十分关键的角色，央行需要采取有效的货币政策，实现去杠杆和稳增长双重目标的平衡。本书根据中国货币政策价格型工具市场化彻底改革还未到位的实际情况，选取数量型货币政策工具，从理论上推导了不同经济周期环境下数量型货币政策工具调控对异质性企业杠杆率的微观效应，并基于2008—2019年A股上市非金融企业季度面板数据，进行了结构效应与期限效应的实证检验。研究结论刻画了货币政策工具对异质性企业杠杆率调控的传导机制，为货币当局实施精准的"去杠杆"政策提供了操作参考。

第二节　研究内容与研究目标

一　研究对象

总体对象：融资约束异质性与经济政策不确定下的企业杠杆率差异化的内在机理、决策机制、动态调整的经济效应与实现策略。

具体对象：

（一）融资约束异质性与经济政策不确定下的企业投融资决策机制。

（二）融资约束异质性企业杠杆率差异化的静态效应与动态特征。

（三）融资约束异质性与经济政策不确定下的企业最优杠杆率。

（四）企业杠杆率动态调整的经济效应与实现策略。

（五）货币政策调控对异质性企业杠杆率动态调整的影响。

二　研究内容

为厘清上述研究对象，本书由十二章内容建构框架。

第一章，绪论。本章分别从为什么（项目的选题背景、研究意义），是什么（研究内容、研究目标、概念界定、研究思路、研究方法），怎么样（创新之处与不足）三方面对项目所要阐述的重点内容进行了详细的论述。

第二章，文献综述。具体从融资约束与企业杠杆率、经济政策不确定性与企业杠杆率、企业杠杆率动态调整等三个方面对现有国内外文献进行综合梳理与系统提炼，在此基础上对现有文献进行综合述评，明确可能需要进一步完善与丰富的方向。

第三章，企业杠杆率结构性失衡：融资约束异质性视角。当下中国杠杆率亟待解决的问题是结构性失衡，其最主要的体现就是企业部门内部杠杆率存在结构性分化，一方面，国有企业债务占全部企业债务的60%，国有企业以及处于产业链上游的大型企业成为高杠杆的"典型代表"，另一方面，中小民营企业面临着"融资难""融资贵"的困境。上述企业杠杆率出现两极分化的现实结果，促使人们不得不思考：不同性质企业、不同规模企业杠杆率存在显著差异的内在理论逻辑是什么？现有杠杆率差异化的结构会对不同企业发展产生什么微观效应？借鉴 Almeida et al.（2004）和 Han & Qiu（2007）构建了三期动态投融资模型，从企业融资约束异质性视角考察非金融企业杠杆率的差异，基于 2008—2019 年度 A 股 1033 家上市非金融企业年度数据，从企业所有制（国有企业和非国有企业）和企业规模（大型企业和中小型企业）两个维度，通过分位数回归的方法，实证检验不同融资约束条件下的企业杠杆率的差异性。经验研究结果印证了理论推导，分位数回归结果显示：融资约束条件低的企业杠杆率高，即国有企业和大企业融资约束小更容易加杠杆，使得杠杆率居高不下。此外，通过结合企业杠杆率和收益率的变化趋势可以发现，在融资约束条件下，信贷资金存在错配现象，大量资本流入到了经济效益较差的企业，一些大型国企对中小民企具有明显的资金"挤出效应"，企业杠杆率存在严重的两极分化现象。研究结论是对现有杠杆率研究的有益补充，也能对现有的理论分析起重要的佐证效用，同时能对企业杠杆操作提供相应的建设性意见。

第四章，企业生命周期、盈利能力与企业杠杆率。目前学界针对企业生命周期杠杆率所表现出阶段性特点的研究相对较少，忽视了企业在不同的生命周期所体现出来的阶段性特征会影响企业杠杆的效率和效果。

同时本章注意到，企业盈利能力对企业生命周期与企业杠杆率之间发挥着调节效应，因此在不同生命周期阶段，对于采取何种杠杆率策略应该关注盈利能力的重要影响。在第三章建立的企业投融资决策模型基础上，本章从企业生命周期视角重点考察不同期限条件下盈利水平对企业杠杆率的影响机制，从理论上剖析了杠杆率差异化背后的企业投融资决策机制，并基于2008—2019年A股上市公司的数据进行了实证检验，检验结果发现：企业盈利能力是企业杠杆率动态调整的重要驱动力，企业资产收益率越高，资源配置效率越高，有利于减少资源错配的行为，进而有助于提升企业杠杆率，这就使得处在不同生命周期的企业杠杆率操作存在显著性差异，复苏成长期企业适合加杠杆，而成熟期和衰退期企业适合去杠杆；此外，研究还发现，企业盈利能力在企业生命周期与杠杆率之间起着正向调节效应。研究结论深化了理论界关于企业杠杆率形成机制的认识，同时对于处在不同生命周期的企业如何精准有效进行杠杆率操作具有较强政策启示。

第五章，经济政策不确定性与融资约束异质性企业杠杆率。企业融资决策，不仅受制于企业内部融资需求，同时也受外部资金供给环境制约，经济政策是决定企业外部融资环境的重要因素。那么内外因素如何共同决定企业杠杆率？本章将经济政策不确定性外生变量与企业内生的融资约束统一纳入到企业投融资决策机制理论分析一般框架，重点考察经济政策不确定性对融资约束异质性企业的投融资决策的差异化影响机制、经济政策不确定下企业杠杆率依赖于融资约束程度的调节机制。并以2008—2019年A股上市非金融企业财务数据为样本对上述机制进行实证检验，研究结果表明：经济政策不确定性会显著降低企业杠杆率，纳入融资约束异质性内生变量发现，低融资约束的企业，面临经济政策不确定性冲击时，企业杠杆率动态调整幅度较小；高融资约束的企业面临经济政策不确定性冲击时，企业杠杆率会显著向下调整；对比高融资约束和低融资约束两类企业，经济政策不确定性冲击对于高融资约束企业杠杆率向下调整幅度要大于低融资约束的企业。稳健性研究结果支持了结论的可靠性，并且显示，经济政策不确定性对企业杠杆率调整具有显著的时变特征。研究结论对面临不同融资约束企业该如何应对经济政策不确定性冲击具有较强的政策启示。

第六章，美联储货币政策不确定性对企业杠杆率溢出效应。中美两国作为世界上最大的两个经济体，两国经济交往已经形成我中有你，你中有我格局，两国宏观经济政策变动不仅会对世界产生重要影响，也会对两国自身产生影响。当前中国正处于经济结构调整、金融结构优化、产业结构升级的关键时期，作为世界第一大经济体的美国，货币政策不确定性通过什么样的渠道对中国企业杠杆率产生影响？对融资约束异质性企业杠杆率影响是否具有差异性？厘清上述关系有利于提升中国宏观经济政策应对美国宏观经济政策不确定冲击的效果，对中国企业正常运行、经济平稳运行具有重要作用。本章通过构建一个开放经济条件下包含融资约束异质性视角的货币政策溢出效应的两国简化经济模型，考察了美联储货币政策操作不确定性对中国企业杠杆率的溢出传导机制。以2008—2019年A股上市非金融企业季度数据，从资产价格、汇率和利率三个渠道实证分析了美联储货币政策不确定性对中国融资约束异质性企业杠杆率的溢出效应。结果显示美联储货币政策不确定性对中国融资约束异质性企业杠杆率的溢出效应在不同的传导渠道下具有显著的差异性。进一步分析发现，美联储货币政策不确定性对中国融资约束异质性企业杠杆率的溢出效应具有典型的时变特征。

第七章，企业杠杆率与企业价值。按照权衡理论的观点，企业以负债的方式进行生产经营可以享受税盾效应，有助于提升企业价值，但在此过程中负债也会带来巨大的还本付息压力，企业破产成本也会上升，因此企业在生产经营过程中必须要在二者之间进行取舍，实现企业资本结构最优化、企业价值最大化。企业杠杆对公司价值到底是具有显著的促进作用或具有显著的降低作用？现有文献一直存在争议。本章基于2008—2019年A股上市非金融企业5780个研究样本，从企业异质性（不同行业、不同地区）的视角出发，采用分位数回归模型，并将其结果与常规模型（最小二乘与固定效应）进行比较。经验结果表明，OLS与固定效应结果很难准确反映杠杆率对企业价值的非均匀影响，而在不同分位点上杠杆率对企业价值的影响存在着显著非均匀性。当企业价值处于5%分位点之前，杠杆率对企业价值提升具有明显的正向促进作用，随着企业价值位于5%分位点之后，杠杆率对企业价值具有明显的负向作用，并且随着分位点的不断增大，杠杆率的负向作用边际增强。

具体从不同行业来看，批发零售业、信息技术业、制造业企业的杠杆率对企业价值在不同分位点上的影响显著强于房地产业、交通运输业和建筑业；从不同地区来看，在75%分位点之前，东部地区企业的杠杆率对企业价值影响明显弱于中西部地区，75%分位点之后，这种影响发生逆转。研究结论为企业杠杆对公司价值影响研究提供了一个新的视角，同时也为中国不同行业、不同地区采取差异化的财务杠杆策略和信贷管理提供参考。

第八章，企业杠杆率与企业风险承担。资本资产定价模型揭示了企业在日常的生产经营过程中收益与风险相伴而生，投资者想要获取高的投资回报就必须承担高风险，企业选择不同的融资方式会面临不同的风险。本章着眼于短期债务期限短、风险较高的特征，着重关注短期债务与企业风险承担水平之间的关系，以2008—2019年A股上市非金融企业为研究样本，研究商业信用、短期债务（仅包括企业短期借款和一年内到期的非流动负债两部分）两种融资方式对于企业风险承担影响的差异性，结果表明资产负债率高的企业风险承担水平越低，商业信用会降低企业风险承担水平，短期债务能显著提高企业的风险承担水平。进一步将短期债务细分为短期债务比重高和比重低的两组，对比二者对于企业风险承担水平的影响时发现，短期债务比重较低时，适当增加它的比重能提高企业风险承担水平，当短期债务水平超过某一限度时，企业风险承担水平会随着短期债务比重的增加而降低，此外，研究还发现商业信用对短期债务与企业风险承担之间具有负向调节作用。企业在生产经营过程中需要结合自身的经营状况，恰当安排商业信用、短期债务的比例关系，形成合理的债务结构，建立相应的预警机制并充分发挥商业信用的调节作用，以降低企业风险。

第九章，企业杠杆率动态调整的经济效应与策略优化。目前"金融去杠杆"已经形成共识，由于对企业杠杆率调整的经济效应缺乏系统的理论实证分析，对"如何去杠杆""去到什么程度"还存在较大分歧。本章尝试从企业融资决策经济政策不确定性的外部环境和企业内部融资约束现实，分析企业杠杆率动态调整对企业财务柔性价值和企业风险的影响，从而对上述分歧进行一定程度的回应。事实上，企业在进行杠杆决策时，不仅要考虑企业内部的融资约束实际，也要考虑外部经济不确定性的冲击，经济政策不确定性和企业融资约束如何影响企业杠杆率的动态调整，其在企业杠杆率与企业财务柔性价值与和企业风险之间发挥怎样的中介调节效应？本章运用资本结构理论，剖析了企业杠杆率动态调整机制，利用2008—2019年非金融企业季度数据，实证考察了企业杠杆率对企业财务柔性价值和企业风险的冲击效应。研究结果表明：企业杠杆率动态调整对企业财务柔性价值具有显著的负向影响，对企业风险具有显著的正向冲击；企业杠杆率动态调整具有显著的非线性影响，企业杠杆率对企业财务柔性价值的倒"J"形、对企业风险的"U"形等非线性影响特征明显；宏观经济政策不确定性和企业融资约束乘积的调节变量抑制了解释变量企业杠杆率对企业财务柔性价值的负向影响，具有显著的负向调节效应，同时调节变量强化了解释变量企业杠杆率对企业风险的正向影响，具有显著的正向调节效应。研究结论为企业杠杆率动态调整的策略优化提供了理论指导。

第十章，总量货币政策调控对异质性企业杠杆率动态调整的微观效应。现有文献鲜有关注货币政策对异质性企业杠杆差异化的作用效果，而这恰恰对于中国典型的"二元"企业结构具有重要的影响。因此，深刻揭示宏观政策冲击对中国非金融企业部门杠杆率结构性影响，是保障宏观政策尤其是货币政策精准"去杠杆"的前提。本章在理论推导基础上实证检验了数量型货币政策工具冲击对异质性企业杠杆率的微观效应。从结构效应看，紧缩的货币政策会显著降低中小企业和民企的杠杆率，由于存在"溢出效应"，提升了国企和大型企业的杠杆率；扩张的货币政策对中小企业和民企具有显著的刺激效果，但是对国企和大型企业刺激效果不明显；从期限效应看，紧缩的货币政策会对企业杠杆率造成显著性负向冲击，短期杠杆率下降幅度明显大于长期杠杆率下降幅度；扩张的货币政策会对企业杠杆率造成显著性正向冲击，长期杠杆率上升幅度比短期杠杆率上升幅度更大。

第十一章，结构性货币政策对企业融资约束的靶向调控。新型货币政策工具相较于传统货币政策工具，具有良好的"总量管理"和"结构优化"双重功能，尤其是结构效应更加显著，是适应当下政策背景的定向操作工具。即使市场利率处于零利率水平，新型货币政策工具对经济刺激依旧能够继续发挥有效的作用，那么新型货币政策工具对小微企业的融资约束是否也具有显著的结构性调节功能,具有显著的"靶向性",达到了2020年《政府工作报告》中提出的"创新直达实体经济的货币政策工具"要求?基于新三板非金融挂牌小微企业2014—2020年度数据样本,采用模型,考察对小微企业融资约束靶向性调控效果。研究结果表明,对小微企业的融资约束具有显著靶向调控效果。将样本划分为资金紧缺型与资金充裕型,发现靶向调控存在显著非对称效应。信贷传导渠道与风险承担传导渠道检验结果发现,缓解小微企业融资约束的信贷渠道比风险承担渠道更迅速、时效更长、靶向调控效果更明显。

第十二章,研究结论与政策建议。根据前文研究,对整个项目的研究结论进行系统概括总结,在此基础上提出今后进一步的研究方向与重点领域。

三 研究目标

本书在已有文献研究的基础上,根据研究框架和研究内容,提出并实现以下研究目标。

总体目标:从理论与实证上揭示企业杠杆率差异化的内在逻辑、动态调整的经济效应与实现路径,为中国当下"结构性去杠杆"提供理论依据与政策操作参考。

分目标:

(一)构建一个包含企业内生性的融资约束异质性与企业外生的经济政策不确定性的企业投融资决策机制理论框架,为整个研究提供理论基础;

(二)从企业产权性质、企业规模和企业生命周期等维度揭示企业杠杆率差异化的静态效应与动态特征;

(三)从融资约束异质性与经济政策不确定性双重视角考察企业最优杠杆区间;

(四)剖析企业杠杆率动态调整后的经济效应与实现策略;

(五)提出货币政策调控应对企业杠杆率的策略。

第三节 研究思路与研究方法

一 研究思路

本书在评述现有研究成果的基础上，以现实重大经济问题为导向，通过文献梳理→逻辑推理→理论框架构建→微观数据实证分析→宏观政策调控效应检验等研究线路依次展开，最终为中国政府部门如何在"稳增长"与"去杠杆"之间权衡、防范化解系统性金融风险提供相应启示与建议。其具体研究路线如图1-5所示。

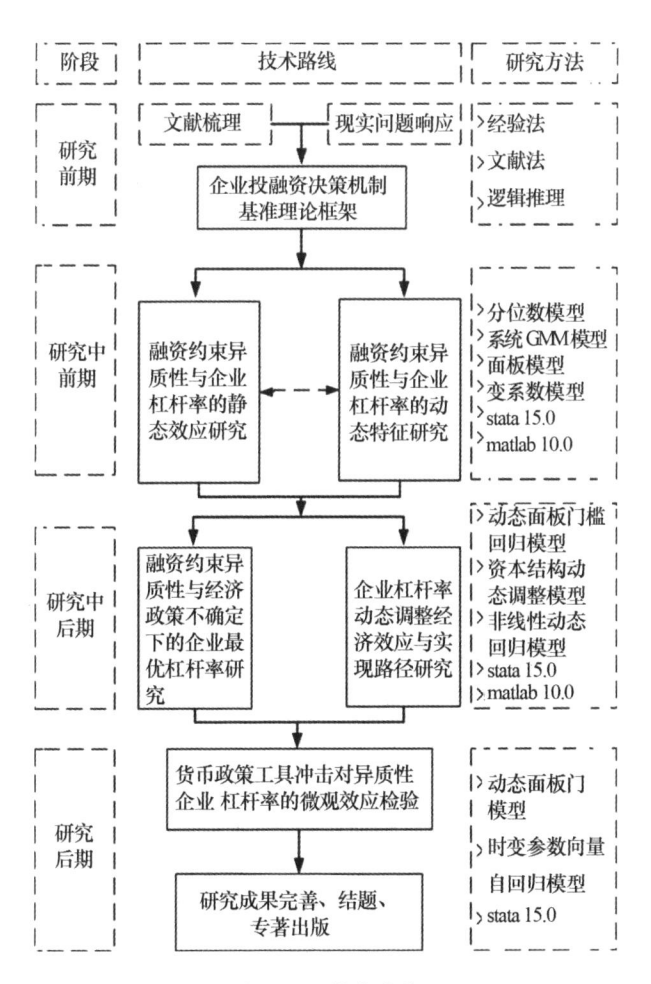

```
阶段            技术路线                         研究方法

研究           文献梳理 → 现实问题响应          经验法
前期                ↓                          文献法
              企业投融资决策机制                逻辑推理
              基准理论框架
                    ↓
研究中       融资约束异   融资约束异            分位数模型
前期         质性与企业   质性与企业            系统GMM模型
             杠杆率的静   杠杆率的动            面板模型
             态效应研究   态特征研究            变系数模型
                                              stata 15.0
                                              matlab 10.0
                    ↓
研究中       融资约束异   企业杠杆率            动态面板门槛
后期         质性与经济   动态调整经            回归模型
             政策不确定   济效应与实            资本结构动
             下的企业最   现路径研究            态调整模型
             优杠杆率研                        非线性动态
             究                                回归模型
                                              stata 15.0
                                              matlab 10.0
                    ↓
研究         货币政策工具冲击对异质性          动态面板门
后期         企业杠杆率的微观效应检验          模型
                    ↓                         时变参数向量
             研究成果完善、结题、              自回归模型
             专著出版                          stata 15.0
```

图1-5 技术路线

二 具体研究方法

（一）文献梳理与经验分析法：通过对已有文献进行归纳整合，梳理企业杠杆率的相关文献、理论与经验分析，将企业内生性的融资约束异质性与外生的经济政策不确定性纳入统一的分析框架。

（二）计量经济学分析方法：综合运用分位数、系统 GMM、动态面板门槛回归、资本结构动态调整等多种计量模型与方法，借助 stata、matlab 等计量软件对需要研究的问题进行实证检验，使得研究结论令人信服。

（三）比较分析法：在微观层面分别从企业产权、规模、生命周期、区域、行业等维度比较考察企业杠杆率的差异性，在宏观层面从不同经济周期阶段比较考察货币政策工具对企业杠杆率的冲击。

第四节 研究特色与创新之处

"金融去杠杆"是当前整个社会关注的热点问题，也是同时具备基础性和前瞻性的课题研究。本书的研究特色和创新点主要体现在以下几个方面。

一 研究特色

本书自始至终贯穿两条主线：一条明线：企业杠杆率动态调整微观机制，这是本书开始的立足点；另一条暗线："结构性去杠杆"，这是本书完成的落脚点。明线与暗线交相呼应，既有明线的微观基础分析与实证，又有暗线的宏观视野解决之策。

二 创新之处

（一）选题新。"如何去杠杆"是当前颇具争议的一个热点。杠杆是一把"双刃剑"，适度的杠杆对经济有益，但如果杠杆率过高，债务增长过快，杠杆反而会拖累经济发展。一方面，大多数专家学者都认同高杠杆是中国经济的一个主要风险因素，应该循序渐进、结构性去杠杆，在不同主体间对杠杆率进行一定程度的调整，在降低总杠杆率的前提下提高杠杆质量；另一方面，中国近年去杠杆的举措有待改进。在此背景下，从企业内生性的融资约束与外生的经济政策不确定性去厘清中国杠杆率变化的作用机制，不仅是政策讨论的必要基础，还是一个具有中国特色的学术谜题。

（二）理论新。借鉴 Almeida et al.（2004）和 Han & Qiu（2007）模型，引入三期动态投融资决策模型，创造性地将企业内生性的融资约束异质性与外生的经济政策不确定性纳入统一的企业投融资决策机制分析框架，为整个项目提供了理论范式。

（三）视角新。首先从企业内生性融资约束异质性视角考察企业杠杆率，即有企业产权、企业规模等维度的静态效应分析，又有企业生命周期的动态特征分析。进而引入经济政策不确定外生变量，重点考察经济政策不确定性对融资约束异质性企业的投融资决策的差异化影响机制、经济政策不确定下企业杠杆率依赖于融资约束程度的调节机制以及经济政策不确定下融资约束异质性企业最优杠杆率形成机制。

（四）建议新。从理论上推导了不同经济周期环境下货币政策工具调控对异质性企业杠杆率冲击效应，刻画了货币政策工具对异质性企业杠杆率冲击的微观机制，并基于面板数据进行了结构效应和期限效应的实证检验，为货币当局提供了实施精准的"结构性去杠杆"的政策参考。

第五节　研究不足

第一，随着经济全球化与经济一体化程度不断加深，世界各国在经济、文化、贸易等各方面交流往来、互联互通，一国经济政策不确定性所带来的影响不仅仅局限于本国内部，还会溢出他国，各国间的经济政策不确定性已经交织成一个复杂的闭环传递网络。限于时间与精力，本书构建一个同时包含企业融资约束异质性与经济政策不确定性的企业投融资决策机制理论分析一般框架，仅仅考虑了国内经济政策的不确定性，未将国外经济政策不确定性纳入进来，会对现有研究结论造成一定的影响，今后需要重点考虑。

第二，经济活动分析是一个系统复杂的工程，分析中国企业杠杆率的结构性特征，不仅需要关注企业自身特征，还需立足中国行业和宏观经济环境的基本特点，进行全面综合的分析，以便在下一阶段进一步深入推进结构性去杠杆。企业杠杆率动态调整不仅仅取决于外部政策和内部经营状况，还与家庭部门、金融中介等部门有着紧密互动联系，因此考虑企业杠杆率动态调整需要从一般均衡角度进行全面考虑，本书在进行计量分析时，主要还是采用局部均衡分析法，今后还需要运用动态随机一般均衡模型进行深入研究。

第二章

文献综述

第一节 融资约束与企业杠杆率

融资约束概念自 Fazzari（1988）提出以后迅速进入研究视野。国内外学者更多的是从融资约束产生原因、影响因素、对企业杠杆率影响等方面进行阐述。Greenwald、Stiglis、Weies（1984）认为信息不对称会显著影响企业融资成本，导致企业杠杆率产生差异性。Kaplan 和 Zingales（1997）提出了融资约束定义即信息不对称、代理问题等造成的市场无效进而使得内外部融资成本和融资结构性产生差异。Allen et al.（2005）从资金供给角度分析了中国企业融资的主要途径是银行信贷，银行信贷规模又会对企业资本结构产生影响。加之，不同性质企业在向银行借款融资过程中地位是非对等的，根据 Tian（2000）的研究，出于维护社会稳定和经济发展的目标，国家会帮助面临困难的国有企业进行兜底，进而造就了国企与非国有企业之间融资约束产生差异，造成了企业杠杆率分化趋势。Brandt 和 Li（2003）同样指出银行对不同所有制企业存在贷款歧视，大型企业、国有企业在信贷政策和融资渠道上更占优势，因而具有更低的融资约束。曾颖、陆正飞（2006）从信息不对称的角度揭示了企业信息披露程度与企业的融资约束成负相关关系，同时也证实了企业信息披露程度是国企、大型企业与非国企和中小企业杠杆率之间存在差异性的重要原因。鞠晓生等（2013）的研究指出内部资金是企业创新投资的主要融资渠道，银行贷款是国企创新投资的一种重要融资方式，但它对其他类型企业的贡献不大，融资约束会紧缩企业外部融资来源，降低企业的创新投入，间接影响了企业杠杆率。张远飞等（2013）发现融资约束会减小企业的融资规模，影响企业正常的生产经营活动，从而减少企业的投资行为，降低企业杠杆率。战明华（2015）以金融摩擦条件下修正的状态证实模型为基础，研究发现，企业融资异质性导致信贷资源配置在不同类型和层次的企业之间是非均衡的，企业的国有属性强化了银行信贷渠道的信贷资源错配效应。黄宏斌等（2016）指出信息不对称与代理问题的差异使得企业融资程度也具有差异性，进而对企业融资成本和资本结构产生影响。钱明等（2016）提出企业信息披露越充分越有益于缓解融资约束，从而有助于缓解企业融资状况，并且这种缓解作用主要体现在民营企业中，在国有企业中并不显著。张璇等（2017）利用2005年世界银行中国企业调查数据研究指出，融资约束严重制约企业的成长发展，其最直接的体现就是企业杠杆率存在差异。林晚发、刘颖斐（2019）利用2007—2016年上市公司发债数据，研究企业信用评级调整对企业资本结构的影响指出，信用评级调整对企业资本结构有着显著影响，通过将企业信用评级调低能够改变企业面临的融资约束进而降低企业杠杆率。于博、夏青华（2019）以2009—2017年国有制造业上市企业为样本，研究发现，去杠杆政策实施有利于降低央企信贷规模、收缩信贷杠杆，但同时会增强其商业信用融资能力。舒长江、洪攀（2020）基于2008—2017年度A股上市企业年度数据研究指出，在融资约束的影响下资金存在严重的错配现象，大量资本流入经济效益低的国有企业，大型国企对中小民企具有明显的资金"挤出效应"。

自Berger和Udell（1998）提出的"融资生命周期"理论之后，部分学者开始认识到企业生命周期是影响企业资本结构变化的基本因素，企业需要根据自身所处的阶段采取适当的融资策略。姚梅芳、张丽琨（2006）以科技型企业为例研究生命周期与企业融资之间的关系发现，不同生命周期企业融资方式不同，导致资本结构和企业杠杆率具有异质性特征。Cumming和Johan（2010）指出在不同生命周期阶段企业融资来源和渠道具有差异性，投资结构也大不相同，因此企业的资本结构也具有差异性。Rocca等（2011）的分析表明，以间接融资为主的国家，企业金融生命周期特征有其特点，例如在成长期企业对债务的运用比例会更高。王士伟（2011）研究发现中小科技型企业在不同生命周期阶段所面临的资金需求呈现出异质性，其中成长期所需资金需求最大。张信东、陈艺萍（2015）从企业生命周期、财务弹性供给和企业融资之间关系的视角研究指出，在不同生命周期阶段企业利用财务弹性供给形成不同的杠杆率，成长期企业利用财务弹性供给提升杠杆率，成熟期杠杆率降低，衰退期杠杆率最低。黄宏斌等（2016）发现企业不同生命周期阶段所面临融资约束具有差异性，企业成长期最需要得到资金支持。王明虎、魏良张（2017）指出不同生命周期阶段企业商业信用融资规模不同，地区经济发展程度在企业生命周期与商业信用融资规模之间发挥着"放大效应"。李亚波（2018）实证研究发现银行等金融机构需要在企业不同生命周期阶段完善企业内外部融资策略，以此来帮助企业更好地发展。潘海英、胡庆芳（2019）的研究显示，处在成长期的企业需要政府加大资金的扶持力度以帮助其缓解融资约束的问题。舒长江、洪攀（2020）研究发现企业在不同生命周期面临不同的融资约束使得企业杠杆率呈现差异性，成长期需要资金扶持，成熟期和衰退期可以降低企业杠杆率，此外，盈利能力能缓解企业融资约束提升企业杠杆率。祝佳等（2020）指出利率市场化能够缓解企业在不同生命周期阶段所面临的融资约束，进而改变企业的融资方式和结构，影响企业杠杆率。

最近几年，由于普惠金融和数字金融的普及，越来越多文献关注新的金融业态在融资约束与企业杠杆率之间发挥的作用。梁琦和林爱杰（2020）指出，企业使用数字金融，不仅可以有效缓解企业融资约束，同时还能够降低企业杠杆率，一举多得解决了企业融资约束对小微企业杠杆率的影响。任晓怡（2020）以A股上市企业为研究对象，研究发现数字普惠金融对企业融资约束具有显著的缓解作用，并且这种作用在小微企业和高新技术企业中效果更加明显。梁琦和林爱杰（2020）使用数字金融的小微企业比不使用数字金融的小微企业的融资约束和杠杆率都要低，即小微企业使用数字金融既能够缓解融资约束，又进而降低了杠杆率，数字金融发挥了一举两得的作用。此外，数字金融使用对欠发达地区、成长期的小微企业融资约束与杠杆率的影响大于对发达地区、非成长期的小微企业的影响，表现出明显的区域和生命周期异质性，也说明欠发达地区和成长期的小微企业更加依赖于数字金融，数字金融对欠发达地区和成长期小微企业的作用属于"雪中送炭"而非"锦上添花"。王琳等（2020）将经济周期和金融周期的变化同时纳入杠杆率模型，分别建立中国上市公司的衰退模型和扩张模型,结合企业融资约束,研究经济周期、金融周期的周期异步性对企业杠杆率的直接效应和间接效应。研究发现:周期异步性对企业杠杆率的直接效应呈逆周期性特征,间接效应呈顺周期性;衰退期时,再融资企业杠杆率对周期性变动比融资受限企业更为敏感。郭杰、娄著盛(2022)针对企业投资决策建模,发现增值税减税会增加企业投资,但杠杆率较高企业由于借贷市场受到约束,投资水平的提高弱于杠杆率低的企业。基于2016Q3-2019Q1上市公司的季度数据,利用双重差分模型实证分析显示,2018年增值税减税政策提高了企业的投资水平,且对固定资产投资的影响更为显著,但借贷市场的传导机制减弱了增值税减税政策对杠杆率较高企业投资的促进作用。赵芮、曹廷贵(2022)以2011—2018年中国沪深A股非金融上市企业为样本,研究数字金融发展对企业杠杆率的影响及作用机制。结果表明,数字金融发展能够显著降低企业杠杆率。区分企业杠杆率的期限结构差异后发现,数字金融发展无论是对企业的短期杠杆率还是长期杠杆率均存在显著的负向影响。同时异质性分析表明,数字金融发展对企业杠杆率的负向影响在国有企业、大规模企业、低盈利企业和高杠杆企业中较大。机制分析则表明,数字金融发展能够通过减少融资成本、缓解融资约束和弱化经营风险的方式来降低企业杠杆率。此外,进一步研究发现,积极推进市场化进程、降低信息产业税收水平、优化科技创新环境以及适当加强金融监管,有助于提升数字金融发展去杠杆的积极作用。马文婷等(2021)使用2011—2018年中国A股上市公司和北京大学数字普惠金融指数进行实证分析,结果表明:数字金融发展可以显著降低企业杠杆率,主要通过缓解企业财务困境、增加金融可得性和降低资源错配程度实现。进一步分析显示,数字金融对企业杠杆率及其引致的违约风险影响,与中长期信贷存在显著差异,同时数字金融又是传统信贷的替代方式。

第二节 经济政策不确定性与企业杠杆率

将经济政策不确定性纳入到经济研究分析框架,最早可以追溯到20世纪初。目前针对宏观经济不确定性的研究,已有文献研究主要基于金融机构与企业间的信息不对称展开。各国政府为实现既定目标会灵活采用各种政策措施，然而频繁变动的政策工具不但会降低政策执行的预期效果而且还会带来经济停滞的现象（Baker，2016）。当宏观经济不确定性增加时，企业未来投资收益的不确定性也相应增加，这加大了金融机构经理人评估项目收益和风险的难度。出于经理人的风险厌恶偏好，金融机构对企业的贷款决策将变得保守（Baum et al., 2009；邱兆祥、刘远亮，2010），经济政策不确定性能够显著抑制企业的投资活动，并且这种抑制作用在2008年后变得尤为明显（李凤羽、杨墨竹，2015），银行信贷渠道收紧抑制企业贷款能力，企业能获得的信贷资金明显减少（曹延求、孙文祥，2015），进而通过外部需求、流动性资金需求和长期资金需求三个渠道造成了企业投资的规模和效率显著降低（Beaudy et al., 2001；王义中、宋敏，2014）。经济政策不确定性的增加，项目违约风险概率的提升将加大外部融资成本和股权风险溢价，导致固定资产投资率下降（Pastor、Veronesi，2013），无论企业的融资约束高低，经济政策不确定性升高均会导致固定资产投资下降，但融资决策的调整依赖于所面临的融资约束程度（张成思、刘贯春，2018；Gilchrist et al., 2014）。

从银行表内业务和表外业务两个方面来看，经济政策不确定性对企业投资行为的影响存在显著差异，进而影响银行风险承担水平（潘攀、邓超、邱煜，2020），在经济政策不确定性的冲击下，企业的经营环境发生变动，投资项目的预期收益出现变化，银行向企业贷款的风险随之上升，增加了企业拥有的投资机会的等待价值，从而抑制固定资产投资（Gulen、Ion，2016；Rodrik，1991），为避免未来现金流不确定性所带来的冲击，企业出于预防性动机放弃当前投资机会而选择持有现金，进而降低财务困境成本并避免陷入流动性困境（Stulz，1996；Han、Qiu，2007）。企业杠杆率的形成及其调整受企业内外部多种因素的影响，其中，经济政策的不确定性是企业始终高度关注的重要问题（Baker et al. 2013），以期限利差和信贷利差为代表的企业信贷政策作为宏观金融供给层面因素是影响企业资本结构及其调整速度的重要因素（Cook、Tang，2010；伍中信等，2013），在货币紧缩（扩张）时期，企业资本结构会向下（上）调整，企业杠杆率因此也会下降（上升）（陈冬等，2014）。经济政策不确定性与杠杆率的走势分化显著相关（纪洋等，2018），2007年以后中国企业杠杆率波动中至少有 40% 可以由经济政策不确定性增加来解释（黄益平，2016）。经济政策不确定性经由不确定性规避这一渠道阻碍企业杠杆率的动态调整，随着政策不确定性的上升，资本结构决策趋于保守（王朝阳等，2018），财务柔性价值在该过程中起到关键作用（顾研、周强龙，2018）。崔惠颖（2020）通过构建四部门经济模型，研究发现居民部门、政府部门、企业部门和金融部门的杠杆率存在紧密联系，随着经济政策不确定性的上升，居民部门的杠杆率会显著受到其他三部门的影响，在结构性去杠杆率过程中需要关注各部门杠杆率的联动。王秋石、屈宇超（2020）借鉴信贷资本逆向流动模型，利用微观企业数据，考察了经济政策不确定性的市场摩擦效应。研究结果发现，随着经济政策不确定性波动加大，商业银行更加依赖软信息进行信贷决策，加强了信贷的市场摩擦，导致高新企业杠杆率降低。刘贯春等（2020）考察了经济政策不确定性与企业资产组合配置的关系，研究发现经济政策不确定性与企业实业投资负相关、与金融投资正相关，研究结果解释了当前"脱实向虚"的现象。司登奎等（2021）基于 2003—2018 年中国 A 股非金融企业的数据，实证分析了外汇政策不确定性对企业杠杆率的影响。研究发现，外汇政策不确定性加剧会显著提升企业杠杆率，并且这种影响机制通过国际资本流动对企业风险的影响渠道来实现。谭小芬等（2022）基于 1998—2013 年工业企业数据，从经济政策不确定性的视角探讨企业部门的杠杆率分化与资源错配，研究发现：第一，EPU 上升会扩大不同效益企业的杠杆率分化，高效益企业的杠杆率降幅是低效益企业的 3.06 倍；第二，融资约束差异是不同效益企业在 EPU 上升时杠杆率分化的重要原因，避险能力差异的影响则比较有限。高效益企业与低效益企业的杠杆率背离意味着金融资源投向的错配，并最终对企业部门的资产效益乃至经济可持续增长产生影响。

第三节　企业杠杆率动态调整

1958 年，Modigliani 和 Miller 提出的 MM 理论，开了现代公司金融研究的先河，该理论强调在一个完全有效的市场中企业价值不会受到企业资本结构的影响，随着认识由浅入深，MM 理论在现实应用中不断受到挑战，后来 Miller（1977）对 MM 模型进行了改进。Jensen 和 Meckling（1976）则在 Fama 和 Miller（1972）的研究成果基础上，通过构建包含管理层行为与企业价值相关关系的 JM 模型指出企业负债行为能够激励管理者，存在使得企业价值最大化的最优资本结构，即边际债务成本等于边际收益，开启了代理成本这一研究领域。Ross（1977）提出的信号传递理论指出提升企业债务比率能显著提升公司价值，首次将信号理论应用于财务管理理论。Baker 和 Wurgler（2002）从信号传递理论的视角分析指出提高企业研发效率有利于向市场传递积极信号、增强投资者信心，企业可以增加权益融资规模，降低企业杠杆率。Myers（1984）提出了资本结构优序理论，强调企业面临融资需求时应当遵循内部融资、外部债权融资、股权融资的融资顺序，并关注盈利能力的作用。

随着越来越多的学者关注到企业负债经营会增加企业经营风险和破产成本，有关企业最优资本结构问题的研究逐渐引起学者们的关注，Scott（1976）提出最优财务杠杆可能与公司有形资产的抵押价值有关，Warner（1977）通过研究发现企业存在使得其价值实现最大化的最佳资本结构，这符合权衡理论的具体内涵。近年来，Haugen 和 Senbet（1988）、Harris 和 Raviv（1991）、Leland（1994、1998）和 Toft（1996）等相应提出静态优化资本目标结构，随后又在动态方面加以了改进。尤其是运用维纳方程和期权定价模型等来构造和求解最优资本结构，开拓了有关资本结构优化研究的新领域。Coricelli et al.（2012）根据资本结构的权衡理论提出了杠杆与企业水平生产率增长之间的非单调关系。Fosu S. et al.（2016）利用啄食顺序和代理成本理论评估了信息不对称程度是企业价值的重要决定因素，并且这种关系在多大程度上取决于企业的杠杆水平。Choi J. 和 Richardson M.（2016）研究发现杠杆率和资产波动率分别对企业价值波动率具有永久性和暂时性影响，有助于解释企业价值波动率的短期和长期动态。胡援成、姜光明（2006）根据筹资者对风险和收益的权衡，以企业股权资金收益率的方差作为筹资风险的度量，建立了关于权益资金收益率的企业家效用函数得到最优资本结构。钟宁桦等（2016）基于 1998—2013 年近 400 万个中国规模以上工业企业负债率的分析，系统梳理了工业企业杠杆率的变化情况和债务的结构性问题。纪敏等（2017）通过 MM 定理的微观视角和增长方式的宏观视角，对中国杠杆率的结构和水平的经济学机理及其与金融稳定的关系进行了分析。袁利勇、胡日东（2018）在合理测算中国宏观经济杠杆率的基础上，使用H-P滤波法、MS-AR模型等方法分析了杠杆率的动态波动特征，研究发现中国宏观经济杠杆率存在着明显的周期性特征和结构性变化。刘哲希、李子昂（2018）通过构建含有高杠杆特征的动态一般均衡模型，系统分析了居民部门加杠杆在宏观层面上带来的影响。张成科等（2018）利用现代计量方法对中国经济部门的杠杆结构进行分析，探讨不同部门杠杆率结构的动态随机变化，借以揭示杠杆率结构变化的内在逻辑。刘贯春、张军、刘媛媛（2018）研究金融资产配置与企业杠杆率之间关系得出，金融资产配置有利于降低企业杠杆率、金融渠道获利会显著提升企业杠杆率。刘晓光、刘元春（2019）基于2000—2015年中国上市公司面板数据，分析指出短债长用与企业杠杆率之间的交互效应弱化了杠杆率的积极作用，强化了杠杆率的消极影响，增强了企业的破产风险。

胡育蓉等（2019）基于1998—2015年上市公司微观面板数据，系统考察了企业杠杆率的全要素生产率效应和企业风险效应两类动态调整效应发现，企业杠杆率与全要素生产率之间存在倒"U"形关系，而与企业风险之间存在"U"形关系。李义超、徐婷（2019）从研发效率和专利产出两个维度综合分析企业创新效率与杠杆率调整的动态关系发现，高研发效率与高专利产出有利于企业向下调整杠杆率并且这种加速效应在国企更为显著。李博阳等（2019）利用2007—2017年中国A股上市非金融企业数据，验证了金融资产配置对企业杠杆率的影响，并进一步考察了企业风险在其中发挥的调节作用。研究结果表明，企业金融风险配置显著负向影响企业杠杆率，并且企业风险强化了这种作用，即企业风险具有正向调节作用。李义超、徐婷（2020）从创新效率视角，利用2008—2017年中国A股上市非金融企业非平衡面板数据，考察了企业杠杆率的动态调整。研究结果表明，创新效率高和创新专利多的企业具有向下调整杠杆率的动力，而这与企业产权性质没有关系，但是具有非对称性。吴立力（2021）以2007—2018年中国非金融类上市公司为研究样本，从适度性角度考察了企业金融化对企业杠杆率调整的影响，探讨了宏观经济政策的调节效应以及企业异质性的非对称特征。研究发现，金融化适度性与企业杠杆率调整速度显著负相关；区分适度性状态后发现，企业过度金融化对杠杆率调整速度产生抑制作用，而企业未过度金融化则表现为促进作用。同时，宽松的货币政策和财政政策以及偏向性产业政策，会削弱金融化适度性对企业杠杆率调整的负向影响，政策效应在过度金融化企业中更为明显。此外，上述影响在非国有和过度负债企业中更加显著。研究结论表明，企业过度金融化是导致高杠杆率及"去杠杆"进程缓慢的重要诱因，宏观层面保持政策松紧适度有利于抑制"脱实向虚"和推进结构性去杠杆。

陆婷和徐奇渊（2021）通过构建企业杠杆率的动态局部调整模型，区分了经济周期对企业杠杆率的直接和间接影响，并利用中国工业企业数据库对二者进行测算。结果显示，用观察经济周期哑变量估计系数的方式来判断经济周期对企业杠杆率的影响，会显著高估企业杠杆率顺周期调整的程度，因为这只捕捉了周期的直接影响。司登奎等（2020）利用2003—2018年中国非金融上市公司为研究样本，系统分析了汇率政策不确定性对企业杠杆率的驱动逻辑，并重点考察了其中的传导机制。实证结果显示，汇率政策不确定性的增加倾向于提高企业杠杆率，且汇率政策不确定性每增加10%，企业杠杆率则平均增加20%；在替换核心指标、改变模型设定和控制内生性问题后，上述结论依然稳健。进一步的异质性分析表明，上述效应在融资约束较低、涉外业务、低生产率和低成长性的企业中尤为凸显。机制分析则表明，汇率政策不确定性会通过引发国际资本流动、降低投资效率并加剧风险承担而提升企业杠杆率，且国际资本流动占据主导作用。郑丽雅、易宪容（2022）基于A股非金融上市公司2007—2019年数据，从股价崩盘风险的视角系统分析了企业杠杆率偏离行为对金融稳定的影响。研究结果表明，企业杠杆率偏离行为会显著增加股价崩盘风险发生的概率。企业杠杆率偏离与股价崩盘风险之间的关系在企业财务困境较为严重、企业业绩下滑及股价波动率较高时更为显著，而在分析师追踪人数较多及盈余预测准确性较高的企业中二者关系得到有效的抑制。

第四节　文献简评

通过文献梳理发现，中外学者对企业杠杆率进行了丰富的研究，既有理论基础研究也有实证检验研究,启迪了本书的研究思路,拓展了本书的研究视角。当然现有文献在以下几个方面可能需要进一步完善与丰富。

一是企业杠杆率的形成既有内生的融资约束压力也有外生的经济政策影响,因此分析企业杠杆率需要将融资约束异质性与经济政策不确定性纳入到一个统一的分析框架,这样得出的研究结论才会更加严谨、科学,而现有文献在这方面还比较欠缺,需要完善。

二是现有文献注意到了融资约束对企业杠杆率的影响,但是这些分析大多数是从企业产权性质、企业规模等静态视角进行研究,缺乏更多关于企业生命周期动态视角的研究,尤其是忽略了不同生命周期阶段企业具有不同的盈利能力,而盈利能力是决定企业杠杆率的核心要素。

三是企业杠杆率动态调整一直是学术界持续关注的热点,现有文献对企业杠杆率动态调整的机理、影响因素给予了充分的讨论。但是现有文献对企业杠杆率动态调整后对企业价值和企业风险的影响尤其是非线性影响这方面的研究还比较少、研究不够深入,以致在"如何去杠杆""去到什么程度"等方面学术界与实务界存在分歧。

第三章

企业杠杆率结构性失衡：融资约束异质性视角[①]

历次的经济危机表明，当一个行业部门持续不断地加杠杆容易产生系统性风险，这种系统性的风险如果稍不注意，很可能演变为"灰犀牛"事件。鉴于高杠杆所带来的潜在风险，推进供给侧结构性改革，分部门、分行业把杠杆率降下来成为当前乃至今后很长一段时间中国经济工作的重点。中国经济进入新常态，发展过程中亟待解决的问题是结构性失衡，其最主要的体现就是非金融企业部门内部杠杆率存在结构性分化，杠杆结构明显分化趋势使得中国宏观政策操作面临诸多不确定性，增加其操作难度。根据中国社会科学院国家资产负债表研究中心所给出的数据，截至2021年第二季度，中国非金融企业部门宏观杠杆率为265.4%，远高于国际警戒线90%的阈值，国有企业债务占全部企业债务的60%[②]，国有企业以及处于产业链上游的大型企业成为高杠杆的"典型代表"。另外，当前中国社会面临的一个紧迫任务是如何纾解中小民营企业"融资难""融资贵"的难题，中小民营企业融资不足已经成为影响中国宏观经济稳定运行的一个重要压力。上述企业杠杆率出现两极分化的现实结果，促使人们不得不思考：不同性质、不同规模企业杠杆率存在显著差异的内在理论逻辑是什么？现有杠杆率结构会对不同企业发展产生什么微观效应？宏观政策操作应该如何应对这种结构分化的企业杠杆率。

[①] 本章节选内容发表于CSSCI期刊《江西社会科学》2020年第1期。
[②] 来源于《国家金融与发展实验室论文》。

融资约束这一概念最早产生于财务会计理论，通过阅读早期文献研究我们能够很清楚地看到，针对市场行为和相关理论研究都是基于市场有效的原则，企业无论是通过生产经营所产生的内部积累或是通过外部借债等方式所获得的资本能给企业带来相同的效用，因此企业资本结构不会对生产经营活动产生影响。出于对现实考虑也可以发现，资本市场并非完全有效，根据 Greenwald、Stiglis 和 Weies 的研究可知，信息不对称会对企业融资成本产生影响，加之融资约束与企业内外部融资成本之间存在正相关关系，那么企业资本结构会同时受到二者的影响，进而企业杠杆率会产生差异性。Kaplan 和 Zingales 在总结之前研究的基础上提出了融资约束定义即信息不对称、代理问题等造成的市场无效进而使得内外部融资成本和融资结构性差异。

针对融资约束对企业产生的影响，国内外研究主要集中在融资约束与企业所有权结构、企业信息披露状况以及企业创新等方面。Tian (2001) 研究显示，出于维护社会稳定和经济发展的目标，国家会帮助面临困难的国有企业进行兜底。钱明 (2016) 提出企业信息披露越充分越有益于缓解融资约束，从而提高企业杠杆率。张璇等 (2017) 指出融资约束严重制约企业的成长发展，最直接的体现就是企业杠杆率存在差异。黄宏斌 (2016) 指出信息不对称与代理问题的差异使得企业融资程度也具有差异性，进而对企业杠杆率产生影响。刘小玄、周晓艳 (2011) 研究发现中国金融资源配置表现出与企业盈利能力相关性较弱的特征，这很容易导致盈利能力不强的企业加杠杆从而导致资源的错配现象。饶品贵、姜国华 (2013) 得出中国信贷资源在行业内部出现错配，最主要的体现是在国企与非国企之间。鞠晓生 (2013) 的研究显示融资约束会降低企业的创新投入从而降低企业外部融资，间接影响了企业杠杆率。张远飞 (2013) 发现融资约束会使得企业经营变得困难，从而减少企业的投资行为，降低杠杆率。战明华 (2015) 研究发现企业融资异质性导致信贷资源配置在不同类型和层次的企业之间是非均衡的。陈海强 (2015) 指出融资约束是企业财务能力约束的一种体现，会显著抑制企业的成长。Wurgler (2000) 研究表明处于优势地位产业的融资能力要明显强于其他产业，长期以来国有企业和大型企业处于产业连的上游，在整个产业链中处于绝对优势和主导地位，因而相对于非国有企业和中小型企业而言能够得到信贷政策的倾斜。Li et al.（2009）研究发现国有企业负债率、长期负债占比相比其他企业更高。曾颖、陆正飞（2006）认为提高信息披露可以降低信息不对称所带来的融资约束，这也是国企、大型企业与非国企和中小企业杠杆率之间存在差异性的原因。

上述文献为理解企业杠杆率的差异性提供了有益参考，但没有提供一个统一的理论分析框架，并且缺乏分析不同融资约束条件下企业杠杆率分化的形成机制；与此同时，现有文献尚未分析企业杠杆率分化对企业发展具有的微观效应。

本章的边际贡献在于：（1）在 Almeida et al. 和 Han & Qiu 模型基础上了，构建了三期动态投融资决策理论框架，重点考察了融资约束异质性企业杠杆率的差异化反应，从理论上剖析了杠杆率差异化背后的企业投融资决策机制；并基于 2008—2019 年 A 股上市公司的数据为样本进行实证检验，实证结果印证了理论推导的自洽性；（2）原有研究范围主要集中在企业性质（国企和非国企），对于企业规模（大型企业和中小型企业）研究较少，本章同时从企业性质（国有企业和非国有企业）与企业规模（大型企业和中小型企业）两个维度进行分析，使得研究结论更加稳健，是对原有文献研究的补充；（3）本章研究从经验层面考察了杠杆率显著差异对企业发展的微观效应，研究结论表明，在融资约束条件下，大中型国有企业对中小民营企业具有明显的信贷资金"挤出效应"，该研究结论具有明显的宏观经济政策操作蕴含。

第一节 理论分析及研究假设

一 模型设定

借鉴 Almeida et al. 和 Han & Qiu 模型，引入三期动态投融资决策模型，按照现有文献通常做法假定企业风险偏好中性。假设企业在初始 t_0 时期拥有现金流量为常数 C_0，企业从银行融资 B_0 后投资固定资产 I_0 和支付股息 D_0，剩余现金为 S_0；t_1 时期企业收到现金流 C_1 后[①]，继续从银行

---

① 由于投资收益的不确定性，假定 C_1 是随机变量，满足均匀分布 $F = [\underline{c_1}, \overline{c_1}] \subset R$。

融资 B_1 后投资固定资产 I_1 和支付股息 D_1；t_2 时期企业用前两期投资获得收益来偿还银行贷款 B_0、B_1 和支付股息 D_2。

模型假定企业在 t_0 时期和 t_1 时期的固定资产投资在 t_2 时期实现收益，企业生产函数设定为经典的科布—道格拉斯函数，为不失一般性将其函数设为 $T(g)$ 和 $H(g)$，根据经典生产函数性质，可知：

$$T'(g) > 0, T''(g) < 0, T'''(g) > 0; H'(g) > 0, H''(g) < 0; H'''(g) > 0 \tag{3-1}$$

进一步假设企业固定资产投资在 t_2 时期的支付比例 p 恒定，企业利用固定资产作为抵押品向银行贷款的抵押率为 $1-\tau$，且 $p, \tau \in (0, 1)$，根据上述假定则有：

$$0 \leqslant B_0 \leqslant (1-\tau)pI_0; 0 \leqslant B_1 \leqslant (1-\tau)pI_1 \tag{3-2}$$

为简化分析，采用 Almeida et al. 和 Han & Qiu 的做法，假设企业持有现金的收益率为 0，贴现因子为 1，则企业在 3 个时期的股利支付函数分别为：

$$\begin{aligned} D_0 &= C_0 + B_0 - I_0 - S_0 \geqslant 0 \\ D_1 &= C_1 + B_1 + S_0 - I_1 \geqslant 0 \\ D_2 &= K(I_0) + L(I_1) - B_0 - B_1 \geqslant 0 \end{aligned} \tag{3-3}$$

其中，$K(I_0) = T(I_0) + pI_0$ 和 $L(I_1) = H(I_1) + pI_1$。

根据企业价值最大化原则，由式（3-3）将不同时期的股息支付期望收益相加，可以得到企业投资的最大净现值为：

$$\max_{(S_0^*, B_0^*, B_1^*, I_0^*, I_1^*)} \Phi = E(\sum_{t=0}^{2} D_t) = K(I_0) - I_0 + E[L(I_1) - I_1 | F] \tag{3-4}$$

由上述分析可知，式（3-4）求解的约束条件为式（3-2）和式（3

−3)。

二 模型求解

在上述模型分析框架下，本章以企业面临的融资约束作为切入点，根据企业面临融资约束的大小进行分列求解①，以期从理论上推导出不同融资约束条件下的企业投融资决策机制，进而揭示不同企业杠杆动态调整的内因。

（一）融资约束小企业投融资决策机制

由于融资约束小的企业具有足够的融资能力，因而其会按照边际收益等于边际成本的最优经济法则来安排最优的投资水平，即：

$$K^{'}(I_0^*) = 1; L^{'}(I_1^*) = 1 \tag{3-5}$$

根据式（3-5）可知，企业在 t_1 时期固定资产投资与 t_1 时期的现金流 C_1 无关，这表明无论投资项目未来收益以及外部环境如何，低融资约束企业可以通过现金流持有或通过向银行融资两个渠道来满足其投资需求。企业具有提升杠杆率的潜在驱动力。

（二）融资约束大企业投融资决策机制

融资约束大的企业进行生产经营决策时更容易受到信贷约束的限制，必然使得其实际投资水平与最优投资水平之间会存在差异。在这种情况下企业会整合内部融资与外部融资来的有限资金在不同时期的项目之间进行最优跨期配置。因此企业在 t_0 时期和 t_1 时期把现金流留存不进行股利支付就是最优策略，同时企业会尽最大可能向银行借款以便获取更多的外部融资。此时：

$$D_0 = D_1 = 0; B_0 = (1 - \tau)pI_0; B_1 = (1 - \tau)pI_1 \tag{3-6}$$

---

① 采用 Almeida et al.（2004）和 Han & Qiu（2007）的定义，融资约束小的企业是指凡是能够提升企业净现值的投资项目均能以微小成本获得外部融资；融资约束大的企业是指企业受到资金约束限制，最优资金不能有效投资到正净现值投资项目，从而导致企业没有足够信用获得更多外部融资。

整理可得：

$$I_0 = \frac{C_0 - S_0}{\varphi}; I_1 = \frac{C_1 + S_0}{\varphi} \qquad (3-7)$$

其中，$\varphi = 1 - p + \tau p$。

在信贷约束限制下，企业会通过选择现金持有来实现企业价值最大化，目标函数为：

$$\max_{(S_0^*)} \Phi = K(\frac{C_0 - S_0}{\varphi}) - \frac{C_0 - S_0}{\varphi} + E[L(\frac{C_1 + S_0}{\varphi}) - \frac{C_1 + S_0}{\varphi} | F]$$
$$(3-8)$$

对上式关于 S_0 求偏导，得到一阶条件为：

$$K'(\frac{C_0 - S_0^*(C_0, F)}{\varphi}) = E[L'(\frac{C_1 + S_0^*(C_0, F)}{\varphi}) | F] \qquad (3-9)$$

根据式（3-9）可知，企业在 t_0 时期应该持有的现金流 C_0 需要在当期与下一期的资本边际产出之间做出权衡。企业的投资决策更多取决于自有资金的跨期配置，企业不具有高杠杆率的能力。

三 经验假设

根据"财务危机成本假说"观点，国有企业的财务危机成本要远远低于非国有企业，出于减小财务危机而控制企业杠杆率的动机较小，变相加剧了国有企业过度负债的状况；中国商业银行信贷资金构成了企业债务资本的直接来源，国有企业和主要商业银行同为国家控股，这种融合降低了商业银行对国有企业资质评估成本，形成了借贷过程中的比较优势，商业银行往往偏好国企、忽视非国企的行为一方面造成了国有企业杠杆率逐渐上升，另一方面导致非国有企业借贷困难，从而使得非金融企业内部杠杆率之间产生分化现象。由此，提出如下假设 3.1：

假设3.1：融资约束小的国有企业具有高杠杆；融资约束大的非国有企业具有低杠杆，并且国有企业与非国有企业部门杠杆率之间存在分化的趋势。

从企业横向发展的视角看，国有企业与非国有企业之间杠杆率出现分化，从企业产业链纵向视角看，中国产业链上游主要集中分布着大型企业（尤其是诸多大型工业企业），中小型企业则处于产业链下游（主要集中的是第三产业以及科技服务型企业）。Kiyotaki and Moore 提出的"信贷约束低压机制"表明企业从银行获得贷款的额度取决于企业资产的价值，由于上游大型企业规模大、可抵押的产品多、经营的不确定性和风险较低等原因，相比较中小企业而言，大型企业面临较低的融资约束，银行在资金分配上愿意将更多的资金借给大型企业，间接造成了大型企业杠杆率高，下游的中小型企业杠杆率低。根据林毅夫新结构主义经济学有关理论可知，结构性特征是影响发展中国家经济平稳运行的重要因素，在中国非金融企业部门内部，资金主要流入上游大型企业，而从企业盈利能力方面看，下游企业明显优于上游的大型企业，因此，二者之间存在结构性矛盾，提高产业链下游中小型企业的生产能力、加大资金的扶持力度，不仅能够提高下游工业企业的获利能力和创新能力，还能增加对上游大型企业的商品需求，从而有利于提高上游企业的资金利用效率，从而降低其杠杆率。基于此，提出如下假设3.2：

假设3.2：大型企业融资约束弱杠杆率高，中小型企业融资约束强杠杆率低，资金在不同规模企业之间存在错配的现象。

第二节 研究设计

一 样本选取

选取 A 股上市非金融公司 2008—2019 年财务数据为样本，并且做了以下处理：(1) 剔除了金融类公司、ST、PT 等具有退市风险或者是风险警示公司样本；(2) 剔除了当季 IPO 公司以及 H 股和 B 股上市公司样本；(3) 剔除了样本缺失，不连续以及有异常值的公司。共获取样本量为 10330 个。为了防止样本异常值，所有样本数据两端进行了 1% 的缩尾处理，样本数据来源于 WIND 数据库，实证检验采用计量软件 stata15.0。

二 变量选取

借鉴牛慕鸿、纪敏（2013）等的研究，以资产负债率作为企业杠杆率的代理变量，对于融资约束的衡量最早是由 Kaplan 和 Zingales（1997）提出用财务状况作为划分企业融资约束的依据。目前对于融资约束（FC）指标体系的构建方法包括 Lamont 提倡采用 KZ 指数法，Whited 和 Wu（2006）提出的 WW 指数，以及 Hadlockh 和 Pierce（2010）所构建的 SA 指数法。KZ 指数法和 WW 指数法，主要是以企业的现金流和资金杠杆等具体指标作为核心变量，根据鞠晓生（2013）的研究可知，采用 SA 指数法来衡量企业融资约束能有效避免 WW 指数和 KZ 指数带来的内生性问题，因而本文采取 SA 指数法，其具体计算方法为：$-0.737 \times Size + 0.043 \times Size^2 - 0.04 \times Age$。同时，由于上述采用 SA 指数法计算所得值为负数，采用取绝对值的方式来进行回归。其他控制变量参照苏冬蔚和曾海舰（2009）、肖泽忠和邹宏（2008）以及蒋灵多等（2018）的文献研究，模型中的控制变量选取如下：企业资产收益率（roe）、前十大股东持股比例合计（$largest$）、营业收入同比增长率（$growth$）、企业成立年限（age）。

表 3-1　　　　　　　　变量的定义

	符号	含义	定义
被解释变量	ln lev	企业资产负债率的对数	企业杠杆率的代理变量
解释变量	FC	企业融资约束代理变量	以 SA 指数法进行构建融资约束指标
控制变量	age	企业上市年龄	上市年限的自然对数
	roe	企业净资产收益率	企业盈利能力的代理变量
	largest	前十大股东的持股比例	对股权集中度的衡量
	growth	公司成长性	营业收入增长率

注：本章采用分位数回归的方法，为保证平稳性，采用半对数化模型，大型、中小型企业的划分标准参照国家统计局印发的《统计数据大中小微型企业划分办法（2017）》的通知。

三 模型设计

根据彭克强、蔡玉蓉（2019）的研究，为保持数据的平稳性使得核心解释变量与被解释变量呈现出较好的分布状况,对模型进行对数化处理。考虑到估计结果的可解释性以及方程中各个变量的实际含义,所以采用半对数模型,为检验假设 3.1 和假设 3.2,分位数回归模型(3 – 10)、模型(3 – 11)设定如下:

$$K'\left(\frac{C_0 - S_0^*(C_0, F)}{\varphi}\right) = E\left[L'\left(\frac{C_1 + S_0^*(C_0, F)}{\varphi}\right) \mid F\right] \quad (3-10)$$

其中,i_1 表示企业产权性质($i_1 = 1$ 表示国企;$i_1 = 0$ 表示民企)、t 为时期,X 为控制变量。若企业性质为国企且回归结果系数 β_1 为正数,若企业性质为民企且回归系数 β_1 为负数,则假设 3.1 得到验证。

$$\ln lev_{i,t} = \beta_0 + \beta_1 \times FC_{i_2,t} + \beta_2 \times X_{i,t} + \varepsilon \quad (3-11)$$

其中,i_2 表示企业规模($i_2 = 1$ 表示大企业;$i_2 = 0$ 表示中小企业),t 为时期,X 为控制变量。当企业规模为大型企业时且 β_1 回归结果为正数,说明大型企业更加容易加杠杆,当企业规模为中小型企业且 β_1 回归结果为负数,则说明中小型企业存在被动去杠杆。假设 3.2 得以验证。

第三节 描述性统计及检验结果

一 描述性统计

从表 3 – 2 报告了变量的描述性统计量。表 3 – 2 显示,$\ln lev$、FC、roe 均值分别为 – 0.7738,2.8173 和 0.0759,营业收入($growth$)同比增长率均值为 0.2056,前十大股东持股比例($largest$)均值为 38.58%。

表 3 – 2　　　　　　　变量描述性统计的结果

变量	样本量	均值	中位数	最大值	最小值	标准差
$\ln lev$	10330	– 0.7738	– 0.6615	0.0617	– 4.0288	0.4974
FC	10330	2.8137	2.8027	3.4507	1.6820	0.3497

续表

变量	样本量	均值	中位数	最大值	最小值	标准差
roe	10330	0.0759	0.0756	11.1130	-4.8913	0.2363
largest	10330	0.3858	0.3941	0.9444	0.0001	0.2068
age	10330	2.8503	2.8904	3.6889	0.6931	0.3092
growth	10330	0.2056	0.0961	7.1560	-0.7604	15.4057

二 变量的相关性分析

表 3-3 报告了变量的相关系数。表 3-3 显示，FC 与 $\ln lev$、age 与 $\ln lev$、$largest$ 与 $\ln lev$ 以及 roe 与 $\ln lev$ 的相关性系数在 1% 的水平上分别为 0.1055，0.0512，0.0861 和 -0.073。

表 3-3　　　　　　　　　　相关系数矩阵

	ln lev	FC	age	growth	largest	roe
ln lev	1.0000					
FC	0.1055***	1.0000				
age	0.0512***	0.4327***	1.0000			
growth	0.0110	0.0094	-0.0106	1.0000		
largest	0.0861***	0.2052***	0.0106***	-0.2614***	1.0000	
roe	-0.0730***	0.0048	-0.0171	0.0234**	0.0131	1.0000

注：***、** 分别表示在 1%、5% 的水平上显著。

三 实证结果分析

表 3-4a 和表 3-4b 回归结果表明，国有企业与成立年限交互项在各个分位点回归结果均在 1% 的水平上显著为正，民营企业与成立年限交互项在各个分位点回归结果均在 1% 的水平上显著为负，表明国企具有加杠杆、民企存在被动去杠杆的特征，国企相对民企来说具有更高的杠杆率，国企相较于民企具有融资的优先权，国企拥有比民企更加宽松的融资环境；无论是国有企业或是民营企业，其杠杆率系数绝对值差值随着分位数的增加而增加，表明年限越长的企业越容易提高企业杠杆率，这主要

在于年限长的企业一般规模相对较大、抵押资产较多，加上成立年限越长与银行联系越密切，容易形成"关系型融资"，获得融资的比较优势；进一步分析发现，国企内部25%分位点与75%分位点杠杆率回归系数差值为0.0147，要远远低于国企25%分位数与民企75%分位数回归系数之差的0.0766，表明随着成立年限的增加，资金在不同性质企业之间存在严重的分化趋势，年限越长的25%国企远具有比年限较短的75%民企更加不对等的融资地位，研究结论较好解释了最近几年中国信贷市场上存在的老牌国企频频为年轻民企提供"过桥"资金的违规乱象。综合上述分析，假设3.1得以验证。

表3-4a　　　　　　　　国有企业分位数回归结果

	25th Q	50th Q	75th Q
$FC \times Age$	0.0482***	0.0416***	0.0335***
($i_1 = 1$)	(7.8983)	(11.4767)	(12.2760)
growth	0.0013***	0.0053	0.0027
	(5.8367)	(1.3062)	(0.9896)
largest	0.1748***	0.1209***	0.1103***
	(4.3809)	(4.6429)	(6.5210)
roe	-0.4412***	-0.3096***	-0.1958***
	(-11.7182)	(-9.0856)	(-10.2440)
R^2	0.0181	0.0198	0.0208
$Quasi-LR$	184.6840***	290.0822***	329.9321***
N	6060	6060	6060

注：*** 表示在1%的水平上显著，括号中为t值，下同。

表3-4b　　　　　　　　民企分位数回归结果

	25th Q	50th Q	75th Q
$FC \times Age$	-0.0460***	-0.03818***	-0.0284***
($i_1 = 0$)	(-7.3092)	(-10.4282)	(-10.8154)
growth	0.0013***	0.0050	0.0026

续表

	25th Q	50th Q	75th Q
growth	(5.8064)	(1.0336)	(0.9504)
largest	0.1926***	0.1305***	0.1213***
	(4.7244)	(5.1121)	(7.0085)
roe	-0.4387***	-0.3177***	-0.1956***
	(-10.9661)	(-8.7639)	(-10.3256)
R^2	0.0174	0.0183	0.0186
Quasi-LR	175.3918***	267.7622***	293.6743***
N	4270	4270	4270

表3-5a 大企业分位数回归结果

	25th Q	50th Q	75th Q
FC	0.2981***	0.1767***	0.0958***
($i_2 = 1$)	(18.6885)	(17.8406)	(13.1267)
age	-0.0202	0.0526***	0.0583***
	(-0.8237)	(2.9986)	(5.1392)
growth	0.0014***	0.0058**	0.0027
	(6.2796)	(2.2899)	(0.7568)
largest	0.0983***	0.0697***	0.0881***
	(2.6477)	(2.7662)	(5.0155)
roe	-0.5497***	-0.3839***	-0.2099***
	(-7.6422)	(-9.4300)	(-10.7369)
R^2	0.0429	0.0337	0.0233
Quasi-LR	463.9307***	521.9316***	368.3485***
N	10330	10330	10330

表3-5b 中小企业分位数回归结果

	25th Q	50th Q	75th Q
FC	0.2981***	0.1767***	0.0958***

续表

	25th Q	50th Q	75th Q
($i_2 = 0$)	(18.6885)	(17.8406)	(13.1267)
age	-0.0202 0.0526***	0.0583***	
	(-0.8237)	(2.9986)	(5.1392)
growth	0.0014***	0.0058**	0.0027
	(6.2796)	(2.2899)	(0.7568)
largest	0.0983***	0.0697***	0.0881***
	(2.6477)	(2.7662)	(5.0155)
roe	-0.5497***	-0.3839***	-0.2099***
	(-7.6422)	(-9.4300)	(-10.7369)
R^2	0.0429	0.0337	0.0233
Quasi-LR	463.9307***	521.9316***	368.3485***
N	10330	10330	10330

表3-5a和表3-5b回归结果可知：一是大型企业相较于中小型企业面临更小的融资约束，具体表现为大型企业在1%的显著性水平下各个分位点的回归结果均为正数，拥有较高的杠杆率，中小型企业在1%显著性水平下各个分位点回归结果均为负数，杠杆率较低，结合前述分析可知，大型企业与中小型企业之间杠杆率呈现分化差异。二是大型企业在25%分位点和50%分位点的系数差异为0.1214，50%与75%分位点回归差异为0.0809，差异在逐渐缩小。这说明相比较而言，资金主要流向规模更大的大型企业，这类企业越容易通过借债的方式提升企业杠杆率。中小规模企业在25%分位点与50%分位点的差异为-0.1214，在50%与75%分位点的差异为-0.082，差异在逐渐加大，揭示了规模越小的中小企业杠杆率下降越大的特征。主要原因在于企业融资约束差异造成了不同规模企业杠杆率之间的分化差异，即使是在同一类型企业内部，由于规模，会计制度，抵押物的多少等原因的存在，规模越大的大型企业相对来说更容易借入资金，规模越小的中小型企业融资越困难，杠杆率持续走低。综合上述分析，假设3.2得以验证。

第四节 微观效应分析

随着认识不断深化,当分析国有企业与非国有企业、大型企业与中小型企业杠杆率差异时,应当注意:以借款方式进行融资,当企业将所借资金投入到获利能力强的项目或者领域,产生了与之相匹配的收益时,这种生产方式才可持续,一旦未能形成有效的投资收益,会使企业面临巨大的还本付息压力,从而面临巨大的财务风险,而这种风险经过银行等信贷部门的传导,会对整个经济体产生巨大的冲击。前述分析中我们可以看出,大型企业、国有企业与中小型企业、非国有企业杠杆率之间呈现出分化趋势,具体表现为大企业、国有企业杠杆率高企,中小企业和非国有企业一直存在加杠杆的困境。此外,通过对大型企业与中小型企业、国有企业与非国有企业资产收益率同比变化率趋势图(见图3-1、图3-2),不难看出,大型企业、国有企业债务高企,而资产的获利能力却没有得到相应的提高,中小型企业和非国有企业在市场竞争中处于弱势地位,虽然有比较好的获利能力,但是却很难获得资金的支持。

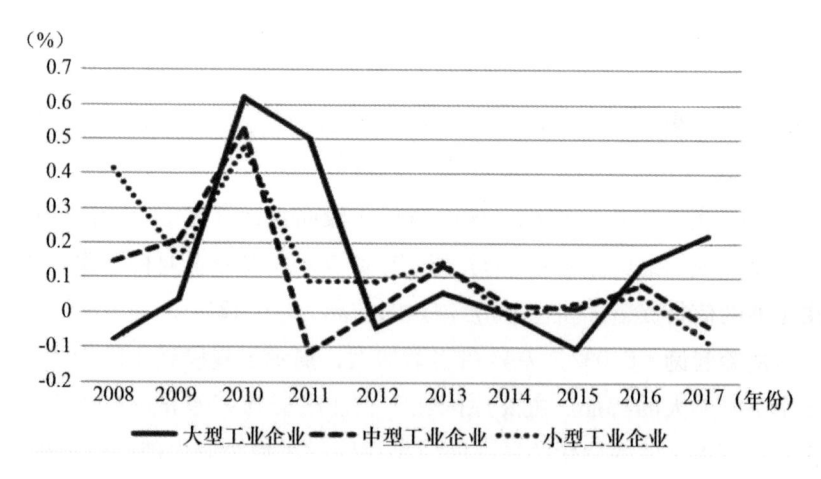

图3-1 大型企业、中小型企业资产收益率同比变化率

数据来源:国家统计局网站。

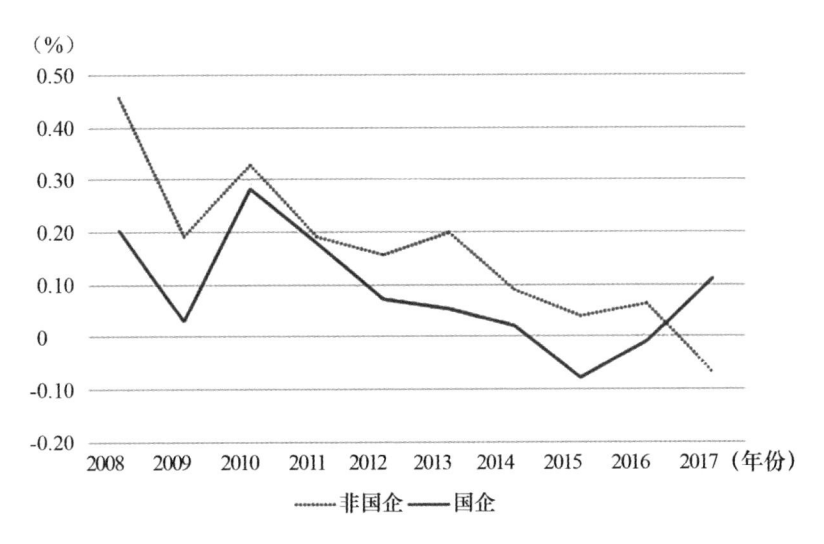

图 3-2 国有企业与非国有企业资产收益率同比变化率

数据来源：国家统计局网站。

大型企业、国有企业与中小型企业、非国有企业的杠杆率、资产收益率之间呈现出来的逆趋势揭示了中国企业部门资金存在错配现象，资金大多流向了经济效益低的企业部门，呈现出"高杠杆、低收益"的不正常现象。更深层次的影响是资金错配带来的不可持续问题经过累积很容易引发系统性的金融风险，大型国企的高杠杆率形成了对中小民企的"挤出效应"。

基于上述分析，提出下列假设：

假设3.3：由于融资约束的叠加效应，大型国有企业对中小民营企业存在明显的信贷资金"挤出效应"。

为检验假设3.3，设立模型（3-12）：

$$\ln lev_{i,t} = \beta_0 + \beta_1 \times FC_{i_1,t} \times FC_{i_2,t} + \beta_2 \times X_{i,t} + \varepsilon \tag{3-12}$$

其中，在加入交互项之后，若大型国企融资约束回归系数 β_1 显著为正，中小民企融资约束回归系数 β_1 显著为负，说明融资约束小的大型国企对融资约束大的中小型民企存在显著的"挤出效应"。

表 3-6　　"挤出效应"的分位数回归结果

	25th Q		50th Q		75th Q	
	$(i_1=1, i_2=1)$	$(i_1=0, i_2=0)$	$(i_1=1, i_2=1)$	$(i_1=0, i_2=0)$	$(i_1=1, i_2=1)$	$(i_1=0, i_2=0)$
$FC_{i_1} \times FC_{i_2}$	0.2840***	-0.2472***	0.1781***	-0.1661***	0.1112**	-0.1174**
	(16.998)	(-11.89)	(18.002)	(-13.82)	(15.291)	(-12.49)
age	0.0154	0.0417	0.0678***	0.0558**	0.0665***	0.0730***
	(1.852)	(1.600)	(3.8516)	(3.3056)	(6.1348)	(6.1392)
growth	0.0012**	0.0016***	0.0055**	0.0034	0.0022	0.0036
	(5.4292)	(7.2462)	(2.2864)	(0.1064)	(0.7997)	(0.7700)
largest	0.0924**	0.1170***	0..0783***	0.0800***	0.0767***	0.0847***
	(3.0423)	(2.8929)	(3.0423)	(2.9846)	(4.5385)	(4.8773)
roe	-0.4750**	-0.4649***	-0.3364***	-0.3618***	-0.1955***	-0.2122***
	(-4.977)	(-10.28)	(-7.292)	(-6.591)	(-9.428)	(-11.22)
R^2	0.0351	0.0292	0.0320	0.0272	0.0265	0.0240
$Quasi-LR$	376.2370***	301.1203***	490.7607***	403.3965***	422.4539***	381.2086***
N	10330	10330	10330	10330	10330	10330

由表 3-6 可知，大型国企各个分位点回归结果在 1% 的显著性水平下均为正，并且这种效应随着分位点的扩大不断减小，中小民企回归结果在 1% 显著性水平下均为负，并且回归系数随着分位数的扩大不断加大，上述原因与前文分析相同。纵向来看，不同分位数点上，国有大型企业杠杆率系数与中小民营杠杆率系数的差值皆为正数，说明大型国企对中小民企存在明显的挤出效应，但是随着分位数点增加，二者系数之差逐渐缩小主要是由于大型国企回归系数递减，中小民企回归系数递增，二者趋势相反，导致上述回归结果的递减。结合回归系数的变化趋势来看，规模越大的大型国企杠杆率提升幅度更大（25% 分位数的回归系数最大），规模越小的中小民企杠杆率下降的幅度更大（75% 分位数的回归系数下降最大），因此规模越大的国有企业对规模越小的中小民营企业的挤出效应更强。此外，通过对比 25% 分位数大型国企与 50% 分位数的大型国企对中小民企的挤出效应，同样可以发现，25% 分位数的大型国企比 50% 分位数的大型国企对中小民企的挤出效应更强，假设 3.3 得到验证。

第五节 研究结论

当下中国杠杆率亟待解决的问题是结构性失衡，其最主要的体现就是企业杠杆存在结构性分化，一方面，国有企业债务占全部企业债务的60%，国有企业以及处于产业链上游的大型企业成为高杠杆的"典型代表"，另一方面，中小民营企业面临着"融资难""融资贵"的困境。融资约束的现实决定了不同企业具有差异化的投融资行为，以期实现市值的最大化。现有研究认识到企业融资约束的存在，但是目前还缺乏一个标准的理论分析框架来探讨不同融资约束企业的最优投融资策略，并且缺乏分析不同融资约束条件下企业杠杆率分化的形成机制。

借鉴 Almeida et al.（2004）和 Han & Qiu（2007）模型，引入三期动态投融资决策模型，重点分析企业内生性融资约束异质性条件下企业的最优投融资策略，从企业融资约束异质性视角考察非金融企业杠杆率的差异，并基于2008—2017年度A股1033家上市非金融企业作为研究样本，从企业所有制（国有企业和非国有企业）和企业规模（大型企业和中小型企业）两个维度，通过分位数回归的方法，实证检验不同融资约束条件下的企业杠杆率的差异性，结论主要有以下两点。

（1）融资约束较低的国有企业、大型企业杠杆率一直处于高位，融资约束较高的非国有企业、中小型企业杠杆率处于低位。并且资金在国企与非国企、大型企业和中小型企业之间错配的现象直接造成非金融企业部门杠杆率的分化。

（2）融资约束的叠加效应使得资金更多地流向了融资约束较低的大型国有企业，大型国有企业的"挤出效应"具有显著的规模效应，这种结果使得中小民企面临更加"融资难""融资贵"的尴尬处境，严重阻碍了中小企业的正常发展，不利于中国经济的可持续增长。

第四章

企业生命周期、盈利能力与企业杠杆率[①]

最近几年，中国杠杆率持续攀升，其中企业部门杠杆率增长最为明显，债务规模持续增长，债务负担日益沉重。根据李扬、张晓晶、常欣（2015）的测算，2008年是中国非金融企业部门杠杆率发生变化的重要转折点，2008年之前，企业部门杠杆率一直维持在100%水平线，2008年之后趋势迅速上升，到2015年上升到131.2%，截至2021年第二季度，中国非金融企业部门宏观杠杆为265.4%，远高于国际警戒线90%的阈值。国际清算银行（BIS）数据表明，2018年第三季度中国非金融企业杠杆率为152.9%，在所公布的44个国家和地区中位列第7[②]。Reinhart and Rogoff（2011）指出债务规模的扩张、加速杠杆率的上升是引发系统性金融风险的诱因，加上中国大公司资产负债率明显高于小公司、国企明显高于民企，杠杆率呈现出结构性特征。中央经济工作会议强调，将防范和化解重大金融风险作为首要任务，以结构性去杠杆的思路分部门分类型将杠杆降下来。

企业是国民经济的细胞，非金融企业部门去杠杆应当是重中之重。在讨论如何"去杠杆"的过程中，一方面需要弄清楚企业杠杆率形成差异的原因及内在逻辑，另一方面需要解决"适度杠杆率"的问题。目前学界针对企业生命周期杠杆率所表现出阶段性特点的研究相对较少，对于企业生命周期与企业资本结构、融资策略相关研究较多，无论是企业

[①] 本章节节选内容发表于《财经理论与实践》2020年第3期。
[②] 数据来源于国际清算银行官网。

融资策略还是资本结构调整都会直接或者间接影响到企业的杠杆率。吴莉昀（2019）通过实证研究发现成长期的中小企业面临显著的融资压力，政府、金融机构需要开拓融资渠道，对成长期企业进行扶持。王士伟（2011）研究发现中小科技型企业在不同生命周期阶段中所面临的资金需求呈现出异质性，其中成长期所需资金需求最大。王雪原，王玉冬，徐玉莲（2017）研究发现加大对于初创期、成长期企业资金投入能够显著增加企业的产出，增强企业创新能力。Luigi et al.（2008）通过研究意大利的企业数据样本发现银行信贷对于成长期企业的技术创新具有显著的促进作用。Cumming and Johan（2010）指出企业在不同生命周期阶段企业融资来源和渠道具有差异性，投资结构也大不相同，因此企业的资本结构也具有差异性。Berger et al.（1998）提出的"融资生命周期"理论指出，企业生命周期是影响企业资本结构变化的基本因素，企业需要根据自身所处的阶段采取适当的融资策略。潘海英，胡庆芳（2019）的研究显示处在成长期的企业需要政府加大资金的扶持力度以帮助其缓解融资约束的问题。李亚波（2018）实证研究发现银行等金融机构需要在企业不同生命周期阶段完善企业内外部融资策略，以此来帮助企业更好地发展。Song et al.（2011）研究发现商业银行主导的金融体系国家，国家政策会主导银行信贷的分配顺序，从而造成结构性的问题。谢里，张斐（2018）研究指出"去杠杆"应当将"四万亿"激励计划中的重点行业企业作为去杠杆的主要对象。黄宏斌，翟淑萍，陈静楠（2016）研究发现企业不同生命周期阶段所面临融资约束具有差异性，企业成长期最需要得到资金支持。

针对企业生命周期与企业盈利能力之间关系的研究主要有：Spence and Michael（1981）认为，初创期企业能够利用风险投资资金进行生产研发，形成成本优势，建立行业进驻壁垒，保护竞争，增强企业盈利能力。Adams et al.（2005）研究指出，成长期的企业往往偏向于冒险，成熟期企业投资策略偏向稳健，企业从成长期到成熟期的盈利能力逐渐减弱。Habib and Hasan（2015）发现成长期企业尽可能多地获取资源，立足市场，形成竞争优势，此时表现出强劲的增长势头，盈利能力较强。王傅强（2013）研究发现，不同生命周期阶段企业现金股利政策的差异来源于公司不同的盈利能力。马微和盖逸馨（2019）研究指出成长期企业的盈利能力显著强于衰退期企业。

综合现有的国内外文献来看，这些研究多数是从静态视角对企业的杠杆率进行研究，忽视了企业在不同的生命周期所体现出来的阶段性特征会影响企业杠杆的效率和效果。

与已有的研究相比较，本章的主要贡献在于：（1）在 Almeida and Wolfenzon（2004）和 Han & Qiu（2007）模型基础上，从企业生命周期视角构建了三期动态投融资决策理论框架，重点考察不同期限条件下盈利水平对企业杠杆率的影响机制，从理论上剖析了杠杆率差异化背后的企业投融资决策机制；并基于2008—2019年A股非金融企业数据进行了实证检验，实证结果印证了理论推导的自洽性；（2）企业盈利能力对企业生命周期与企业杠杆率发挥着调节效应，因此在不同生命周期阶段，对于采取何种杠杆率策略应该关注盈利能力的重要影响。

第一节 理论分析及研究假设

企业生命周期是指企业从最初创立到最终清算的动态发展全过程，主要包括初创期、成长期、成熟期和衰退期四个阶段。Greiner（1972）发现不同生命周期的企业在经营管理和融资等方面都呈现出异质性特征，因而需要选择适当的方法。根据"企业生命周期理论"[①]的观点，针对企业生命周期研究的目的是刻画出企业各个阶段性特征，从而制定出一套与之相适应的管理策略来增强发展能力。

一 模型设定

借鉴 Almeida and Wolfenzon（2004）和 Han & Qiu（2007）模型，从企业生命周期视角构建了三期动态投融资决策理论框架，按照现有文献通常做法假定企业风险偏好中性，研究起点为企业衰退期。假设企业在衰退 t_0 时期拥有现金流量为常数 C_0，企业从银行融资 B_0 后投资固定资产 I_0 和支付股息 D_0，剩余现金为 S_0；复苏成长 t_1 时期企业收到现金流 C_1

[①] 企业生命周期理论是对企业发展过程的动态模拟和研究。

后①，继续从银行融资 B_1 后投资固定资产 I_1 和支付股息 D_1；成熟 t_2 时期企业用前两期投资获得收益来偿还银行贷款 B_0、B_1 和支付股息 D_2。

模型假定企业在 t_0 时期和 t_1 时期的固定资产投资在 t_2 时期实现收益，企业生产函数设定为经典的科布—道格拉斯函数，为不失一般性其函数设为 $T(g)$ 和 $H(g)$，根据经典生产函数性质，可知：

$$T'(g) > 0, T''(g) < 0, T'''(g) > 0; H'(g) > 0, H''(g) < 0, H'''(g) > 0 \tag{4-1}$$

进一步假设企业固定资产投资在 t_2 时期的支付比例 p 恒定，企业利用固定资产作为抵押品向银行贷款的抵押率为 $1-\tau$，且 $p,\tau \in (0,1)$，根据上述假定则有：

$$0 \leqslant B_0 \leqslant (1-\tau)pI_0; 0 \leqslant B_1 \leqslant (1-\tau)pI_1 \tag{4-2}$$

为简化分析，采用 Almeida et al.（2004）和 Han & Qiu（2007）的做法，假设企业持有现金的收益率为 0，贴现因子为 1，则企业在 3 个时期的股利支付函数分别为：

$$\begin{aligned} D_0 &= C_0 + B_0 - I_0 - S_0 \geqslant 0 \\ D_1 &= C_1 + B_1 + S_0 - I_1 \geqslant 0 \\ D_2 &= K(I_0) + L(I_1) - B_0 - B_1 \geqslant 0 \end{aligned} \tag{4-3}$$

其中，$K(I_0) = T(I_0) + pI_0$ 和 $L(I_1) = H(I_1) + pI_1$。

根据企业价值最大化原则，由式（4-3）将不同时期的股息支付期望收益相加，可以得到企业投资的最大净现值为：

---

① 由于投资收益的不确定性，假定 C_1 是随机变量，满足均匀分布 $F = [\underline{c_1}\ \overline{c_1}] \subset R$。

$$\max_{(S_0^*,B_0^*,I_1^*,I_0^*,I_1^*)} \Phi = E(\sum_{t=0}^{2} D_t) = K(I_0) - I_0 + E[L(I_1) - I_1 | F] \tag{4-4}$$

由上述分析可知,式(4-4)求解的约束条件为式(4-2)和式(4-3)。

二 模型求解

在上述模型分析框架下,本章基于企业盈利能力水平进一步将企业划分为盈利能力强和盈利能力弱两大类企业进行求解[①],以期从理论上推导出不同盈利水平下的企业投融资决策机制,进而揭示企业生命周期下的企业杠杆动态调整的内在逻辑。盈利能力衡量的是企业资产的创收能力,资产收益率越高,盈利能力相应就越强。根据纪敏(2017)、牛慕鸿(2018)等已有文献可知,以资产负债率作为微观杠杆率的代理变量,可得以下两个公式:

$$微观杠杆率 = 宏观杠杆率 \times 资产收益率 \tag{4-5}$$
$$即:\Delta 微观杠杆率 = \Delta 宏观杠杆率 + \Delta 资产收益率 \tag{4-6}$$

从上式中我们可以看到,企业的盈利能力对企业杠杆率会产生重要影响。其主要作用机制在于:其一,当企业采取借款融资的方式提高企业的资产负债率,将资金应用于技术创新和扩大再生产,形成了有效的投资收益,企业能够可持续发展;当经济过热导致企业盲目乐观预期进行加杠杆,而未形成有效的投资收益,根据"金融经济周期理论",[②] 一旦货币当局采取紧缩的政策,经过银行信贷渠道传导,会加大对实体经

[①] 采用 Almeida et al. (2004) 和 Han & Qiu (2007) 的定义,融资约束小的企业是指凡是能够提升企业净现值的投资项目均能以微小成本获得外部融资;融资约束大的企业是指企业受到资金约束限制,最优资金不能有效投资到正净现值投资项目,从而导致企业没有足够信用获得更多外部融资。

[②] 强调经济活动在受到冲击情况下,会通过金融体系进行传导而形成持续的、周期的经济波动。

济的冲击力度，企业资产收益率的降低导致债务人面临巨大的偿债压力，从而加重杠杆率上升所带来的危害；其二，企业加杠杆之后资金流向对经济发展是极其重要的，当资金更多地流向产值较低、收益率较差的行业和领域，会造成资金的错配，使得这些企业无法形成合理的投入产出比，那就会形成一方面企业资产负债率的上升，另一方面表现为资产获利能力下降，这种发展模式是不可持续的。

（一）盈利能力强的企业投融资决策机制

由于盈利能力强的企业具有足够的融资能力，因而其会按照边际收益等于边际成本的最优经济法则来安排最优的投资水平，即：

$$K'(I_0^*) = 1; L'(I_1^*) = 1 \qquad (4-7)$$

根据式（4-7）可知，企业在 t_1 时期的固定资产投资与 t_1 时期的现金流 C_1 无关，这表明无论投资项目未来收益以及外部环境如何，盈利能力强的企业可以通过现金流持有或通过向银行融资两个渠道来满足其投资需求。企业具有提升杠杆率的潜在驱动力。

（二）盈利能力弱的企业投融资决策机制

盈利能力弱的企业由于明显受到信贷约束的限制，必然使得其实际投资水平要低于最优投资水平。在这种情况下企业会整合内部融资与外部融资来的有限资金在不同时期的项目之间进行最优跨期配置。因此企业在 t_0 时期和 t_1 时期把现金流留存不进行股利支付就是最优策略，同时企业会尽最大可能向银行借款以便获取更多的外部融资。此时：

$$D_0 = D_1 = 0; B_0 = (1-\tau)pI_0; B_1 = (1-\tau)pI_1 \qquad (4-8)$$

整理可得：

$$I_0 = \frac{C_0 - S_0}{\varphi}; I_1 = \frac{C_1 + S_0}{\varphi} \qquad (4-9)$$

其中，$\varphi = 1 - p + \tau p$。

在信贷约束限制下，企业会通过选择现金持有来实现企业价值最大化，目标函数为：

$$\max_{(S_0^*)} \Phi = K(\frac{C_0 - S_0}{\varphi}) - \frac{C_0 - S_0}{\varphi} + E[L(\frac{C_1 + S_0}{\varphi}) - \frac{C_1 + S_0}{\varphi}|F]$$

(4-10)

对上式关于 S_0 求偏导，得到一阶条件为：

$$K'(\frac{C_0 - S_0^*(C_0, F)}{\varphi}) = E[L'(\frac{C_1 + S_0^*(C_0, F)}{\varphi})|F]$$

(4-11)

根据式（4-11）可知，企业在 t_0 时期应该持有的现金流 C_0 需要在当期与下一期的资本边际产出之间做出权衡。企业的投资决策更多取决于自有资金的跨期配置，企业不具有高杠杆率的能力。

三 经验假设

由于经济周期和金融周期涉及因素不同，其变动对企业杠杆率的影响力也存在不少差异。从直接影响看，当经济周期处于繁荣期，金融周期处于衰退期时，金融市场信用环境紧缩，资产价格下跌，企业增加债务融资，提高杠杆率，此时市场整体风险偏好扩张，货币政策等政策传导效果好，实体企业经营兴盛，导致杠杆率上升。当经济周期处于衰退期，金融周期处于繁荣期时，金融市场信用环境宽松，资产价格上升，企业减少债务融资，降低杠杆率，此时市场整体风险偏好收缩，货币政策等政策实施效果下降，企业经营困难，导致杠杆率下降。也就是说，从直接影响看，企业杠杆率呈逆金融周期波动。从间接影响看，当经济周期处于繁荣期（经济增速快）、金融周期处于衰退期（监管加强，信用紧缩）时，由于周期波动对企业其他特征因素产生影响后，再影响企业杠杆率的波动，其间存在滞后效应，因此杠杆率相对呈下降趋势；在经济周期处于衰退期（经济增速减慢）、金融周期处于繁荣期（监管宽松，信用扩张）时，由于周期对企业其他特征因素的影响进而影响杠杆率，其间存在滞后效应，使得企业杠杆率相对上升。也就是说，从间接影响看，企业杠杆率呈顺金融周期波动。

当企业进入到衰退期，企业面临的问题是"如何选择"，衰退期的企业一般有两种发展路径，其一是通过转型升级，继续发展，在其他相关的行业和领域进入成长期；其二就是选择以低成本和风险进行撤退。这一阶段企业存在被动去杠杆、维持低水平杠杆率的特征：一方面，企业在衰退期希望通过借款等方式缓解自身压力，找到新的经济增长点，继续生产经营，但是这会使企业面临较高的财务和破产风险。由于该阶段企业的市场份额逐渐缩小，盈利能力急剧下降，没有新的盈利增长点和充足的现金流量，因此银行等金融机构在衰退期会减小放贷规模，加大催收力度，企业资产负债率不具备上升的条件；另一方面，企业具备去杠杆的基础，企业前期开展经营活动积累的留存收益可以偿还之前的债务，降低企业杠杆率；在复苏成长期，企业面临的是"如何发展"的问题。一方面，企业在成长期发展速度快，该阶段的主要目标是提高市场占有率，增强企业的竞争力，但产生的现金流不能满足快速发展的需要，企业存在资金缺口；另一方面，在成长阶段，随着企业经营业务逐渐趋于稳定，银行等金融机构会根据企业的盈利能力和发展潜力拓宽融资渠道，加大对于企业的资金扶持力度，因而企业存在加杠杆的动力、维持高杠杆率的特征。随后企业进入成熟期，最需要解决的是"如何获取最大利润"的问题。企业经过成长期之后，各个方面都获得了快速发展，拥有更低的融资需求和更高获取利润的能力，产生的充足现金流量可以满足企业的生产发展需要，企业经过多年的发展拥有较多的留存收益。另外，企业还可以通过清除产值效率低的组成部分、合理配置资源等方式提高资金的使用效率，因此企业在该阶段可以选择去杠杆。

通过上述分析，提出如下假设：

假设4.1：成长期企业适合加杠杆，成熟期和衰退期企业适合去杠杆。

企业杠杆率取决于企业的融资成本和收益，企业融资约束情况也会影响企业面对经济周期、金融周期波动时的敏感程度。可再融资的企业对融资的需求强烈，融资时往往会忽视对融资成本和收益的关注，较易提高杠杆率；相反，融资受限企业，会更多地选择内部融资，这些企业在融资时会较多地考虑融资的成本和收益，会综合考虑各融资渠道的融资成本进行选择，这类企业杠杆率波动较小。从直接影响看，当经济周期与金融周期存在异步现象时，企业杠杆率是随金融周期逆周期变化的，且可再融资的公司表现更明显，通过融资来提升企业杠杆率。在金融衰退时期，融资环境紧缩，可融资企业得不到融资，融资受限的企业反而不易受周期波动影响；在金融繁荣时期，可再融资的公司可以通过融资来提升企业杠杆率，而融资受限企业因为不能得到融资，使公司杠杆率相对下降。因此，可再融资企业杠杆率受金融周期波动的影响较融资受限企业大。

同理，从间接影响看，当经济周期与金融周期存在异步现象时，企业杠杆率是随金融周期顺周期变化的，但相同的是，可再融资企业杠杆率受金融周期波动的影响较融资受限企业大。因此，将企业生命周期、盈利能力和企业杠杆率结合来看，企业在衰退期时，一般选择退出相关行业和领域，会主动采取以自身盈余去杠杆，并且衰退期企业资产获利能力弱，因此它对于企业生命周期与去杠杆之间关系的作用力较弱。企业在复苏成长期时，一方面企业尚未形成充足稳定的现金流，需要大量资金进行生产经营，存在加杠杆的必要条件；另一方面，当企业的盈利能力强，资产收益率高，在相同的条件下银行等金融机构会优先给这些企业发放贷款，因此资产收益率越高的成长期企业，越容易促使企业加杠杆；在成熟期，企业生产经营比较稳定，有充足的现金流量可以满足企业生产经营；当企业盈利能力强、投入产出比高，企业会主动进行剥离非主要业务，有目的地去杠杆。

因此，提出如下假设：

假设4.2：盈利能力越强，企业融资约束越低，企业越适合加杠杆。

假设4.3：盈利能力在企业生命周期与杠杆率之间起着正向调节效应。

第二节 研究设计

一 样本选取

为了对冲2008年国际金融危机的影响,中国实施了4万亿元投资计划来缓解企业资金周转困境,开启了中国企业快速加杠杆的进程。企业高杠杆集聚了系统性金融风险,2016年国家提出了金融去杠杆政策。因此根据研究需要和数据的可获性,选取了2008—2019年A股上市公司为研究样本,并且做了以下处理:(1)剔除了金融类公司、ST、PT等具有退市风险或者是风险警示公司样本;(2)剔除了当季IPO公司以及H股和B股上市公司样本;(3)剔除了样本缺失,不连续以及有异常值的公司。共获取样本量为10330个,其中处于成长期的样本量为4821个、成熟期为3453个、衰退期为2056个,为了防止数据的异常值,所有样本数据两端进行了1%的缩尾处理,样本数据来源于东方财富Choice金融终端,文中假设检验软件采用的是Stata 15.0。

二 变量选取

现有文献中对于企业杠杆率的测算一般采用的是企业资产负债率,本文借鉴Fotopoulos and Louris(2004)的研究,以企业资产负债率作为企业杠杆率的代理变量,对于企业生命周期的阶段划分,参照Dickinsion(2011)现金流量的组合法进行划分[①],具体形式(见表4-1),对于其他控制变量的选取参照蒋灵多(2018)、钟宁桦(2016)、王宁伟(2018)等的文献研究,模型中选取的控制变量包括:前十大股东持股比例合计($Largest$)、营业收入同比增长率($Growth$)、企业组织形式($State$)、企业规模($Size$)、企业年龄(Age)、年份($year$)(见表4-2)。

[①] 这种方法所使用的现金流量模式代理的一个好处是,它使用了运营、筹资和投资现金流量中包含的全部财务信息集,而不是其中的某一个度量来确定企业的生命周期。经营现金净流量所体现的是企业的运营情况,筹资现金净流量则反映出企业的筹资需要,投资现金净流量是用来表示企业当期的投资状况。

表4-1　　　　　企业不同生命周期下的现金流量组合

现金流	复苏成长期		成熟期	衰退期				
	导入期	增长期	成熟期	衰退期	衰退期	衰退期	淘汰期	淘汰期
经营活动现金流量	-	+	+	+	+	-	+	-
筹资活动现金流量	-	-	-	-	+	+	+	+
投资活动现金流量	+	+	-	-	+	-	+	-

注：当筹资现金净流量为0时，根据营业和投资现金净流量的符号，将企业计入与之相应的成熟期、淘汰期和衰退期；当投资现金净流量为0时，根据营业和融资现金净流量的符号，将企业计入与之相应的成熟期、淘汰期和衰退期。

表4-2　　　　　　　　　　　变量的定义

符号	含义	定义
Lev	企业资产负债率	企业杠杆率的代理变量
Cyc	企业生命周期	$Cyc1$代表复苏成长期的哑变量，$Cyc2$代表成熟期的哑变量，$Cyc3$代表衰退期的哑变量
Roe	企业净资产收益率	企业盈利能力的代理变量
$Size$	企业规模	总资产的自然对数
$Largest$	股权集中度的衡量	前十大股东的持股比例
$Growth$	公司成长性	采用营业收入同比增长率衡量
Age	企业上市年龄	上市年限的自然对数
$State$	企业性质	国企为1，非国企为0

三　模型设计

为检验假设4.1和假设4.2，考虑变量的滞后效应，设定静态面板模型为

$$Lev_{i,t} = \beta_0 + \beta_1 \times cyc_{i,t} + \beta_2 \times roe_{i,t-1} + \beta_3 \times X_{i,t-1} + Year + \varepsilon \quad (4-12)$$

其中，i 表示企业，t 为时期，X 为控制变量。当 $Cyc=1$ 代表复苏成长期时，如果回归结果显示 $\beta1$ 为正，则表明复苏成长期适合加杠杆；当 $Cyc=2$ 代表成熟期时，如果回归结果显示 $\beta1$ 为负，则表明成熟期适合去杠杆，当 $Cyc=3$ 代表衰退期时，如果回归结果显示 $\beta1$ 为负，则表明衰退期适合去杠杆，假设 4.1 就得到验证。如果回归结果显示 $\beta2$ 为正数，则假设 4.2 得到验证。

为了验证假设 4.3，考虑变量的滞后效应，设定静态面板模型为：

$$Lev_{i,t} = \beta_0 + \beta_1 \times cyc_{i,t} + \beta_2 \times roe_{i,t-1} \times cyc_{i,t} + \beta_3 \times X_{i,t-1} + Year + \varepsilon \tag{4-13}$$

若加入交互项后 β_2 的回归系数显著为正数，则说明盈利能力对于企业生命周期与企业杠杆率之间有正向调节效应。

第三节　计量结果

一　描述性统计

描述性统计结果如表 4-3 所示，企业杠杆率均值为 0.5093，成长期均值为 0.4657，成熟期均值为 0.3348，衰退期均值为 0.1984，净资产收益率的均值为 0.076，前十大股东平均持股比例为 38.58%。

表 4-3　　变量描述性统计的结果

变量	样本量	均值	中位数	最大值	最小值	标准差
Lev	10330	0.5093	0.5161	1.0637	0.0178	0.1944
$Cyc1$	10330	0.4657	0	1	0	0.4988
$Cyc2$	10330	0.3348	0	1	0	0.4719
$Cyc3$	10330	0.1984	0	1	0	0.3988
Roe	10330	0.0760	0.0757	11.1130	-4.8913	0.2363
$Largest$	10330	0.3858	0.3941	0.9444	0.0001	0.2068

续表

变量	样本量	均值	中位数	最大值	最小值	标准差
Size	10330	22.2890	22.1615	27.7840	18.2659	1.3186
Age	10330	2.8503	2.8904	3.6889	0.6931	0.3092
Growth	10330	0.5260	0.1121	1497.156	-49.7604	15.4057
State	10330	0.5866	1	1	0	0.4925

注：$Cyc1$ 为成长期哑变量，$Cyc2$ 为成熟期哑变量，$Cyc3$ 为衰退期哑变量。

二 实证结果分析

（一）平稳性检验

LLC 检验和 ADF 检验分别适用于相同根和不同根样本的单位根检验，若两种检验结果均无单位根，则序列必定平稳，因此分别采用这两种方法进行检验。在表4-4中可以看出，除了成长性采用 LLC 检验结果不显著，其余的变量检验结果均为0，可知变量不存在单位根。针对上述检验中出现的成长性 LLC 检验结果在5%的显著性水平下拒绝原假设的情况，采用 PP 检验的方式再次对其进行单位根检验，结果为0，明显小于显著性水平0.05，结合 ADF 检验的结果可以看出，成长性作为控制变量是不存在单位根的。

表4-4　　　　　　　　变量单位根检验的结果

变量名称	LLC 检验结果	ADF 检验结果	结论
Lev	0.000	0.000	平稳
Cyc1	0.000	0.000	平稳
Cyc2	0.000	0.000	平稳
Cyc3	0.000	0.000	平稳
Roe	0.000	0.000	平稳
Largest	0.000	0.000	平稳
Size	0.000	0.000	平稳
Age	0.000	0.000	平稳
Growth	0.614	0.000	平稳

(二) 协整检验

表4-5采用的是Johansen协整检验,结果显示企业杠杆率lev与企业生命周期Cyc、盈利能力Roe的P值都为0,小于0.05,表明变量之间具有长期稳定的均衡关系。

表4-5　　　　　　　　　协整检验的结果

变量	P值	结论
$Cyc1$	0.000	具有长期稳定均衡关系
$Cyc2$	0.000	具有长期稳定均衡关系
$Cyc3$	0.000	具有长期稳定均衡关系
Roe	0.000	具有长期稳定均衡关系

(三) 固定效应模型回归分析结果

通过hausman检验发现,结果拒绝随机效应,因而文中采用固定效应模型进行回归分析,基准模型回归结果如表4-6所示。从表4-6可以看出,复苏成长期企业的回归结果在1%的水平上显著为正,说明在该阶段企业确实适合加杠杆。这是因为处于成长期的企业还未能形成充足稳定的现金流,内部资金积累少,且企业需要开拓目标市场、扩大生产经营,需要诸多资金进行外部投资,因此为促使企业更好地进行生产经营活动,可以适当进行加杠杆;成熟期企业在1%的水平上显著为负,说明企业在成熟期确实适合去杠杆。这是因为经过多年生产经营积累,有充足稳定的现金流和稳定的产品市场,资金供给会大于需求,企业可以将一些资金占用量大、收益率低的项目进行剥离,以达到资源的最优配置、提高企业的资产收益率的目的,成熟期企业对外投资机会越来越少,对外扩张速度会减慢,对于资金的需求量也会相应减少,因而适合去杠杆;衰退期企业的回归系数在10%的水平上显著为负,说明企业在衰退期也确实适合去杠杆。衰退期企业由于销售锐减、利润下滑、自身资产收益率较低,并且没有新的经济增长点,企业需要以较低的成本退出相关市场,因而可以利用自身多年积累的盈余收益去杠杆,假设1得以验证。表4-6还表明,在1%的水平上企业盈利能力水平与企业杠杆率存在显著正相关，公司盈利能力强，资产收益率高，意味着要素生产效率越好，减少了资源的扭曲和错配现象，则利于企业容易加杠杆获得大量信贷资金，导致企业部门杠杆率上升，假设4.2得以验证。研究结果还表明，前十大股东持股比例越集中，一方面有利于减小管理层对风险项目的投资力度，相应的也会抑制借款融资的数量，另一方面在于为保证公司的长期稳定经营，治理层会注重加大债务偿还力度，将企业的风险控制在可接受的范围内，有利于公司去杠杆；规模越大的企业，能够进行抵押的资产越多，则越容易获得借款，所以容易加杠杆；相较于私企而言国企更容易加杠杆。这些结论与现有研究相吻合。

表4-6　　　　　　　　　　基准模型回归结果

$Cyc1$	0.0474***			
	(14.1457)			
$Cyc2$		-0.0504***		
		(-14.1475)		
$Cyc3$			-0.0027*	
			(-1.5741)	
Roe				0.1031***
				(15.0174)
$Largest$	-0.0187**	-0.2017**	-0.0301***	-0.0303***
	(-2.1194)	(-2.3107)	(-3.2148)	(-3.2261)
$Growth$	0.0004	0.0006	0.0008	0.0005
	(0.1241)	(0.2271)	(0.3127)	(0.7124)
$Size$	0.0512***	0.0534***	0.0541***	0.0561***
	(34.8761)	(37.1247)	(36.9788)	(38.8699)
Age	0.0172***	0.0081	0.0094	0.0072
	(2.9024)	(1.4127)	(1.6071)	(1.1253)
$State$	0.0412***	0.0314***	0.0427***	0.0348***
	(8.4157)	(8.1243)	(7.2017)	(6.4971)
$Year$	控制	控制	控制	控制
R^2	0.2341	0.2405	0.2457	02617
F	334.41***	335.01***	297.17***	330.52***

注：***、**、*分别表示在1%、5%、10%的水平上显著，括号中数据为t值，下同。

接下来加入交互项,考察在不同生命周期阶段企业的盈利能力是否能够对企业杠杆率起到正向调节作用,其回归结果如表4-7所示。由表4-7中加入交互项的回归结果可以看出,在复苏成长期、成熟期和衰退期交互项的回归结果均在1%的显著性水平下为0.1507、0.2501和0.0132,说明盈利能力越高,无论企业是处于复苏成长期、成熟期或者是衰退期,都能显著提升企业杠杆率,也即存在显著的正向调节效应,假设4.3得以验证。其原因主要是企业的盈利能力代表企业资金的利用效率,当企业的盈利能力强,可以减少资源的闲置和浪费现象,提高企业资源的利用效率,进而有助于企业实现加杠杆目的;此外,盈利能力越强,越能提高企业的收入水平,增加企业的现金流,越有利于增加企业的内部积累,进而增强企业信誉,降低企业外部融资约束条件,达到加杠杆的目的。

表4-7　　　　　　　　加入交互项的回归结果

$Cyc1$	0.0587***		
	(17.2417)		
$Cyc2$		-0.0301***	
		(-9.4271)	
$Cyc3$			0.0023*
			(-1.3571)
$Cyc1*Roe$	0.1507***		
	(11.6412)		
$Cyc2*Roe$		0.2501***	
		(17.3452)	
$Cyc3*Roe$			0.0132***
			(2.3147)
$Largest$	-0.0203**	-0.0167**	-0.0291***
	(-2.2447)	(-2.0021)	(-3.1874)
$Size$	0.0531***	0.0541***	0.0543***
	(35.6742)	(38.4217)	(37.0741)
$Growth$	0.0003	0.0005	0.0004

	(0.5521)	(0.2941)	(0.3246)
Age	0.0146***	0.0041	0.0089
	(2.5024)	(0.7423)	(1.6217)
State	0.0291***	0.0292***	0.0269***
	(7.6124)	(8.0478)	(8.0264)
Year	控制	控制	控制
R^2	0.2574	0.2749	0.2457
F	301.72***	313.91***	253.32***

第四节　稳健性检验

为验证回归结果是否稳健可靠，将总样本按照企业性质进行分组，分为国企和非国企两组，以企业性质小样本的方式来分组检验，若分组回归的结果与前述检验无差异，那么说明前述回归结果稳健科学。检验结果（见表4-8与表4-9）表明无论是国企组还是非国企组，无论是加了交叉项还是未加入交叉项，其检验结果与前文相比，解释变量除了系数大小有变化，其他均无改变，说明实证结果稳健可靠。同样为了进一步检验结论的可靠性，总样本按照企业规模进行分组，分为大型企业和中小企业两组，以企业规模小样本的方式来分组检验，检验结果表明实证结果仍然具有鲁棒性[①]。

表4-8　　　　　　　　　国企组回归结果

	国企组加交乘项		国企组不加交乘项	
Cyc1	0.0702***		0.0527***	
	(14.6307)		(11.5656)	
Cyc2	-0.0382***			-0.0543***
	(-7.6431)			(-11.7061)

---

① 鉴于篇幅，按企业规模分组检验结果在此省略。

续表

	国企组加交乘项			国企组不加交乘项		
$Cyc3$			-0.0005*			-0.0006*
			(-1.1073)			(-1.1104)
Roe				0.2042***	0.2039***	0.2130***
				(16.026)	(16.0103)	(16.5727)
$Cyc1*Roe$	0.2246***					
	(9.7682)					
$Cyc2*Roe$		0.2473***				
		(11.6037)				
$Cyc3*Roe$			0.1237***			
			(5.2364)			
$Largest$	-0.0339***	-0.0360***	-0.4718***	-0.0354***	-0.0365***	-0.0454***
	(-3.0351)	(-3.2331)	(-4.1592)	(-3.2064)	(-3.3107)	(-4.0804)
$Size$	0.0516***	0.0543***	0.0541***	0.0533***	0.0556***	0.0564***
	(29.2772)	(31.2071)	(30.1987)	(30.5591)	(32.2146)	(31.9973)
$Growth$	0.0118***	0.0114***	0.0107***	0.01535***	0.0153***	0.0164***
	(3.1417)	(3.0725)	(2.8277)	(4.1443)	(4.1211)	(4.3797)
Age	0.0182**	0.0083	0.0134*	0.0184**	0.0087	0.0090
	(2.5081)	(1.1505)	(1.8018)	(2.5620)	(1.2193)	(1.2419)
$Year$	控制	控制	控制	控制	控制	控制
R^2	0.1703	0.1761	0.1401	0.1915	0.1919	0.1737
F	207.0575***	215.5644***	164.3066***	238.9841***	239.6433***	212.0075***

表4-9　　　　　　　　　非国企组回归结果

	国企组加交乘项			国企组不加交乘项		
$Cyc1$	0.0396***			0.0319***		
	(6.7063)			(5.6402)		
$Cyc2$		-0.0131***			-0.0345***	
		(-4.0560)			(-5.7079)	
$Cyc3$			-0.0024*			-0.0027*

续表

	国企组加交乘项			国企组不加交乘项		
			(−1.5135)			(−1.3897)
Roe			0.0454***	0.4555***	0.0463***
			(4.9481)	(4.9576)	(5.0274)
Cyc1 * Roe	0.0911***					
	(4.3455)					
Cyc2 * Roe		0.2456***				
		(10.2032)				
Cyc3 * Roe			0.0106***			
			(4.9384)			
Largest	−0.0082	−0.0168	0.0034	0.0105	0.0098	0.0033
	(0.5514)	(1.1382)	(0.2275)	(0.7043)	(0.6578)	(0.2232)
Size	0.0532***	0.0557***	0.0548***	0.0530***	0.0550***	0.0562***
	(20.6061)	(22.4391)	(21.5408)	(20.6230)	(21.9091)	(22.0194)
Growth	0.0001	0.0001	0.0001	0.0001	0.0001	0.0001
	(0.5648)	(0.4235)	(0.4271)	(0.4566)	(0.5063)	(0.5707)
Age	0.0083	−0.0017	0.0052	0.0078	0.0010	0.0027
	(0.8453)	(−0.1761)	(0.5289)	(0.7963)	(0.1048)	(0.2756)
Year	控制	控制	控制	控制	控制	控制
R^2	0.1278	0.1450	0.1175	0.1290	0.1291	0.1225
F	104.1384***	120.4826***	94.5847***	105.2039***	105.3498***	99.1907***

第五节 研究结论

在 Almeidaand Wolfenzon（2004）和 Han & Qiu（2007）模型基础上，从企业生命周期视角构建了三期动态投融资决策理论框架，重点考察不同期限条件下盈利水平对企业杠杆率的影响机制，从理论上剖析了杠杆率差异化背后的企业投融资决策机制；并基于 2008—2019 年 A 股非金融企业上市公司的数据为样本进行实证检验，实证结果表明：

（1）企业盈利能力代表了企业资金的利用效率，当企业的资金利用率越高，企业投入产出比就越高。资源更多地投入到效率高、收益好的企业，会显著提升资产收益率，意味着要素生产效率越高，越减少资源的扭曲和错配现象，则越利于企业加杠杆获得大量信贷资金，使得企业部门杠杆率上升。

（2）处在不同生命周期的企业对于杠杆率的操作存在显著性差异。衰退期企业面临着市场饱和，企业的获利能力逐渐衰退，因此不存在加杠杆的条件，加上公司经过多年的生产经营，积累了大量留存收益，企业可以利用留存收益进行去杠杆；处于复苏成长期的企业由于还未形成充足稳定的现金流，内部资金积累少，且企业需要开拓目标市场、扩大生产经营，需要诸多资金进行外部投资，因此为促使企业更好地进行生产经营活动，可以适当进行加杠杆来提高企业的营运能力，促使企业更好地发展；处于成熟期企业由于市场占有率比较稳定，经过多年生产经营积累，有充足稳定的现金流和稳定的产品市场，资金供给会大于需求，企业可以将一些资金占用量大、收益率低的项目进行剥离，降低企业杠杆率，以达到资源的最优配置、提高企业的资产收益率的目。

（3）盈利能力在企业生命周期和杠杆率之间起着明显的正向调节效应，企业无论处在何种生命周期阶段，盈利能力越强，资金利用效率越高越能带来更多的内部积累，进而增强企业信誉，降低企业外部融资约束条件，达到加杠杆的目的。

第五章

经济政策不确定性与融资约束异质性企业杠杆率

受新冠肺炎疫情持续影响,全球经济增长持续低迷。为了提升经济增长,全球主要经济体开始了新一轮的扩张式宏观经济政策。其直接显性后果是经济体内的宏观杠杆率与微观杠杆率呈现不同程度的攀升,这俨然成为经济发展进程中较为突出的结构性矛盾之一。诚然,合适的杠杆率水平有利于企业采取最佳投资决策以优化资源配置,而且对于其正常有序、健康运营并进而实现经济高质量发展具有重要的意义。然而,企业杠杆率的过度膨胀一方面会对企业的生产经营产生负向作用,另一方面会加剧系统性风险进而对整个国民经济的平稳健康发展产生影响。

在2016年7月的经济形势专家座谈会上,习近平总书记强调,以推进供给侧结构性改革为主线,有力、有度、有效落实"三去一降一补"重点任务。其中"一去"的重点是降低非金融类企业的高杠杆率。企业发展会同时面临内外部风险,随着全球一体化发展,企业生产经营面临诸多外部不确定性,当前整个世界正处在百年未有之大变局调整的关键时期,不确定因素激增,导致经济政策不确定性概率加大,其对企业发展产生什么样的影响,尤其是如何影响企业杠杆率,值得探究。因此,基于当下中国金融去杠杆现实,揭示非金融企业杠杆率居高不下背后所隐含的内生决定变量,同时将经济政策不确定性作为重要的外生变量联合考量,不仅能够探究经济政策不确定性对中国异质性企业冲击效应,而且对于有效地结构性去杠杆并防范系统性金融风险具有重要的实践指导意义。

依照MM定理相关观点可知，企业资本结构对企业价值并不存在显著的相关性关系。但是由于企业偿债能力、盈利状况等一系列因素会影响企业的资本结构，加之，企业破产成本、代理成本以及信息不对称等相关因素的存在，因而企业资本结构在一定程度上对企业价值会产生影响。企业资本结构会受到诸多内外部因素的影响，经济政策不确定性是其中之一。宏观经济政策的调整通常都需要一定成本，只有当企业创造的收入显著高于经济政策调整成本才具有实际意义（李凤羽、杨墨竹，2015）。经济政策不确定性是由于政府对未来经济发展的预期和发展方向并不是十分明朗，市场主体无法确切认知政府在未来如何调整经济政策，从而无法对企业未来的发展状况和经营风险作出准确的预判（Baker et al.，2016）。中国经济发展经历了从计划经济到社会主义市场经济的变迁，纵观国内外经济发展历程基本上没有可以提供借鉴的范本，那么经济政策不确定性对于中国经济发展的影响无论是从宏观层面还是从微观层面来看都要更加突出（饶品贵等，2017）。

从投资行为学的角度看，当外部经济政策不确定性升高，企业或者是投资者往往会表现出风险规避的态度，在投资决策时偏向于不作为或者采取观望，延期投资成为最优的策略选择（Stokey，2008）。企业或者机构投资者的延期投资的行为决策是否会对企业的融资决策和资本结构产生显著的影响？从目前的研究来看，即使是投资经验十分丰富的管理者，在面对经济政策不确定性冲击时，其本身也会面临来自各方面的挑战，随之所带来的的结果确是难以估计和预测的，企业或者机构投资者为了降低不确定性带来的冲击而采取"相机抉择"的策略（McMullen and Kier，2016）。企业融资来源主要有内源融资和外源融资两种途径，在资本市场不发达情况下，间接融资成为企业资金来源的重要渠道，银行等金融机构的借贷行为同样会受到经济政策不确定性的影响。由于中国长期以来实施利率管制政策，银行贷款利率受到了比较强的抑制作用，经济政策不确定性对于企业投资项目预期收益会形成正向或者负向影响，银行为了减少自身坏账的产生，出于谨慎性考虑容易产生"惜贷现象"，企业融资规模和融资渠道进一步收紧，融资约束增强，最终导致企业杠杆率的变动。因此，企业杠杆率动态调整幅度在面临经济政策不确定性冲击下，会同时受到企业自身融资约束状况和银行的风险规避措施二者叠加效应的影响（Gulen and Ion，2016），此外，由于地区经济发展水平和金融发展程度区域异质性的存在，经济政策不确定性冲击下金融发展程度不同的地区企业杠杆率分化差异更加显著（纪洋等，2018）。

政策不确定性主要涵盖了宏观层面的政策不确定性和微观层面的不确定性。其中宏观层面的不确定性又可以细分为频繁变动的经济政策（Ghosal and Loungani，1996）、政府选举换届（罗党论等，2015）等，微观层面的不确定性主要包括股价变动以及收入增长率的变动（申慧慧、吴联生，2012）。关于经济政策不确定性影响企业杠杆率动态调整的内在逻辑机制的研究，其中有一种理论是从融资约束的视角进行解释。随着经济政策不确定性的增加，项目违约风险上升，加大了企业外部融资成本和股权溢价的风险，导致企业投资效率降低，杠杆率上升（才国伟等，2018）。影响企业融资约束大小的因素有很多，从企业自身角度看，企业内部信息披露、代理成本等因素与企业面临的融资约束呈负相关关系，企业内部信息披露越多，融资约束越小。如果企业面临的融资约束越小，当企业对外投资，一旦投资失败，企业能够得到其他渠道的资金救援时，则投资失败对于银行信贷决策的影响较小。

综观国内外文献研究可知，针对经济政策不确定性的研究已经涉及了宏观和微观层面，针对企业杠杆率的研究也已经比较充分。但是，针对经济政策不确定性、融资约束与企业杠杆率之间关系的研究仍然比较缺乏。

本章创新点在于：一是将经济政策不确定性、融资约束与企业杠杆率三者纳入统一分析框架，从融资约束的视角研究了经济政策不确定性对企业杠杆率冲击的内在逻辑机制，扩展了现有理论基础的研究范畴，为今后研究提供了一个分析框架；二是从融资约束异质性出发，研究经济政策不确定性对融资约束异质性企业杠杆率影响的差异性。

第一节　基准模型扩展

为研究融资约束异质性企业在面临经济政策不确定性冲击时，企业融资决策的差异性，进而导致杠杆率的分化差异，将第三章基准模型进行扩展。假定企业为风险中性,在 t_0 时期,假定自身持有的现金总量为 C_0,进行对外投资额为 I_0,企业自身剩余现金持有量为 S_0,银行借款和股利支付分别为 B_0 和 D_0;在 t_1 时期,企业开展生产经营获得资金 C_1,进行对外投资活动支付资金为 I_1,银行借款和股利支付分别为 B_1 和 D_1;在 t_2 时期,企业将之前两期所获得的产出用于债务偿还 B_0 和 B_1,以及支付股利 D_2。为考察不确定性产生的冲击对企业融资决策产生的影响,假定 C_1 为满足均匀分布 $F = [\underline{C_1}, \overline{C_1}] \subset R_*$ 的随机变量。

假定在 t_0 时期和 t_1 时期所进行的投资 I_0 和 I_1 在 t_2 时期产生产出,其生产函数以 $G(g)$ 和 $H(g)$,并满足下列条件:

$$G^{'}(g) > 0,G^{''}(g) < 0,G^{'''}(g) > 0;H^{'}(g) > 0,H^{''}(g) < 0,H^{'''}(g) > 0 \quad (5-1)$$

进一步地,假设企业在 t_2 时期资产清算比例恒定为 ρ,企业资产抵押率为 $1-\tau$,其中 $\rho,\tau \subset (0,1)$,那么在 t_0 时期和 t_1 时期企业所面临的信贷约束条件可以表示为:

$$0 \leqslant B_0 \leqslant (1-\tau)\rho I_0 \quad 0 \leqslant B_1 \leqslant (1-\tau)\rho I_1 \quad (5-2)$$

借鉴 Almeida et al.(2004)和 Han and Qiu(2007)的做法,假设持有现金的收益率为 0,贴现因子为 1,企业在不同时期的股利支付函数为式(5-3):

$$\begin{aligned}&D_0 = C_0 + B_0 - I_0 - S_0 \geqslant 0;\\&D_1 = C_1 + B_1 - I_1 + S_0 \geqslant 0;\\&D_2 = g(I_0) + h(I_1) - B_0 - B_1 \geqslant 0\end{aligned} \quad (5-3)$$

其中 $g(I_0) = G(I_0) + \rho I_0$ 和 $h(I_1) = H(I_1) + \rho I_1$。

由于存在信贷违约风险、代理成本、信息不对称、道德风险问题,假设企业最终的目标是实现企业价值最大化,那么就必须满足如下函数

(5-4):

$$\max_{\{B_0^*, B_1^*, I_0^*, I_1^*, S_0^*\}} \Phi = E(\sum_{t=0}^{2} D_t) = g(I_0) - I_0 + E[h(I_1) - I_1 | F]$$

(5-4)

其约束条件为式(5-2)和式(5-3)。

假设企业在 t_0 时期受到来自外部的经济政策不确定性冲击,导致了在 t_1 时期企业现金流量 C_1 及其分布函数 F、企业资产抵押率 $1-\tau$,以及资产收益率 θ 产生了如下变化:一是现金流由 C_1 变为 C_1^e,且其期望值由 $E(C_1)$ 下降到 $E(C_1^e)$;二是增加了现金流 C_1 的不确定性,其分布函数服从新的均匀分布,$Q = [\underline{C_1^e}, \overline{C_1^e}] \subset i_*$,即 $F \subset Q$ 且 $E(C_1 | F) = E(C_1 | Q)$;三是贷款抵押率由 $1-\tau$ 下降为 $1-\tau^e$,那么 $\tau^e > \tau$;四是资产收益率下降为 θ,且 $\theta \subset (0,1)$。

针对融资约束异质性企业在经济政策不确定性冲击下产生的不同企业杠杆率分析如下:

(1)在 t_1 时期低融资约束企业均衡方程为:

$$\theta h'(I_1^{e*}) = 1 \qquad (5-5)$$

由于 $\theta \subset (0,1)$,所以 $I_1^{e*} < I_1^*$。 (5-6)

在 t_1 时期由于企业资产收益的降低,在经济政策不确定性的冲击下企业本应该减少对外投资,尽管经济政策不确定性可能对于企业未来现金流量造成影响,从而增加企业预防性动机持有现金的需要,但是由于企业面临的融资约束较弱,企业面临经济政策不确定性冲击时调整杠杆率的动机并不明显。

基于上述分析提出推论 5.1:

推论 5.1:低融资约束的企业,面临经济政策不确定性冲击时,企业杠杆率不存在显著向下调整幅度。

(2)在 t_1 时期高融资约束企业均衡方程为:

由于存在信贷约束，企业投资水平会低于最优投资额，企业倾向于持有现金来解决内部融资约束问题，从而实现资金在不同时期内的跨期配置。在 t_0 时期和 t_1 时期，企业最优的股利政策是不分配现金股利，因此需要满足方程（5-7）：

$$D_0 = D_1 = 0 \ ; \qquad B_0 = (1-\tau)\rho I_0 \ ; \qquad B_1 = (1-\tau)\rho I_1 \tag{5-7}$$

对上式（5-7）进行整理可以得到式（5-8）：

$$I_0 = \frac{C_0 - S_0}{\vartheta} \ ; \ I_1 = \frac{C_1 + S_0}{\vartheta} \tag{5-8}$$

其中，$\vartheta = 1 - \rho + \tau\rho$。

那么，融资约束高的企业以持有现金方式来实现利益最大化的目标，其目标函数为：

$$\max_{\{S_0^*\}} \Phi = g(\frac{C_0 - S_0}{\vartheta}) - \frac{C_0 - S_0}{\vartheta} + E\left[h(\frac{C_1 + S_0}{\vartheta}) - \frac{C_1 + S_0}{\vartheta} \Big| F\right] \tag{5-9}$$

对 S_0 求偏导，可得出均衡方程为：

$$\frac{1}{\vartheta}g^{'}(\frac{C_0 - S_0^{e^*}(C_0, Q)}{\vartheta}) - \frac{1}{\vartheta} = \frac{1}{\alpha}E\left[\theta h^{'}(\frac{C_1^e + S_0^{e^*}(C_0, Q)}{\alpha}) \Big| Q\right] - \frac{1}{\alpha} \tag{5-10}$$

其中，$\alpha = 1 - \rho + \tau^e\rho$，因为 $\tau^e > \tau$，所以 $\alpha > \vartheta$。

进一步地，从经济政策不确定性对企业投融资决策、未来现金流量期望、外部融资成本以及资产收益率的角度进行分析：

$$E(C_1^e) < E(C_1) \Rightarrow E\left[h^{'}(\frac{C_1^e + S_0^{e^*}(C_0, F)}{\vartheta}) \Big| F\right]$$

$$> E\left[h^{'}(\frac{C_1 + S_0^{e^*}(C_0, F)}{\vartheta}) \Big| F\right] \tag{5-11}$$

$$F \subset Q \Rightarrow E\left[h'\left(\frac{C_1 + S_0^*(C_0, Q)}{\vartheta}\right)|Q\right] > E\left[h'\left(\frac{C_1 + S_0^*(C_0, F)}{\vartheta}\right)|F\right] \tag{5-12}$$

$$\alpha > \vartheta \Rightarrow \frac{1}{\alpha}E\left[h'\left(\frac{C_1 + S_0^*(C_0, F)}{\alpha}\right)|F\right] - \frac{1}{\alpha} =$$

$$\gtrless \frac{1}{\vartheta}E\left[h'\left(\frac{C_1 + S_0^*(C_0, F)}{\vartheta}\right)|F\right] - \frac{1}{\vartheta} \tag{5-13}$$

$$0 < \theta < 1 \Rightarrow E\left[\theta h'\left(\frac{C_1 + S_0^*(C_0, F)}{\vartheta}\right)|F\right] < E\left[h'\left(\frac{C_1 + S_0^*(C_0, F)}{\vartheta}\right)|F\right] \tag{5-14}$$

由式（5-11）—式（5-12）可得以下关系：

$$S_0^{e*} > S_0^* \; ; \; I_1^{e*} < I_1^* \; ; \; B_1^{e*} < B_1^* \tag{5-15}$$

由式（5-13）可得以下关系：

$$S_0^{e*} \gtreqless S_0^* \; ; \; I_1^{e*} < I_1^* \; ; \; B_1^{e*} < B_1^* \tag{5-16}$$

由式（5-14）可得如下关系：

$$S_0^{e*} < S_0^* \; ; \; I_1^{e*} < I_1^* \; ; \; B_1^{e*} < B_1^* \tag{5-17}$$

由上述分析可得推论5.2和推论5.3：

推论5.2：高融资约束的企业，面临经济政策不确定性冲击时，企业杠杆率存在显著向下调整幅度。

推论5.3：对比高融资约束和低融资约束两类企业，经济政策不确定性对于融资约束高企业杠杆率向下调整幅度要大于融资约束低的企业。

第二节 研究设计

一 样本选取

选取2008—2019年A股上市非金融企业财务数据为样本,并进行了如下处理:(1)剔除ST、PT及*ST企业;(2)剔除B股和H股上市企业;(3)剔除样本缺失值、异常值企业和不连续的企业;(4)剔除当期上市的企业。最终选取689家企业,数据来源于choice金融终端、《中国统计年鉴》以及Economic Policy Uncertainty。

二 变量选取

参照宫汝凯、徐悦星和王大中(2019)、张成思、刘贯春(2018)、王朝阳、张雪兰、包慧娜(2018)的研究,选取的主要变量为LEV(上市公司杠杆率)、EPU(经济政策不确定性)。控制变量选取包括各上市公司财务指标:$Size$(企业规模)、Roe(净资产收益率)、$Largest$(前十大股东持股比例合计)、$Growth$(营业收入同比增长率)、Age(企业成立年限),以及宏观控制变量$M2$(货币供应量同比增长率),具体见表5-1。

表5-1 各主要变量定义及其具体含义

变量类型	变量名称	变量含义	变量解释
因变量	LEV	杠杆率代理变量	资产负债率度量
自变量	EPU	经济政策不确定性代理变量	月度经济政策不确定性求平均
控制变量	$Size$	企业规模	资产总额取对数
	Roe	净资产收益率	
	$Largest$	前十大股东持股比例合计	
	$Growth$	营业收入同比增长率	
	Age	企业成立年限	Ln(企业成立年限+1)
	$M2$	货币供应量同比增长率	

三 模型设计

为验证经济政策不确定性与融资约束异质性企业杠杆率之间的关系，参照李凤羽、杨墨竹（2015）、张成思、刘贯春（2018）的研究，建立如下模型（5-18）。

$$Lev_{i,t} = \alpha_0 + \beta_1 EPU_{i,t} + \beta_2 Size_{i,t} + \beta_3 Roe_{i,t} + \beta_4 Largest_{i,t} + \beta_5 Growth_{i,t} + \beta_6 Age_{i,t} + \beta_7 M2_t + \varepsilon \qquad (5-18)$$

其中，i 代表企业，t 代表时期，β_1 为回归观测结果。如果 β_1 在融资约束异质性企业之间回归结果均为负，并且高融资约束企业回归结果大于低融资约束企业，则推论 5.1、推论 5.2、推论 5.3 成立。

SA 指数、KZ 指数和 WW 指数与投资—现金流敏感系数，被学界普遍认定为测度企业融资约束的指标。但 KZ 指数与 WW 指数计算过程中涉及的变量如企业杠杆率等，很多都具有很强的内生性，SA 指数相对于 KA 指数和 WW 指数应用更广泛，主要是因为其由企业规模和企业年龄计算，具有很强的外生性，克服了内生性财务指标的缺陷；投资现金流敏感系数由方程回归得到，但控制变量选择不同也会导致结果出现偏差。因此，参考鞠晓生等（2013），选取 SA 指数测度小微企业融资约束程度，SA 指数的计算式可表示为：$SA = -0.737 \times Size + 0.043 \times Size^2 - 0.04 \times Age$。其中，$Size$ 为企业总资产，Age 为企业年龄，由于 SA 指数计算方法所得值皆小于 0，对计算得到的 SA 值取绝对值，绝对值越大表示企业面临的融资约束越高。按照 SA 绝对值的中位数将样本分为融资约束高企业和融资约束低企业进行分组计量检验。

第三节 实证结果分析

一 描述性统计

表 5-2 描述性统计结果显示，企业杠杆率的最大值为 0.9763，最小值为 0.0178，中位数为 0.4941，均值为 0.4896，企业杠杆率分化差异较大；经济政策不确定性最大值为 206.6387，最小值为 92.1142，中位数为

116.5556，均值为121.7504，经济政策不确定性最大值与最小值之间差异较大，经济政策不确定性波动幅度较大；企业融资约束最大值为12.5761，最小值为1.4914，中位数为4.7327，均值为4.9829，融资约束在企业之间的分化差异较大。

表5-2　　　　　　　　　描述性统计结果

变量名称	最大值	最小值	中位数	均值	方差
LEV	0.9763	0.0178	0.4941	0.4896	0.1900
EPU	206.6387	92.1142	116.5556	121.7504	30.8359
$Size$	27.7840	19.1145	22.2169	22.3621	1.3198
Roe	4.4852	-4.0771	0.0860	0.0894	0.1520
$Largest$	0.9432	0.0044	0.3987	0.3945	0.2099
$Growth$	58.3567	-0.9843	0.1028	0.1621	0.8841
Age	3.6889	0.6931	2.8904	2.8453	0.3161
$M2$	0.3157	0.0817	0.1399	0.1582	0.0620

二　回归结果分析

表5-3回归结果显示，无论在高融资约束还是在低融资约束情况下，经济政策不确定性与企业杠杆率之间都呈负相关关系，说明经济政策不确定性越高对企业杠杆率具有显著抑制作用。对于融资约束高企业组，经济政策不确定性与企业杠杆率之间的回归结果在1%显著性水平下为-0.0009，对于融资约束低的企业组，经济政策不确定性与企业杠杆率之间的回归结果在1%显著性水平下为-0.0006，故推论5.1和推论5.2成立。对比融资约束高和融资约束低两组企业回归结果发现，融资约束高企业经济政策不确定性对企业杠杆率的抑制作用显著强于融资约束低的企业。原因在于融资约束越高，企业获取贷款越困难，当面临经济政策不确定性冲击时，从企业自身角度看，为了防止企业陷入经营困境，企业会适当进行收缩防御，减少对外投资，对于外部资金需求会降低。从银行角度看，银行会降低对外借贷的规模，对于面临融资约束的企业而言，二者的交替结果会使得企业杠杆率下降幅度更大，因此，经济政策不确定性对企业杠杆率的负向调节作用会随着融资约束的增强而增强，

即高融资约束的企业在面临经济政策不确定性冲击时会具有更低的杠杆率,故推论5.3成立。

表5-3　　　　　　　　融资约束异质性企业回归结果

变量名称	融资约束高的企业	融资约束低的企业
EPU	-0.0009***	-0.0006***
	(-7.1993)	(-7.1758)
Size	0.0613***	0.0696***
	(20.6285)	(14.3247)
Roe	-0.2524***	-0.2015***
	(-9.7241)	(-12.4122)
Largest	-0.0428***	0.0010
	(-3.0790)	(0.0666)
Growth	0.0182***	0.0068**
	(4.0013)	(2.4837)
Age	0.0372***	0.0136
	(3.8008)	(1.2554)
M2	0.3660***	0.4431***
	(5.6883)	(8.2264)
R^2	0.1352	0.1023
F值	76.7388***	55.9593***

注:**、***分别表示5%、1%上的显著性水平显著不为零,( )内表示t值,下同。

第四节　稳健性检验

一　异质性分组检验

从目前现有文献黄少卿、陈彦(2017)、王万珺、刘小玄(2018)等人的研究可知,中国国有企业和大型企业杠杆率高企,融资约束相较于非国有企业和中小企业更低,基于此,本节将企业按照产权性质和规模异质性分为融资约束大和融资约束小两组,回归进行对比,结果如表5-4所示。

表 5-4　　　　　　　　　　异质性稳健性检验结果

变量	产权异质性		规模异质性	
	国企	非国企	大型企业	中小企业
EPU	-0.0004***	-0.0006***	-0.0005***	-0.0007***
	(-4.2806)	(-3.8392)	(-4.0588)	(-4.2899)
Size	0.0580***	0.0633***	0.0665***	0.0447***
	(14.5732)	(15.4428)	(19.8321)	(8.4062)
Roe	-0.1560***	-0.0634***	-0.1023***	-0.0877***
	(-12.3922)	(-5.8335)	(-9.3799)	(-6.8127)
Largest	0.0808***	0.0572***	0.0660***	0.0983***
	(8.2768)	(4.4415)	(7.5953)	(5.7102)
Growth	0.0175***	0.0035**	0.0044***	0.0090**
	(4.7431)	(2.4733)	(3.3290)	(2.1943)
Age	-0.1241***	-0.1873***	-0.1554***	-0.1339***
	(-9.1338)	(-10.1379)	(-12.6298)	(-5.5686)
M2	0.0961***	-0.0072	0.0627**	0.0473
	(2.7858)	(-0.1585)	(2.0519)	(0.7651)
R^2	0.8177	0.7853	0.8075	0.7840
F值	39.6932***	32.1726***	37.2579***	31.4260***

从表5-4可以看出，经济政策不确定性对企业杠杆率的影响总体上呈现出负相关关系，说明经济政策不确定性越高，企业杠杆率的下降幅度越大。分产权异质性和规模异质性来看，经济政策不确定性对非国有企业和中小企业杠杆率的负向作用要比对国有企业和大型企业杠杆率更加明显。因此推论5.1、推论5.2、推论5.3均具有稳健性、科学性。

二　替换被解释变量

为了确保回归结果的稳健性，采取替换变量法进行稳健性检验。将本文的被解释变量企业杠杆率进一步细分为长期企业杠杆率、短期企业杠杆率，重新进行回归。结果显示，除了系数显著性大小变化外，其他未变，研究结论稳健。并且结果显示经济政策不确定性对企业杠杆率调整具有显著的时变特征,即经济政策不确定性对企业短期负债的冲击效应要强于对企业长期杠杆率的冲击效应。

表 5-5　　　　　　　　替换被解释变量后的回归结果

变量	融资约束低的企业		融资约束高的企业	
	长期杠杆率	短期杠杆率	长期杠杆率	短期杠杆率
EPU	-0.0007***	-0.0013***	-0.0010***	-0.0016***
	(-6.1452)	(-7.2476)	(-6.9127)	(-8.0214)
Size	0.0423***	0.0431***	0.0571***	0.0574***
	(12.4127)	(13.0472)	(14.1428)	(14.4027)
Roe	-0.1432***	-0.0571***	-0.1127***	-0.1869***
	(-10.4127)	(-11.7563)	(-13.3275)	(-15.8420)
Largest	0.0569***	0.0576***	0.0660***	0.0781***
	(6.5763)	(6.9237)	(7.6327)	(8.0475)
Growth	0.0094***	0.0107**	0.0098***	0.0121**
	(6.4238)	(7.8234)	(6.5634)	(8.0927)
Age	-0.1134***	-0.1657***	-0.1208***	-0.1759***
	(-7.1343)	(-8.4137)	(-8.2439)	(-10.1137)
M2	0.0737***	-0.0741	0.0514**	0.0625
	(9.1476)	(-9.8732)	(6.2761)	(7.7341)
R^2	0.8045	0.7934	0.7863	0.7728
F 值	36.5571***	30.7137***	34.4137***	36.4173***

三　重新构建经济政策不确定性指数

在前文的经济政策不确定性指数构建时,通过将月度政策不确定指数加总平均获得季度数据,这种方法简单便利,但这是否会影响本节研究结论?为排除这个疑惑,本节采用 VAR 模型广义脉冲响应函数估计每个季度内各月的权重分别为 0.5、0.3、0.2,进而构建经济政策不确定性指数新的新度量指标,重新进行回归。结果显示除了系数显著性大小变化外,其他未变,研究结论稳健。

表5-6　　　　　重新构建经济政策不确定性指数回归结果

变量名称	融资约束高的企业	融资约束低的企业
EPU	-0.0013***	-0.0008***
	(-9.3471)	(-8.8637)
Size	0.0571***	0.0605***
	(18.6427)	(18.7428)
Roe	-0.2187***	-0.2209***
	(-8.6724)	(-9.0473)
Largest	-0.0319***	0.0107
	(-3.0371)	(1.7234)
Growth	0.0149***	0.0057**
	(3.9402)	(1.9671)
Age	0.0327***	0.0124
	(3.6742)	(1.1473)
M2	0.3724***	0.3697***
	(7.1867)	(7.0283)
R^2	0.3754	0.4027
F值	55.8971***	60.7137***

四　变换计量方法

经济政策不确定性相对微观企业是外生变量,但是政策的实施往往是对微观企业经营绩效的反馈,很容易产生决模型的内生性问题。为解决这一问题,参照现有文献通常做法,引入美国经济政策不确定性(UEPU)作为工具变量,采用2SLS估计法对模型重新分析,计量结果依旧稳健,研究结论具有鲁棒性。

表5-7　　　　　　　两阶段最小二乘法回归结果

工具变量为：UEPU		
变量名称	融资约束高的企业	融资约束低的企业
EPU	-0.0014***	-0.0010***
	(-11.2782)	(-10.0763)

续表

变量名称	工具变量为: UEPU	
	融资约束高的企业	融资约束低的企业
Size	0.0497***	0.0571***
	(16.5237)	(17.1037)
Roe	-0.2017***	-0.2083***
	(-8.3752)	(-8.6972)
Largest	-0.0293***	0.0101
	(-2.9517)	(1.8013)
Growth	0.0207***	0.0061**
	(4.2763)	(2.0753)
Age	0.0297***	0.0158
	(3.7431)	(1.2476)
M2	0.4137***	0.3761***
	(9.2074)	(8.4037)
LM	7.4137	6.5234
Wald F	4.7451	5.3142
sargan	2.5217	2.6341

第五节 研究结论

将经济政策不确定性外生变量纳入，构建一个同时包含企业融资约束异质性与经济政策不确定性的企业投融资决策机制理论分析一般框架。重点考察经济政策不确定性对融资约束异质性企业的投融资决策的差异化影响机制、经济政策不确定下企业杠杆率依赖于融资约束程度的调节机制。以 2008—2019 年 A 股上市非金融企业财务数据为样本对上述机制进行实证检验，研究结果表明：经济政策不确定性会显著降低企业杠杆率，纳入融资约束异质性内生变量发现，低融资约束的企业，面临经济政策不确定性冲击时，企业杠杆率动态调整幅度较小；高融资约束的企业面临经济政策不确定性冲击时，企业杠杆率会显著向下调整；对比高融资约束和低融资约束两类企业，经济政策不确定性冲击对于高融资约束企业杠杆率向下调整幅度要大于低融资约束的企业。稳健性检验强化了研究结论的可靠性，同时显示经济政策不确定性对企业杠杆率调整具有显著的时变特征，即经济政策不确定性对企业短期负债的冲击效应要强于对企业长期杠杆率的冲击效应。

第 六 章

美联储货币政策不确定性对企业杠杆率溢出效应[①]

2008年美国次贷危机引发了国际金融危机，其强大破坏性让世界各国在很长一段时间内陷入经济增长动能不足、企业倒闭、失业增加的困境。各国为摆脱困境，同时在财政、货币、贸易等各个领域发力，短时间内频繁出台了一揽子强刺激政策。世界经济缓慢复苏使得政策变动频繁，造成市场主体对政策实施前景的理性预期更加困难，于是政策不确定性逐渐产生（Gulen and Ion 2016）。近年来，美联储量化宽松政策、英国"脱欧"、中美经贸摩擦升级等事件加深了各国金融系统内部脆弱性，愈发复杂的外部经济环境，进一步加剧了各国的经济政策不确定性。加之，随着经济全球化与经济一体化程度不断加深，世界各国在经济、文化、贸易等各方面交流往来、互联互通，一国经济政策不确定性所带来的影响不仅仅局限于本国内部，还会溢出他国，各国间的经济政策不确定性已经交织成一个复杂的闭环传递网络。中美两国作为世界上最大的两个经济体，两国经济交往已经形成我中有你、你中有我格局，两国宏观经济政策变动不仅会对世界产生重要影响，也会对两国自身产生影响。当前中国正处于经济结构调整、金融结构优化、产业结构升级的关键时期，作为世界第一大经济体的美国，货币政策不确定性通过什么样的渠道对中国企业杠杆率产生影响？对融资约束异质性企业杠杆率影响是否具有差异性？厘清上述关系有利于提升中国宏观经济政策应对美国宏观

---

① 本章节选内容发表于 CSSCI 期刊《财经论丛》2022 年第 12 期。

经济政策不确定冲击的效果，对中国企业正常运行、经济平稳运行具有重要作用。

宏观经济政策手段蕴含丰富的内容，其主要内核包括财政政策和货币政策。各国政府为实现既定目标会灵活采用各种政策措施，频繁变动的政策工具不但会影响政策执行的预期效果，更重要的是会导致经济停滞 Baker（2016）。近年来，全球"黑天鹅"事件时有发生，不确定性对一国经济发展产生重要影响。杨子晖，田磊（2013）通过构建国际经济周期三层静态因子模型，证实了美国经济周期主导着世界经济周期，为金融风险跨市场传染研究奠定了基础。潘攀、邓超和邱煜（2020）讨论了经济政策不确定性、银行风险承担与企业投资行为三者之间的关系发现，经济政策不确定性对企业投资行为的影响在表内业务和表外业务两个方面存在明显差异。Zhang et al.（2015）以 2003—2013 年中国非金融企业部门上市公司季度数据为研究样本，讨论在所有权异质性和不同市场化程度条件下，经济政策不确定性对企业杠杆率的影响。纪洋、王旭和谭语嫣等（2018）研究发现企业异质性和政府隐性担保是影响经济政策不确定性作用于企业杠杆率的两个重要因素。杨子晖、陈里璇、陈雨恬（2020）研究发现美国资本市场是诱发全球市场风险的导火索，美国经济政策不确定性是造成全球金融市场不稳定的重要因素。Beckmann and Czudaj（2017）在传统汇率决定模型的基础上研究经济政策不确定性与汇率之间的内在关系发现，经济政策不确定性影响汇率，扰乱了市场参与者对于未来的预期。杨子晖、周颖刚（2018）采用"有向无环图技术方法"以及网络拓扑分析方法，从网络关联视角考察全球系统性金融风险的动态演变路径和机制发现，系统性金融风险具有明显的跨市场传染性，中国内地是金融风险溢出的主要接收者。Mehmet et al.（2018）测度了中国内地、美国等地区经济政策不确定性是否影响了中国香港、马来西亚等地区的股票价格，发现除了中国香港之外其他地区均表现出明显的特征。Nguyen（2019）在 VAR 模型的基础上研究了 2008 年国际金融危机之后，美国经济政策不确定性对其他国家产生影响的路径和机制，并对比了不同经济体的溢出效应。Brogaard et al.（2015）以国外金融市场为研究载体发现，经济政策不确定性会增加股票市场波动。陈国进、张润泽、姚莲莲（2014）以 1995 年 1 月至 2013 年 12 月上证中指数据作为样本，建立 DCC–MGARCH 模型发现股票市场与经济政策不确定性之间存在强烈的负相关关系，并且体现出强烈的时变性特征。郑忠华、李清彬（2020）通过构建 TVAR、MSVAR 模型发现经济政策不确定性对经济增速的作用在 2008 年发生显著变化，2008 年之前以正向作用为主，2008 年之后以负向作用为主。李凤羽，杨墨竹（2015）对比 2008 年前后经济政策不确定性对企业投资的抑制作用发现，2008 年之后抑制作用更为明显。张玉鹏、王茜（2016）对比研究了在不同经济条件下经济政策不确定性对于产出增长的作用发现，在经济快速增长时期以正向促进作用为主，在经济衰退时期以抑制作用为主。曾令涛、汪超（2015）研究货币政策与异质性企业杠杆率之间关系发现，紧缩性货币政策会显著降低企业杠杆率，并且这种降低作用在融资约束高的企业更为明显。王婷、李成（2017）以 2005—2017 年上市公司数据为样本实证分析指出，在产权异质性的企业货币政策对于企业投资额和投资偏好的影响存在显著的差异。赵恢林、黄建忠（2019）研究发现货币政策对企业资本利用率的影响在融资约束异质性企业间存在显著差异，民营企业资本利用率显著高于国有企业。

综观国内外有关经济政策不确定性的文献可知，研究重点集中在经济政策不确定性与企业投资、风险传染、资产价格以及产出增长等方面，部分文献研究涉及中国经济政策不确定性与企业杠杆率，但鲜有文献研究国外货币政策不确定性对于中国企业杠杆率的影响，尤其是缺乏对融资约束异质性企业杠杆率的影响。

本章的边际贡献在于：（1）从企业融资约束异质性视角，考察了开放经济条件下国外货币政策不确定性对企业杠杆率的溢出效应，拓展了现有文献关于经济政策不确定性对企业杠杆率影响的研究范畴；（2）从资产价格渠道、汇率渠道、利率渠道分别考察国外货币政策对国内微观企业的溢出效应，刻画了货币政策对公司资本结构的跨国传导机制，既丰富了货币政策理论，又是对现代公司金融理论的补充。

第一节　理论分析

借鉴 Dornbusch（1976）、Kiyotaki & Moore（1997）、Iacoviello（2015）、Almeida et al.（2004）、Han & Qiu（2007）等文献，构建了一个

开放经济下包含融资约束异质性视角的货币政策溢出效应的两国简化经济模型,重点考察美联储货币政策操作不确定性对中国企业杠杆率的溢出传导机制。

一 国际传导阶段

假设 t 时期国外四部门总产出为: $Y_t^* = C_t^* + I_t^* + G_t^* + NX_t^*$。其中国外居民消费 $C_t^* = C_t^*(Y_t^* - T_t^* + Tr_t^*)$,$T_t^*$ 和 Tr_t^* 分别表示国外税收与转移支付;外国投资 $I_t^* = I_t^*(i_t^*)$ 与国外实际利率水平 i_t^* 成反比;G_t^* 为国外政府购买;国外经常项目余额 $NX_t^* = NX_t^*(Y_t^* - T_t^* + Tr_t^*, Y_t, EP_t^*/P_t)$,$Y_t$ 为本国总产出,EP_t^*/P_t 为直接标价法下的外币实际汇率,且满足 $NX_{Y^*,t}^{*'} < 0$,$NX_{T_t}^{*'} > 0$。

在满足国外市场均衡条件下有:

商品市场均衡: $Y_t^* = C_t^*(Y_t^* - T_t^* + Tr_t^*) + I_t^*(i_t^*) + G_t^* + NX_t^*(Y_t^* - T_t^* + Tr_t^*, Y_t, EP_t^*/P_t)$ (6-1)

货币市场均衡: $M_t^*/P_t^* = L_t^*(Y_t^*, i_t^*)$ (6-2)

外汇市场均衡: $BP_t^* = NX_t^*(Y_t^* - T_t^* + Tr_t^*, Y_t, EP_t^*/P_t) + NF_t^*(i_t^* - i_t) = 0$ (6-3)

其中,$NF_t^* = NF_t^*(i_t^* - i_t)$ 为国外资本净流入,其大小取决于两国利差,即 $NF_t^{*'} > 0$。BP_t^* 为国外收支余额,由经常项目余额 NX_t^* 和资本书余额 NF_t^* 组成。

现假设国外财政政策保持不变,考察货币政策变动的影响。对式(6-1)—式(6-3)进行全微分,整理可得:

$$\frac{di_t^*}{di_t^*} = \frac{\Lambda(1 - C_{Yt}^*)}{L_{it}^{*'} P_t^*}$$ (6-4)

其中,$\Lambda = 1/[1 - C_{Yt}^* + (I_t^{*'} - NF_t^{*'})(L_{Yt}^*/L_{it}^{*'})] > 0$,$L_{it}^{*'} < 0$。进一步假设本国财政政策与货币政策保持不变,微分整理可得:

$$\frac{di_t}{di_t^*} = \frac{NF_t^{'}}{NF_t^{'} - I_t^{'} - (1-C_{Yt})L_{it}/L_{Yt}} > 0, \frac{di_t}{dM_t^*} = \frac{di_t^*}{dM_t^*} \times \frac{di_t}{di_t^*} < 0 \quad (6-5)$$

$$\frac{dE_t}{di_t^*} = \frac{P_t^*[NX_{Yt}^{*'}(I_t^{*'} - NF_t^{*'}) + (1-C_{Yt}^{*'})NF_t^{*'}]}{-NX_{Tt}^{*'}P_t(1-C_{Yt}^{*'})} < 0, \frac{dE_t}{dM_t^*} = \frac{di_t^*}{dM_t^*} \times \frac{dE_t}{di_t^*} > 0 \quad (6-6)$$

进一步假设，外币名义汇率 E_t 保持不变，国外价格 P_t^* 变动，则国内价格 P 会线性于国外价格变动，微分整理可得：

$$\frac{dP_t^*}{di_t^*} = \frac{-[NF_t^{*'}(1-C_{Yt}^* - NX_{Y*t}^{*'}) + NX_{Y*t}^{*'}I_t^{*'}]}{NX_{Tt}^{*'}(E_t/P_t)(1-C_{Yt}^*)} < 0$$

$$\frac{dP_t}{di_t^*} = \frac{dP_t^*}{di_t^*} \times \frac{dP_t}{dP_t^*} < 0, \frac{dP_t}{dM_t^*} = \frac{di_t^*}{dM_t^*} \times \frac{dP_t}{di_t^*} > 0 \quad (6-7)$$

式（6-5）揭示了美联储货币政策操作的利率跨国传导机制，式（6-6）揭示了美联储货币政策操作的汇率跨国传导机制，式（6-7）揭示了美联储货币政策操作的资产价格跨国传导机制。

二 国内传导阶段

根据现有文献通常做法，定义企业杠杆率 lev 为企业负债与企业资产的比值。企业向金融机构借贷通常需要事先进行资产抵押（质押），金融机构会按照抵押资产评估价的一定折扣向企业放贷，因此企业会面临融资约束：

$$B_t = \theta_t(1-\delta)Exp_t(P_{t+1}K_t\pi_{t+1}/i_t) \quad (6-8)$$

其中，B_t 表示国内企业债务额；θ_t 表示贷款价值比，且 $\theta_t \in (0,1)$；δ 表示资产折旧率；$Exp_t(P_{t+1}K_t\pi_{t+1}/i_t)$ 表示抵押物的市场估值；π_{t+1} 表示国内通货膨胀。

现将企业划分为融资约束强和融资约束弱两类企业①。对于融资约束强企业 S，其债务额就是最大的融资限额，即 $B_{St} = \theta_t(1-\delta)Exp_t(P_{t+1}K_{St}\pi_{t+1}/i_t)$。对于融资约束弱企业 W，其债务额为部分最大融资限额，即 $B_{Wt} = \theta_t(1-\delta)Exp_t(P_{t+1}K_{Wt}\pi_{t+1}/i_t) - \zeta_t$，$\zeta_t$ 表示企业最大融资额与实际融资额的差值。从表达式可以发现，保持其他条件不变，ζ_t 受到下期资产价格 P_{t+1}、外币名义汇率 E_t、国内利率 i_t 的影响。因此，$\zeta_t = \zeta_t(P_{t+1}, E_t, i_t)$，$\zeta'_{P_{t+1}} > 0$，$\zeta'_{E_t} > 0$，$\zeta'_{i_t} < 0$，$0 \leq \zeta_t \leq \theta_t(1-\delta)Exp_t(P_{t+1}K_{Wt}\pi_{t+1}/i_t)$。

参照 Cook & Tang（2010）做法，假设企业在短期内保持产量 K 不变，则企业价值主要依赖于本国资产价格 P，因此企业的杠杆率进一步表达为：

$$lev_{St} = \frac{B_{St}}{P_t K_{St}} = \frac{\theta_t(1-\delta)Exp_t(P_{t+1}K_{Wt}\pi_{t+1}/i_t)}{P_t K_{St}} \qquad (6-9)$$

$$lev_{Wt} = \frac{B_{Wt}}{P_t K_{Wt}} = \frac{\theta_t(1-\delta)Exp_t(P_{t+1}K_{Wt}\pi_{t+1}/i_t) - \zeta_t}{P_t K_{Wt}} \qquad (6-10)$$

将式（6-10）分别对 P_t、E_t、i_t 求导可得：

$$\begin{aligned} \frac{dlev_{St}}{dP_t} &= \theta_t(1-\delta)Exp_t(f'(P_t)\pi_{t+1}/i_t) > 0 \\ \frac{dlev_{Wt}}{dP_t} &= \theta_t(1-\delta)Exp_t(f'(P_t)\pi_{t+1}/i_t) - \frac{\zeta'_t(f(P_t))f'(P_t)}{K_{Wt}} \end{aligned} \qquad (6-11)$$

$$\begin{aligned} \frac{dlev_{St}}{dE_t} &= 0 \\ \frac{dlev_{Wt}}{dE_t} &= -\frac{\zeta'_{E_t}}{K_{Wt}} < 0 \end{aligned} \qquad (6-12)$$

---

① 采用 Almeida et al.（2004）和 Han & Qiu（2007）的定义，融资约束弱的企业是指凡是能够提升企业净现值的投资项目均能以微小成本获得外部融资；融资约束强的企业是指企业受到资金约束限制，最优资金不能有效投资到正净现值投资项目，从而导致企业没有足够信用获得更多外部融资。

$$\frac{dlev_{St}}{di_t} = -\theta_t(1-\delta)Exp_t(f(_{Pt}\pi_{t+1}/i_t^2) < 0$$

$$\frac{dlev_{Wt}}{di_t} = -\theta_t(1-\delta)Exp_t(f(P_t)\pi_{t+1}/i_t^2) - \frac{\zeta'_{it}}{K_{Wt}}$$

(6-13)

其中，$f(P_t) = P_{t+1}/P$。

式（6-11）、式（6-12）、式（6-13）分别揭示了美联储货币政策操作的不确定性如何通过资产价格渠道、汇率渠道、利率渠道对中国融资约束异质性企业杠杆率的溢出效果。通过上述推导，提出如下研究假设：

假设6.1：美联储货币政策操作不确定性通过资产价格渠道对融资约束强的企业杠杆率具有负向溢出效应，对融资约束弱的企业杠杆率溢出效应不确定。

假设6.2：美联储货币政策操作不确定性通过汇率渠道对融资约束强的企业杠杆率溢出效应微乎其微，对融资约束弱的企业杠杆率具有负向溢出效应。

假设6.3：美联储货币政策操作不确定性通过利率渠道对融资约束强的企业杠杆率具有负向溢出效应，对融资约束弱的企业杠杆率溢出效应不确定。

第二节　研究设计

一　样本选取

选取2008—2019年A股上市企业所公布的季度数据作为研究样本，并进行了下列处理：（1）剔除了包含金融类业务的企业、ST、PT类风险警示型企业；（2）剔除了B股、H股以及当季发行上市企业；（3）剔除了样本异常值、缺失值、数据不连续的企业，剩余89家上市非金融企业。为了防止样本异常值，所有样本数据进行了1%的缩尾处理，样本数据来源于WIND数据库、中经网。实证检验采用计量软件stata15.0。

二　变量选取

参照刘海明和李明明（2020）、李双建和田国强（2020）、胡久凯和王艺明（2020）的研究，选取的变量包括：资产负债率（lev）、企业营业收入增长率（Growth）、企业总资产（Size）、前十大股东持股比率合计（Largest）、企业成立年限（Age）、美联储货币政策不确定性（EPUA）[①]、企业资产价格（TBQ）、汇率（HL）、利率（LL）。其中为了使样本数据更加真实客观反映内在关系，对所有变量采用 X11 方法进行季节调整，各变量具体含义见表 6–1。

表 6–1　　　　　　　　　各变量含义说明

符号	定义	含义
被解释变量		
lev	资产负债率	衡量企业债务水平
解释变量		
EPUA	美联储货币政策不确定性代理变量	衡量政策不确定性
TBQ	资产价格	企业市值取对数
HL	汇率	人民币有效汇率取月度平均值
LL	利率	银行间 7 天同业拆借利率月度平均值
控制变量		
Size	企业总资产	总资产取对数表示
Growth	营业收入增长率表示	企业成长性代理变量
Largest	前十大股东持股比例合计	股东权利衡量
Age	公司成立年限	公司成立年限的对数

企业融资约束度量现有文献主要采用 KZ 指数法、WW 指数法以及 SA 指数法。根据鞠晓生等人（2013）的研究，较之 WW 指数和 KZ，SA 指数法能有效避免指数带来的内生性问题，故而本节采取 SA 指数法，其具体计算方法为：$-0.737 \times Size + 0.043 \times Size2 - 0.04 \times Age$。参照 Whited & Wu（2006），将融资约束指数的绝对值按照 50%、50% 的样本量从小到大分为融资约束弱企业、融资约束强企业。

[①] 美联储货币政策操作不确定性来自网站：http://www.policyuncertainty.com。

三 模型设计

为了避免解释变量与被解释变量之间存在双向因果关系,加之货币政策变动对企业杠杆率的影响会有时滞性,参照赵萌、叶莉、范红辉(2020)的方法,构建下列动态面板模型分别验证上述假设:

$$lev_{i,t} = \alpha_0 + \alpha_1 lev_{i,t-1} + \alpha_2 EPUA_{i,t-1} + \alpha_3 TBQ_{i,t-1} + \alpha_4 EPUA_{i,t-1} \times TBQ_{i,t-1} + \alpha_5 X_{i,t} + \eta_i + \mu_i + \varepsilon_{i,t} \quad (6-14)$$

$$lev_{i,t} = \beta_0 + \beta_1 lev_{i,t-1} + \beta_2 EPUA_{i,t-1} + \beta_3 HL_{i,t-1} + \beta_4 EPUA_{i,t-1} \times HL_{i,t-1} + \beta_5 X_{i,t} + \eta_i + \mu_i + \varepsilon_{i,t} \quad (6-15)$$

$$lev_{i,t} = \lambda_0 + \lambda_1 lev_{i,t-1} + \lambda_2 EPUA_{i,t-1} + \lambda_3 LL_{i,t-1} + \lambda_4 EPUA_{i,t-1} \times LL_{i,t-1} + \lambda_5 X_{i,t} + \eta_i + \mu_i + \varepsilon_{i,t} \quad (6-16)$$

其中,i 代表企业,t 代表时期,α、β、λ 是参数,η_i、μ_i 分别表示地区非观测效应和时间非观测效应,其他变量符合如表 6-1 所示。对于上述计量模型重点关注 α_4、β_4、λ_4 的回归系数。为克服模型内生性与多重共线性问题,采用广义矩估计法(GMM)进行回归[1]。由于差分 GMM 易受到弱工具变量的影响,而系统 GMM 是将水平回归方程和差分回归方程进行联合估计,因而结论更具有稳健性,所以采用系统 GMM 进行实证估计。

第三节 回归结果及分析

一 描述性统计

表 6-2 报告了各变量描述性统计结果。企业资产负债率均值为 0.5858,美联储货币政策不确定性均值为 4.8839,最大值为 5.4599,最

---

[1] 广义矩估计法允许随机误差项存在序列相关和异方差,不需要事先明确随机误差项的分布,通过工具变量对参数进行估计,可以有效解决计量模型的一般内生性和一致有偏性问题。本书参照现有文献通常做法,在所有计量模型回归估计之后皆进行了 Sargan 检验,以判断估计过程中工具变量的选取是否有效,进而检验系统 GMM 模型估计结果的稳定性与可靠性,限于篇幅,未在书中进行详细说明。

小值为 4.3334，企业资产价格均值为 2.5663，中位数为 2.4327，最大值为 6.9930，最小值 -0.6149；汇率均值为 111.8627，最大值为 4.7568，最小值为 93.2767；利率均值为 3.0848，最大值为 4.7568，最小值为 1.0032。

表 6-2　　　　　　　　　　变量描述性统计

变量	样本量	均值	中位数	最大值	最小值	方差
lev	3560	0.5858	0.5968	0.9159	0.2149	0.1421
$EPUA$	3560	4.8839	4.8871	5.4599	4.3334	0.2368
TBQ	3560	2.5663	2.4327	6.9930	-0.6149	1.2086
HL	3560	111.862	110.3740	131.5565	93.2767	11.058
LL	3560	3.0848	3.2757	4.7568	1.0032	0.9398
$Size$	3560	23.4999	23.3798	28.0982	20.1458	1.3429
$Growth$	3560	0.2980	0.1342	1.1093	-0.9766	1.3917
$Largest$	3560	0.4759	0.4908	0.9614	0.017	0.2000
Age	3560	2.8166	2.8332	3.5835	0	0.3535

二　单位根检验

为了防止伪回归，事先需对变量进行单位根检验，LLC 检验和 ADF 检验能够全面反映相同根和不同根样本情形，表 6-3 中各主要变量单位根检验结果 P 值均小于 0.05，不存在单位根，可以进行计量回归分析。

表 6-3　　　　　　　　　　变量单位根检验结果

变量名称	LLC 检验 P 值	ADF 检验 P 值	结论
lev	0.0017	0.0046	平稳
$EPUA$	0.0000	0.0000	平稳
TBQ	0.0005	0.0001	平稳
HL	0.0000	0.0002	平稳
LL	0.0268	0.0000	平稳

续表

变量名称	LLC 检验 P 值	ADF 检验 P 值	结论
Size	0.0000	0.0000	平稳
Growth	0.0000	0.0000	平稳
Largest	0.0000	0.0000	平稳

三 回归结果分析

表 6-4 报告了计量模型 GMM 回归结果。结果显示,从资产价格渠道来看,美联储货币政策不确定性对融资约束弱企业杠杆率的回归系数为 0.0035,表明美联储货币政策不确定性对融资约束弱企业杠杆率具有正向溢出效应,但是在统计意义上不显著;对融资约束强企业杠杆率的影响系数在 5% 显著性水平上为 -0.0059,表明美联储货币政策不确定性对融资约束强企业杠杆率具有显著负向溢出效应。其原因在于:随着美联储货币政策不确定性加大,市场预期难以确立,市场恐慌情绪加大,资产价格风险溢价增加,导致全球资产价格的下降。资产价格的下降,会导致企业杠杆率的上升(企业杠杆率的分母减少)。对于融资约束强的企业来讲,资产价格降低会导致其抵押物价值折损率加大,银行信贷会大幅减少,加上其融资渠道有限、替代融资渠道较少,使得企业负债大幅降低,由于负债的下降幅度大于资产价格的下降幅度,这会抵消因资产价格下降而引致的企业杠杆率上升,最终使企业杠杆率降低;对于融资约束弱企业来讲,由于其融资渠道广、可替代融资方案多,企业负债减少幅度小于资产价格下降幅度,因此其整体杠杆率不会下降甚至还会上升。因此,假设 6.1 基本成立。

从汇率渠道来看,美联储货币政策不确定性对融资约束弱企业杠杆率影响系数在 5% 显著性水平上为 -0.0033,表明美联储货币政策不确定性对融资约束弱企业杠杆率具有显著负向溢出效应,但是对融资约束强企业杠杆率影响系数不显著,微乎其微,仅为 0.0001。主要原因在于:美联储货币政策不确定性越大,表明美联储对后期经济发展存在严重分歧,对未来经济发展前景不乐观,这势必引发市场对当前经济形势的担忧,美元存在贬值的压力。由于中国实行的人民币紧密联系美元汇率制度,美元贬值使得人民币汇率上升,不利于中国商品出口,国外需求减少势必减少企业的投资。对于融资约束强企业来讲,尽管企业投资减少,但是受制于融资渠道单一和再融资困难的现实困境,在短期内不会减少其债务额;但是对于融资约束弱企业来讲,在投资减少的情况下,企业可以灵活采取降低债务额的方式来降低企业的经营成本,而不必担心一旦投资增加融资不畅的困境。因此,假设6.2成立。

从利率渠道来看,美联储货币政策不确定性对融资约束强企业杠杆率影响系数在1%显著性水平上为 -0.0049,表明美联储货币政策不确定性对融资约束强企业杠杆率具有显著负向溢出效应;对融资约束弱企业杠杆率的影响系数在为0.0006,表明美联储货币政策不确定性对融资约束强企业杠杆率具有正向溢出效应,但是不显著。主要原因在于:如上文所述,美联储货币政策不确定性加大,导致美元贬值、人民币升值,资本出于套利的需求,会纷纷加大对人民币的需求,导致人民币利率上升。利率上升会增加企业融资成本,由于融资约束强的企业大多数是中小民企,融资成本的增加势必会增加企业的财务负担,在盈利能力与抗风险能力有限的前提下,融资约束强的企业会理性选择减少债务,让企业杠杆率维持在低位水平;而融资约束强弱企业大多是大型国企,良好的银企关系、政府的隐性担保、多元的经营策略使得企业对利率敏感度比较小。因此,假设6.3成立。

表 6-4　美联储货币政策不确定的溢出效应 GMM 回归结果

变量	融资约束弱企业				融资约束强企业		
	资产价格渠道	汇率渠道	利率渠道	资产价格渠道	汇率渠道	利率渠道
lev_{t-1}	0.7980***	0.7946***	0.7865***	0.9164***	0.8955***	0.9046***
	(29.9032)	(43.6948)	(34.3697)	(9.0433)	(12.5562)	(11.7448)
TBQ_{t-1}	-0.0191	—	—	-0.0250	—	—
	(-1.3051)			(-0.2602)		
HL_{t-1}	—	-0.0011	—	—	-0.0010	—
		(-0.6172)			(-0.0232)	
LL_{t-1}	—	—	-0.0518***	—	—	-0.0363**
			(-6.2691)			(-2.0430)
$EPUA_{t-1}$	-0.0083	-0.0271	0.0310***	0.0125	-0.0021	-0.0183**
	(-1.1093)	(-0.7056)	(8.1318)	(0.3270)	(-0.0232)	(-2.1123)
$TBQ_{t-1} * EPUA_{t-1}$	0.0035	—	—	-0.0059**	—	—
	(1.2283)			(-3.2928)		
$HL_{t-1} * EPUA_{t-1}$	—	-0.0033**	—	—	0.0001	—
		(-2.7439)			(0.0726)	

续表

变量	融资约束弱企业			融资约束强企业		
	资产价格渠道	汇率渠道	利率渠道	资产价格渠道	汇率渠道	利率渠道
$LL_{t-1} * EPUA_{t-1}$	—	—	0.0006	—	—	-0.0049***
			(1.1282)			(-4.6445)
Size	0.0056	0.0059	0.0100**	0.0116	0.0145	0.0131
	(1.1749)	(1.4517)	(2.2981)	(0.8960)	(1.1065)	(1.1727)
Growth	-0.0011	0.0007	-0.0021	0.0092	0.0033	0.0072
	(-0.9044)	(0.6806)	(-1.2025)	(1.3850)	(0.3857)	(1.3036)
Largest	-0.0226***	-0.0196***	-0.0134*	-0.0173	-0.0073	-0.0170
	(-3.7014)	(-3.8090)	(-1.9529)	(-0.6201)	(-0.2831)	(-0.6225)
Age	0.0012	0.0018	0.0075	0.0016	0.0168	0.0102
	(0.1848)	(0.2637)	(1.2027)	(0.0738)	(0.8083)	(0.4293)
η	有	有	有	有	有	有
μ	有	有	有	有	有	有
R^2	0.8247	0.7864	0.8753	0.8027	0.8574	0.8867
F值	44.3870	42.7150	36.3001	29.6034	28.7876	28.7915
AR(1)	0.0125	0.0093	0.0134	0.0157	0.0174	0.0171

续表

变量	融资约束弱企业			融资约束强企业		
	资产价格渠道	汇率渠道	利率渠道	资产价格渠道	汇率渠道	利率渠道
AR(2)	0.3457	0.3671	0.3024	0.3168	0.3476	0.3691
sargan	0.8237	0.8175	0.8671	0.8263	0.9024	0.8971
样本量	1786	1786	1786	1596	1596	1596

注：*、**、*** 分别表示 10%、5%、1% 上的显著性水平显著不为零，( ) 内表示标准误，AR (1) 和 AR (2) 分别表示扰动差分项一阶和二阶序列自相关的检验的 P 值；Sargan 表示过度识别检验项的 P 值。回归结果显示：二阶序列相关 AR (2) 检验和 Sargan 过度识别检验的 P 值均大于 0.05，说明存在模型存在一阶自相关，不存在二阶自相关，拒绝水平方程中误差项存在序列相关的假设，接受工具变量有效性的假设，回归结果稳健可靠，下同。

第四节 时变效应分析

Bloom（2009）研究表明，经济政策不确定性具有较强的时变特征，企业对于短期债务的调整意图会比长期债务更强。短期债务和长期债务构成了公司整体债务，二者之间的不同比例会形成不同的公司价值效应。由于逆周期调节的货币政策锚定产出和企业杠杆率（债务偿还），表明企业负债期限结构与货币政策息息相关。基于此，假设如下：

假设6.4：美联储货币政策操作不确定性对企业短期杠杆率的溢出效应明显强于长期杠杆率。

为验证假设6.4，从利率渠道构建如下模型①：

$$Dlev_{i,t} = \lambda_0 + \lambda_1 lev_{i,t-1} + \lambda_2 EPUA_{i,t-1} + \lambda_3 LL_{i,t-1} + \lambda_4 EPUA_{i,t-1} \times LL_{i,t-1} + \lambda_5 X_{i,t} + \eta_i + \mu_i + \varepsilon_{i,t} \quad (6-17)$$

$$Clev_{i,t} = \lambda_0 + \lambda_1 lev_{i,t-1} + \lambda_2 EPUA_{i,t-1} + \lambda_3 LL_{i,t-1} + \lambda_4 EPUA_{i,t-1} \times LL_{i,t-1} + \lambda_5 X_{i,t} + \eta_i + \mu_i + \varepsilon_{i,t} \quad (6-18)$$

其中，$Dlev$ 表示企业短期杠杆率，$Clev$ 表示企业长期杠杆率，其他符号与式（6-16）相同。

表6-5计量结果显示，通过利率渠道，美联储货币政策不确定性对融资约束弱企业短期杠杆率影响系数为0.0025，对其长期杠杆率影响系数为0.0004；美联储货币政策不确定性对融资约束强企业短期杠杆率影响系数为-0.0056，对其长期杠杆率影响系数为-0.0037。表明美联储货币政策不确定性通过利率渠道对企业短期杠杆率的溢出效应明显都强于企业的长期杠杆率，美联储货币政策不确定性对企业杠杆率的溢出效应具有典型的时变特征。

---

① 考虑章节篇幅，相比于汇率渠道、资产价格渠道，由于中国利率市场化改革程度更加彻底与充分，因此仅从利率渠道考察了美联储货币政策操作不确定性对企业杠杆率溢出效应的事变特征。当然这不失为一般性。

表6-5　美联储货币政策不确定性溢出效应的时变效应 GMM 回归结果

变量	融资约束弱企业		融资约束强企业	
	长期	短期	长期	短期
$Clev_{t-1}$	0.8209***	--	0.7774***	--
	(188.3720)		(23.2803)	
$Dlev_{t-1}$	--	0.6671***	--	0.6341***
		(31.6372)		(6.7396)
LL_{t-1}	-0.0205***	-0.0243*	-0.0009	-0.0153
	(-7.1272)	(-1.9485)	(-0.0364)	(-0.9262)
$EPUA_{t-1}$	-0.0214***	-0.0167***	0.0034	0.0091
	(-15.1854)	(-4.2954)	(0.1270)	(0.3184)
$LL_{t-1}*$ $EPUA_{t-1}$	0.0004	0.0025	-0.0037***	-0.0056***
	(0.0704)	(0.7623)	(-6.4509)	(-7.8320)
$Size$	-0.0097***	-0.0112**	-0.0099	-0.0208*
	(-6.9227)	(-2.2388)	(-1.0501)	(-1.8686)
$Growth$	0.0010**	0.0025*	0.0022	0.0021
	(2.2238)	(1.6967)	(0.6283)	(0.3901)
$Largest$	-0.0086**	-0.0048	0.0117	-0.0094
	(-2.5775)	(-0.3412)	(0.4235)	(-0.4607)
AGE	0.0085***	0.0272***	-0.0180*	0.0454**
	(3.1983)	(6.5653)	(-1.8560)	(2.1767)
η	有	有	有	有
μ	有	有	有	有
R^2	0.7492	0.7857	0.8137	0.8374
F 值	41.8348	43.1931	33.4390	28.5893
$AR(1)$	0.0371	0.0157	0.0346	0.0209
$AR(2)$	0.4124	0.4221	0.3287	0.3674
sargan	0.8573	0.8461	0.8792	0.8537
样本量	1786	1786	1596	1596

第五节 稳健性检验

现代货币理论认为,货币政策调控主要通过供给机制与需求机制影响微观企业的投资。通过信贷供给机制,货币政策可以改变企业的融资规模和融资成本,引导企业在不同资产之间进行最优配置,实现企业最优资本结构,进而对企业盈利能力产生直接影响(Kashyap & Stein,1994)。通过需求机制,货币政策通过改变市场融资价格,引导市场风险溢价水平,影响市场融资总需求,改变企业原有投资机会,对企业盈利能力产生直接影响(Gaiotti and Generale,2001))。根据纪敏(2017)研究,以资产负债率作为微观杠杆率的代理变量,可得 Δ 微观杠杆率 = Δ 宏观杠杆率 + Δ 资产收益率,企业的盈利能力对企业杠杆率会产生重要影响。基于上述分析,将企业盈利能力指标 ROA(每股盈利)滞后一期作为工具变量,采用两阶段最小二乘法(2SLS)对式(6-14)、式(6-15)、式(6-16)进行再估计。表 6-6 结果显示,加入了工具变量后计量结果稳健、研究结论与前文一致。因此研究结论具有鲁棒性,可靠稳定。

表 6-6 两阶段最小二乘法回归结果

	工具变量为:ROA_{-1}					
	融资约束弱企业			融资约束强企业		
变量	资产价格渠道	汇率渠道	利率渠道	资产价格渠道	汇率渠道	利率渠道
lev_{t-1}	0.7985***	0.7976***	0.7864***	0.9201***	0.8602***	0.8788***
	(38.6871)	(52.3815)	(36.0135)	(8.7142)	(13.2499)	(10.4209)
TBQ_{t-1}	-0.0154	--	--	-0.0338	--	--
	(-1.0632)			(-0.4784)		
HL_{t-1}	--	-0.0014	--	--	-0.0023	--
		(-0.0959)			(-0.5176)	
LL_{t-1}	--	--	-0.0311***	--	--	-0.0324*
			(-5.9323)			(-1.8929)

续表

变量	工具变量为: ROA_{-1}					
	融资约束弱企业			融资约束强企业		
	资产价格渠道	汇率渠道	利率渠道	资产价格渠道	汇率渠道	利率渠道
$EPUA_{t-1}$	-0.0059	-0.0011	0.0311***	0.0157	-0.0277	-0.0173**
	(-0.8302)	(-0.0352)	(7.7558)	(0.5478)	(-0.3496)	(-2.3725)
$TBQ_{t-1}*$ $EPUA_{t-1}$	0.0029	--	--	-0.0077**	--	--
	(0.9950)			(-3.5365)		
$HL_{t-1}*$ $EPUA_{t-1}$	--	-0.0045**	--	--	0.0003	--
		(-4.0675)			(0.3923)	
$LL_{t-1}*$ $EPUA_{t-1}$	--	--	0.0011	--	--	-0.0069***
			(0.2863)			(-3.0317)
Size	0.0064	0.0062*	0.0097**	0.0116	0.0167	0.0150
	(1.4855)	(1.6922)	(2.2577)	(1.1454)	(1.3764)	(1.3963)
Growth	-0.0014	0.0007	-0.0022	0.0091	0.0017	0.0056
	(-1.0557)	(0.6846)	(-1.2058)	(1.3420)	(0.1983)	(0.9769)
Largest	-0.0245***	-0.0189***	-0.0123*	-0.0230	-0.0175	-0.0233
	(-3.5353)	(-3.2036)	(-1.8755)	(-0.8037)	(-0.9390)	(-0.9756)
Age	0.0070	0.0022	0.0065	0.0039	0.0160	0.0166
	(1.2549)	(0.3529)	(1.1019)	(0.1359)	(1.0019)	(0.8646)
η	有	有	有	有	有	有
μ	有	有	有	有	有	有
LM	5.423	5.327	4.976	5.374	5.279	4.834
Wald F	5.374	5.403	5.272	5.418	5.501	4.892
sargan	2.872	2.946	2.731	3.017	3.284	2.972
样本量	1786	1786	1786	1596	1596	1596

注: *、**、*** 分别表示10%、5%、1%上的显著性水平显著不为零,( ) 内表示标准误,LM 统计量用来检验工具变量识别不足,Wald F 统计量用来检验弱工具变量,Sargan 统计量用来检验工具变量过度识别。

第六节 研究结论

依据现代货币理论、借鉴现有文献,将企业融资约束异质性纳入开放经济下货币政策溢出效应的两国简化经济模型,考察了美联储货币政策操作不确定性对中国企业杠杆率的溢出传导机制,并利用2008—2018年A股上市非金融企业季度数据,从资产价格、汇率和利率渠道实证分析了美联储货币政策不确定性对中国融资约束异质性企业杠杆率的溢出效应。美联储货币政策不确定性对中国融资约束异质性企业杠杆率的溢出效应在不同的传导渠道下具有显著的差异性。对于资产价格渠道,美联储货币政策不确定性对融资约束强的企业杠杆率具有显著的负向溢出效应,对融资约束弱的企业杠杆率溢出效应不确定;对于汇率渠道,美联储货币政策不确定性对融资约束弱的企业杠杆率具有显著负向溢出效应,对融资约束强的企业杠杆率溢出效应微乎其微;对于利率渠道,美联储货币政策不确定性对融资约束强的企业杠杆率具有显著负向溢出效应,对融资约束弱的企业杠杆率溢出效应不确定。同时研究结论还表明,不同传导渠道下美联储货币政策不确定性对中国融资约束异质性企业杠杆率的溢出效应也存在差异。对于融资约束强的企业来说,尤其要防范资产价格渠道和利率渠道下美联储货币政策不确定性对企业杠杆的冲击。对于融资约束弱的企业来说,尤其要防范利率渠道下美联储货币政策不确定性对企业杠杆的冲击。进一步从时变角度来看,美国经济政策不确定性对企业短期杠杆率的溢出效应明显强于长期杠杆率,美联储货币政策不确定性对中国企业杠杆率的溢出效应具有典型的时变特征。

第七章

企业杠杆率与企业价值[①]

自2008年国际金融危机爆发以来，中国非金融企业部门杠杆率不断攀升，如何匹配企业资本结构即如何合理安排企业债务资本与权益资本的比例，将杠杆率控制在合理有效范围之内，达到显著提升企业内在价值的目标，日益成为关注的重点问题。党的十九届四中全会和2019年中央经济工作会议都明确将"坚持结构性去杠杆的基本思路，防范金融市场异常波动和共振"作为今后工作的重点。企业发展需要融资，资本来源主要有权益融资和债务融资两种方式，当前中国资本市场发展并不完善，银行负债成为企业融资的主要途径，负债不仅能够反映企业的经营状况、风险水平而且能够影响企业的资本成本和企业经营业绩。因此，对企业资本结构进行合理有效管理已经成为企业防风险、实现良性循环发展的重要环节。

中国是以国有银行为主体的间接融资国家，银行在整个国民经济体系中起着举足轻重的作用。由于企业规模、企业性质、行业地区等存在差异性，导致企业在市场融资过程中会呈现显著差异。大型企业、传统行业企业以及国有企业在融资过程中由于其企业规模大、资产雄厚、可抵押物品多、会计制度健全、与银行联系密切等原因，加上银行出于维护自身稳健性、节约成本的考虑，在资金分配过程中愿意将更多的资金出借给国有企业、传统的大型工业企业，间接加剧了中小企业、新兴行业企业的信贷资金紧张的状况。中国东部地区、中部地区以及西部地区在经济发展水平、市场化程度等各个方面都具有较大的差异，不同地区

[①] 本章节选内容发表于《南昌航空大学学报》（社会科学版）2021年第3期。

企业在融资过程中也会产生差异性。东部地区经济发达，资本市场更加健全，企业融资更加便利，中西部地区虽然有诸多的扶持政策但是由于企业发展缺乏原生动力，最终导致区域间发展呈现出结构化差异趋势。

按照权衡理论的观点，企业以负债的方式进行生产经营可以享受税盾效应，有助于提升企业价值，但在此过程中负债也会带来巨大的还本付息压力，企业破产成本也会上升，因此企业在生产经营过程中必须要在二者之间进行取舍，实现企业资本结构最优化、企业价值最大化。企业杠杆对公司价值到底是具有显著的促进作用或具有显著的降低作用？现有文献一直存在争议。本章试图从企业异质性（不同行业、不同地区）的视角出发，采用分位数回归模型，并将其结果与常规模型（最小二乘法与固定效应）进行比较，来考察杠杆率对企业价值的影响过程，以期对上述争议做出一定的回应。

本章边际贡献在于：（1）传统的 OLS 法难以精准估计企业杠杆对企业价值非线性影响，本章以 2008—2019 年 A 股上市非金融企业 5780 个研究样本，从企业异质性（不同行业、不同地区）的视角出发，采用分位数回归模型考察了企业杠杆对企业价值非均匀影响；（2）企业杠杆对公司价值的影响一直存在争议，本章经验结果表明，无论是分行业还是分地区，企业杠杆对企业价值的影响与企业价值初始值大小紧密关联，研究结论为企业杠杆对公司价值影响研究提供了一个新的视角，回应了传统文献关于二者之间关系的分歧。

第一节 文献回顾

Modigliani and Miller（1958）提出的 MM 理论，开现代公司金融研究的先河，该理论强调在一个完全有效的市场中企业价值不会受到企业资本结构的影响。随着认识由浅入深，MM 理论在现实应用中不断受到挑战，诸多学者对其进行修正，目前针对企业债务结构与企业价值之间关系的研究大致形成了以下几种观点。

观点一认为，企业债务比率与企业价值之间存在着显著的正相关关系。Jensen and Meckling（1976）通过构建包含管理层行为与企业价值相关关系的 JM 模型指出企业负债行为能够激励管理者，存在使得企业价值最大化的最优资本结构，即边际债务成本等于边际收益。Ross（1977）提出的信号传递理论指出提升企业债务比率能显著提升公司价值。Frank and Goyal（2003）运用插补法修正后的数据样本同样证实了企业杠杆率对公司价值的正相关关系。Margaritis and Psillaki（2010）针对企业所有权结构、资产负债率以及公司价值之间的关系进行研究发现企业资产负债率对企业价值有正向促进作用。秦海林和孙疆奥（2022）基于2014—2019年中国A股上市公司数据，运用双重差分模型检验了去杠杆政策对公司财务风险的影响。结果显示，去杠杆政策能显著降低公司财务风险，尤其是对于非国有企业和在主板上市的企业而言，政策效应尤为显著。中介效应检验表明，股权集中度在政策效应中发挥了部分中介作用。沈昊旻（2021）以2013—2017年A股上市公司为样本，对其去杠杆效果进行检验，并进一步探讨其实现路径以及经济后果。研究发现，自进入强制去杠杆阶段以来，企业去杠杆工作初具成效；国有企业去杠杆效果受政策压力影响显著，而非国有企业则受实施能力影响显著。企业通过偿还负债、调整合并报表范围的方式降低杠杆率，在非国有企业中还发现了增发股票、减少股利支付的方式。同时，去杠杆政策短期内降低了企业价值，造成投资不足问题。陶长琪和徐冬梅（2020）通过引入杠杆偏离度指标，以一个三部门内生增长模型为理论基础，以制度质量为时间轴，基于GTWAR方法，探究了非金融企业杠杆偏离影响企业效率的内在作用机理，深入分析了此影响的空间异质性。实证结果表明：全样本下，中西部地区非金融企业杠杆偏离对企业效率的减损程度高于东部地区非金融企业杠杆偏离对企业效率的提升程度；分行业样本下，东部地区资本密集型行业的企业表现为金融资本配置不足，西部地区资本密集型行业和中西部地区技术密集型行业中的企业表现为金融资本配置过度，劳动密集型行业中的企业多表现为资本配置合理。

观点二认为，企业债务比率对企业价值存在负向作用。根据Myers and Majluf（1984）啄食理论的观点可知，企业面临融资需求时应当遵循先股权后债权的融资顺序，盈利能力在企业杠杆率与企业价值之间起着显著的作用。Rajan and Zingalas（1995）研究证明企业资本结构与企业价值之间存在负相关关系。刘义鹃和朱燕萍（2009）从不同行业视角进行研究发现大部分行业资产负债率与企业价值之间呈现负相关关系。肖作平（2005）研究发现财务杠杆的提升会显著恶化企业绩效，不利于提升企业价值。连玉君和程建（2006）研究指出在成长机会较少的情况下，企业杠杆率与企业价值呈现负相关关系，当成长机会较多时，杠杆率与企业价值呈现正相关关系。王学凯等（2021）以2016年去杠杆政策的正式实施作为准自然实验，选取A股上市公司2000—2019年的经营数据，基于多维固定效应，采用双重差分法识别去杠杆政策对企业绩效的因果效应。从资本结构、偿债能力、财务风险三个视角，分别研究去杠杆政策影响企业绩效的渠道。研究发现，去杠杆政策显著提高了企业绩效，且不存在区域和上市地点异质性；去杠杆政策通过提高偿债能力、降低财务风险影响企业绩效，但去杠杆政策并未达到优化企业资本结构的目标。綦好东等（2018）基于供给侧结构性改革去杠杆背景，以中国2012—2017年沪深两市A股非金融类上市公司中的过度负债企业为样本，实证检验了杠杆率变动对企业绩效的影响。研究发现：中国非金融类上市公司中的过度负债企业去杠杆与企业绩效呈显著正相关关系；高杠杆企业相对于低杠杆企业，大规模企业相对于小规模企业，产能过剩行业相对于非产能过剩行业，国有企业相对于民营企业，去杠杆对企业绩效的正面影响更强。进一步研究还发现：财务风险在去杠杆与企业绩效之间表现为完全中介效应，即去杠杆能够通过降低企业财务风险提升企业绩效。

观点三认为，企业杠杆率与企业价值之间存在倒"U"形关系，企业资本结构存在最优状态。Warner（1977）通过研究发现企业存在使得其价值实现最大化的最佳资本结构，这符合权衡理论的具体内涵。汪辉（2003）就债务融资与企业市场价值之间的关系进行了实证探讨发现，在债务融资规模未达到最优状态，提升债务融资比重会增加企业市场价值，当债务规模超过最优资本结构，提升债务融资比重会降低市场价值。胡援成（2002）从MM模型和修正的MM模型出发，构建符合中国基本情况的理论模型并实证验证了企业存在价值最大化的最优杠杆率。李露（2016）以上交所上市公司的数据为样本进行实证研究发现资本结构与企业价值之间存在倒"U"形关系。管弋铭等（2020）将企业杠杆率纳入中长期信贷与企业绩效关系的分析，研究表明：当企业杠杆率处于中低区间时，中长期信贷能够显著提升企业绩效，当企业杠杆率过高时，中长期信贷对企业绩效的提升作用被削弱，但在中高杠杆率区间，对民营企业提供中长期信贷支持更能提升其绩效；随着时间的推移，中长期信贷对企业绩效的提升作用不断走弱；在一定杠杆率水平下，中长期信贷与企业绩效呈倒"U"形关系，且这一关系在中小企业、民营企业和高成长企业中更显著。梁安琪和武晓芬（2021）以 2013—2018 年中国上市公司的数据为样本，结合中国企业目前的负债情况，探究企业去杠杆和投资效率对企业绩效的作用机理和影响路径。研究发现：企业的投资效率是企业去杠杆和企业绩效之间的中介变量，其中介作用受到企业目标杠杆偏离程度的影响；去杠杆可以部分通过提高企业投资效率来影响企业绩效，但这种中介效应只在过度投资企业中显著存在。进一步研究发现，企业杠杆偏离度正向调节了直接效应和投资效率中介效应的前半路径：企业的过度负债加强了去杠杆对投资效率的正面影响，也加强了投资效率的中介效应；而在负债不足的企业中，由于去杠杆对企业绩效无促进作用，投资效率的中介效应也不存在。同时还发现，非投资效率本身对去杠杆和企业绩效起到一定的调节作用，而这种调节作用对于投资不足和负债不足的企业更加显著。

第二节　研究设计

一　样本选取

选取了 2008—2019 年 A 股上市公司财务数据作为研究样本，为保持数据的合理性、有效性做了以下处理：（1）剔除了 ST、PT 公司、金融行业上市公司以及样本缺失的上市公司；（2）剔除当季 IPO、H 股和 B 股企业数据样本。处理后得到 578 家微观企业数据样本，按照行业，划分为制造业、房地产业、建筑业、交通运输业、信息技术业、批发零售业，按照公司区域划分为东部地区、中部地区和西部地区。为了消除数据异常值的影响，样本数据进行了 1% 和 99% 百分位的缩尾处理。数据来源于 wind 数据库、choice 金融终端、中国人民银行官网、国家统计局、地方统计局官网。

二 模型设定

$$TBQ_{i,t} = \beta_0 + \beta_1 Lev_{i,t} + \beta_2 X_{i,t} + \varepsilon_{i,t} \qquad (7-1)$$

其中，i 表示企业，t 表示时期，$X_{i,t}$ 是控制变量的向量表示，$\varepsilon_{i,t}$ 表示随机扰动项。

三 变量选取及定义

1. 因变量，托宾 Q。企业价值代理变量，企业价值是以未来预计现金流量进行折现到当前来衡量。由于企业投资在未来所产生的效益目前无法进行预计，借鉴李露（2016）、潘海英和胡庆芳（2019）的研究采用 TBQ 来表示企业价值。

2. 自变量，企业杠杆率。借鉴牛慕鸿（2018）、刘晓光（2018）等的研究，采用企业资产负债率衡量企业杠杆率，记为 lev。

3. 控制变量的选取。参照周菲和赵亮（2019）、綦好东和刘浩（2018）等的研究，选取以下几种控制变量：前十大股东持股比例，记为 $largest$；营业收入同比增长率，记为 $growth$；成立年限用 $\ln(1+成立年限)$ 表示，记为 age；公司资产总额的对数，记为 zc；经营性现金流与净利润的比值，记为 Cfo。

四 结果分析

表 7-1 报告了全样本下各变量描述性统计结果[①]。表 7-1 结果表明，全样本中 TBQ 均值为 2.1095，中位数为 1.6475，最大值为 25.1230，最小值为 -20.7304，说明企业价值存在较大差异。lev 均值为 0.4816，中位数为 0.4862，最大值为 0.9717，最小值为 0.0178，说明企业杠杆率之间存在显著分化。

[①] 鉴于篇幅限制，只报告了全样本下的各变量的描述性统计，分行业、分地区各变量的描述性统计在此省略。

表7-1　　　　　　　　全样本下变量描述性统计

变量名称	样本量	均值	中位数	最大值	最小值
TBQ	5780	2.1095	1.6475	25.1230	-20.7304
lev	5780	0.4816	0.4862	0.9717	0.0178
zc	5780	22.3401	22.2125	27.7840	19.1987
largest	5780	0.3932	0.3996	0.9074	0.0044
growth	5780	0.1614	0.1073	3.3567	-0.9843
age	5780	2.8425	2.8904	3.6889	0.6931
Cfo	5780	1.1845	1.0272	21.5260	-15.5763

表7-2报告了变量之间的相关系数。表7-2表明，企业价值与企业杠杆率之间的相关系数在1%水平上显著为负值，这一推断是否成立，需要后续进一步的计量检验。

表7-2　　　　　　　　变量间的相关系数

	TBQ	lev	zc	largest	growth	age	Cfo
TBQ	1.000						
lev	-0.3501***	1.000					
zc	-0.3596***	0.4116***	1.000				
largest	0.1217***	0.0693***	0.2956***	1.000			
growth	0.0047	0.0497***	0.0454***	-0.0114	1.000		
age	0.0219*	0.0672***	0.1533***	0.1618***	0.0049	1.000	
Cfo	-0.0028	0.0079	-0.0033	-0.0140	-0.0082	-0.005	1.000

注：***、*分别表示在1%、10%水平上显著。

表7-3报告了不同计量模型下企业杠杆对企业价值的影响程度。在均值（OLS）和固定效应（FE）回归模型下，企业杠杆对企业价值存在显著的负向影响，并且这种影响是线性的。但是在分位数回归模型下可以看到，企业杠杆对企业价值的影响并不是均匀的，当企业价值初始位置处在5%分位数之前时，回归系数在10%的水平上显著为正，当企业价

值初始位置处在5%分位数之后时，回归系数从正数逆转为负数，常规模型（OLS和FE）结果与分位数模型结果产生显著差异。研究结论暗示，当前的中国实体行业的整体杠杆率已经处于非常高的位置，提升企业杠杆率带来的税盾效应已经不能抵扣企业的破产成本，只有一些行业龙头企业才具有加杠杆的空间。图7-1（a）至图7-1（f）进一步显示，当企业价值初始位置由5%分位数向95%分位数不断转移时，企业杠杆对企业价值的负向影响程度边际递增。这表明当企业价值初始值高时，随着杠杆率的提升，企业价值能够得到显著提升，当企业价值初始值较低时，杠杆率提升对于企业价值会产生更大的阻滞作用。原因在于企业价值越高，企业实力越雄厚，在市场上融资十分便利，对企业发展起着重要的促进作用，企业价值越低，企业面临的融资约束越大，企业融资渠道窄，企业经营发展受到巨大影响，加之，这部分企业在市场竞争中处于劣势地位，企业容易陷入经营困境，形成恶性循环。图7-2表明，不同行业企业价值初始位置处在同一百分位时，企业杠杆对企业价值的影响存在显著差异，具体来说，在同一百分位水平上，批发零售业、信息技术业、制造业的企业杠杆对企业价值影响强度要远远大于建筑业、交通运输业和房地产业，表明轻资产行业企业价值对杠杆率的依赖程度要远远大于重资产行业的企业，暗示国家在实施金融"去杠杆"政策过程中，需要区别对待不同行业的企业，防止因去杠杆而造成企业价值锐减，引发行业次生风险。

表7-4和表7-5报告了常规模型和分位数模型的回归结果。表7-4结果显示，东部地区、中部地区和西部地区企业杠杆率对企业价值的影响在1%水平下负相关。表7-5结果显示，当企业价值初始位置在5%的分位数之前时，企业杠杆率对企业价值的影响显著为正，当企业价值初始位置处在5%分位数之后时，企业杠杆率对企业价值的影响显著为负，常规模型（OLS和FE）结果与分位数模型结果产生显著差异。结果表明，在当企业价值初始位置处在5%分位数前，提高杠杆率会显著提升企业价值，在5%分位数后，杠杆率提升对企业价值产生显著的负向作用。图7-4显示，东部地区企业价值初始位置在75%分位数之前，杠杆率对企业价值影响比较平稳，但是在75%分位数之后，这种影响急剧增大。类似情况，中西部地区企业的突发点在65%分位数的位置，这表明中西

表7－3　不同行业企业回归结果①

	样本量	OLS	FE	5th Q	25th Q	50th Q	75th Q	95th Q
全样本	5780	−1.8165*** (−18.1682)	−1.6563*** (−17.0080)	0.0524** (6.5464)	−0.6086*** (−14.2979)	−1.3047*** (−18.3628)	−2.0278*** (−18.7821)	−4.4854*** (−15.2402)
制造业	2870	−2.0630*** (−12.5446)	−1.9153*** (−11.9283)	0.2409*** (3.2720)	−0.7552*** (−9.8533)	−1.5478*** (−13.5051)	−2.2435*** (−13.8252)	−5.0209*** (−14.2562)
房地产业	680	−0.3326*** (−3.3106)	−0.3074*** (−3.3570)	0.0532* (3.6282)	−0.1157*** (−2.9109)	−0.3863*** (−2.8833)	−0.5680*** (−2.7741)	−0.5611** (−2.2571)
建筑业	730	−1.0260*** (−5.6832)	−0.9597*** (−5.6765)	0.0042* (2.0445)	−0.3284*** (−3.1023)	−0.5612*** (−3.2133)	−1.0357*** (−2.7858)	−2.2563*** (−4.6590)
交通运输业	550	−0.4997*** (−3.9925)	−0.4500*** (−3.9829)	0.0465* (2.8927)	−0.2611*** (−2.6660)	−0.3447*** (−3.4995)	−0.5781*** (−4.0278)	−0.6472*** (−2.9246)
信息技术业	440	−1.8990*** (−3.3311)	−0.6896* (−1.3630)	0.4829** (2.0355)	−1.0577*** (−3.8118)	−2.2534*** (−5.9511)	−2.9347*** (−3.8312)	−2.9139 (−1.2798)
批发零售业	730	−2.6843*** (−10.7646)	−2.7324*** (−11.2669)	0.0205* (0.1741)	−0.9399*** (−5.5267)	−2.2072*** (−10.5265)	−3.2280*** (−10.6087)	−5.8969*** (−6.9208)

注：***、**、*分别表示在1％、5％、10％水平上显著，控制变量和常数项回归系数在此省略，（）内代表t值，下同。

① 鉴于篇幅限制，表7－3只报告了自变量回归系数，控制变量和常数项回归系数在此省略，如有需要，请向笔者索取。

表 7-4 不同地区企业常规模型回归结果

变量名称	普通 OLS 模型			固定效应模型		
	东部地区	中部地区	西部地区	东部地区	中部地区	西部地区
lev	-1.8019***	-2.1143***	-1.6485***	-1.6110***	-2.0139***	-1.7333***
	(-14.7712)	(-8.7992)	(-6.4086)	(-13.5471)	(-8.5707)	(-6.9659)
zc	-0.3816***	-0.5176***	-0.3621***	-0.4243***	-0.5282***	-0.3323***
	(-19.9854)	(-13.9969)	(-8.8649)	(-22.2128)	(-14.3954)	(-8.1544)
$largest$	1.5565***	2.0601***	1.9457***	1.3483***	1.8464***	2.0141***
	(14.5606)	(9.7176)	(8.0773)	(12.4739)	(8.5612)	(8.3621)
$growth$	0.0705*	0.1107*	0.2538**	0.0647*	0.0984	0.2900***
	(1.8965)	(1.7268)	(2.3979)	(1.8003)	(1.5787)	(2.8697)
age	0.1215*	0.7319***	0.6088***	-0.1819**	0.5402***	0.7797***
	(1.8511)	(4.8865)	(3.8435)	(-2.4952)	(2.9782)	(4.2656)
Cfo	0.0022	-0.0039	-0.0026	0.0007	-0.0044	-0.0107
	(0.7061)	(-0.7885)	(-0.2779)	(0.2273)	(-0.9352)	(-1.2160)
R^2	0.2223	0.3033	0.2372	0.2907	0.3627	0.3381
F 值	194.9409***	72.7849***	34.3550***	111.5729***	37.7067***	22.2713***
N	2462	1783	1535	2462	1783	1535

表7-5 不同地区企业分位数模型回归结果①

	样本量	5th Q	25th Q	50th Q	75th Q	95th Q
东部地区	2462	0.1603*** (3.9721)	-0.5498*** (-11.0762)	-1.2169*** (-15.0275)	-1.8925*** (-15.6449)	-4.8257*** (-15.8972)
中部地区	1783	0.2047** (2.2825)	-0.8027*** (-6.5749)	-1.7079*** (-9.7656)	-2.5209*** (-6.9334)	-4.0807*** (-4.6091)
西部地区	1535	0.1871* (1.6707)	-0.8573*** (-4.7750)	-1.5699*** (-6.8907)	-2.0683*** (-6.8798)	-3.0784* (-1.6908)

① 鉴于篇幅限制，表7-5只报告了自变量回归系数，控制变量和常数项回归系数在此省略。

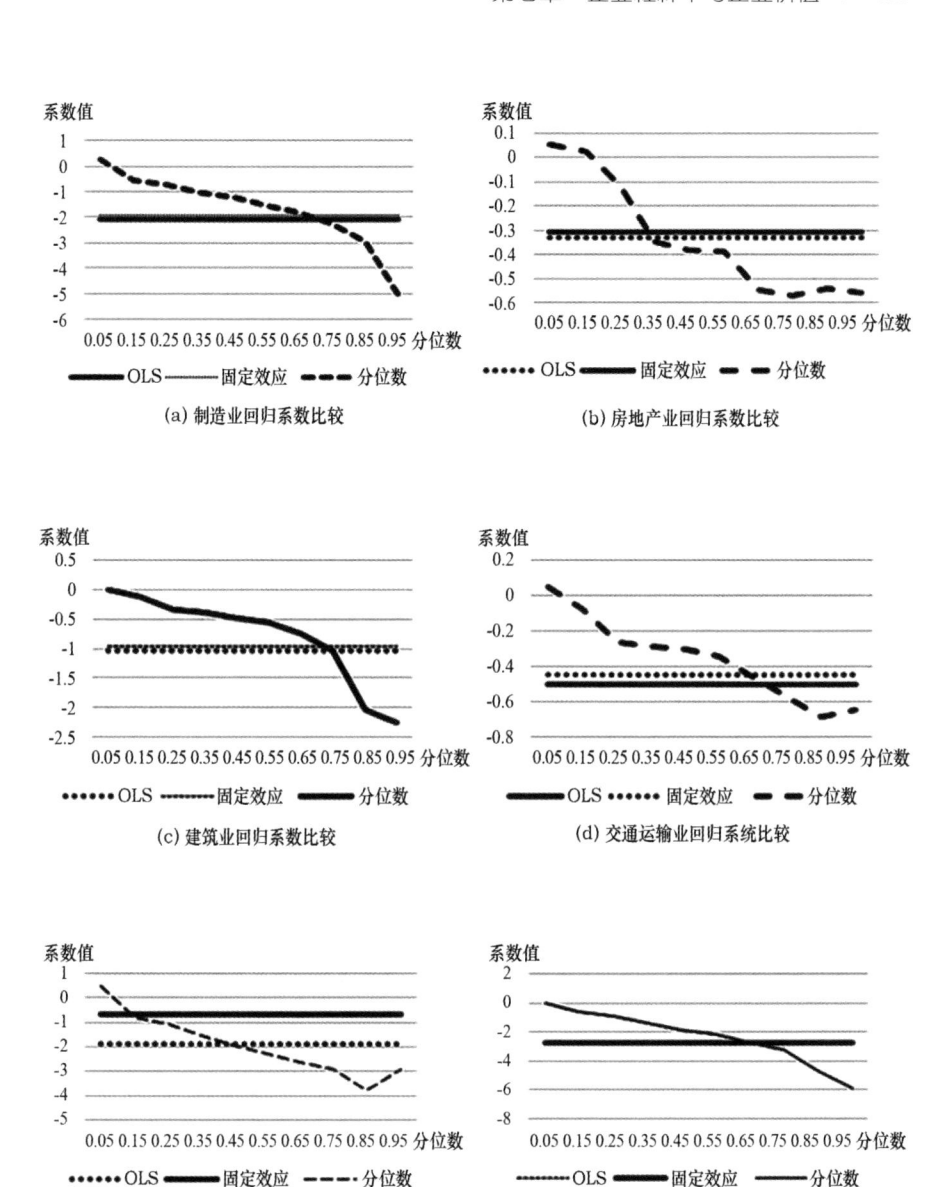

图 7-1　不同行业企业回归系数比较

(a) 制造业回归系数比较

(b) 房地产业回归系数比较

(c) 建筑业回归系数比较

(d) 交通运输业回归系数比较

(e) 信息技术业回归系数比较

(f) 批发零售业回归系数比较

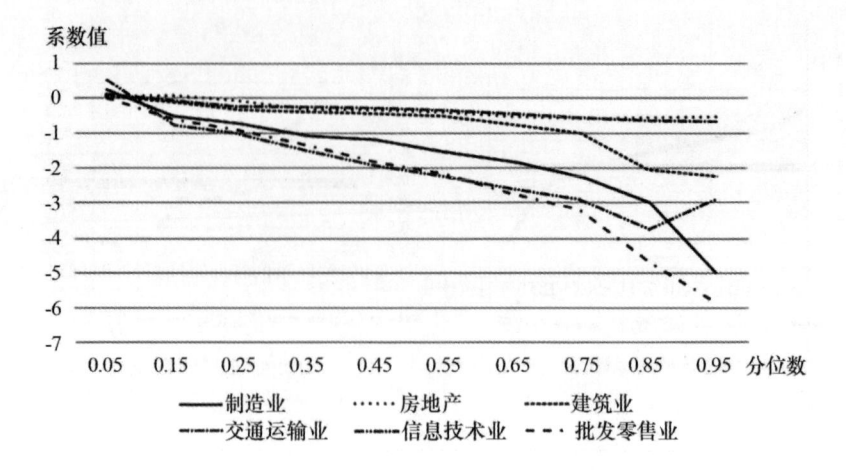

图7-2　不同行业企业分位数回归系数比较

(a) 制造业回归系数比较

(b) 中部地区回归系数比较

(c) 西部地区回归系数比较

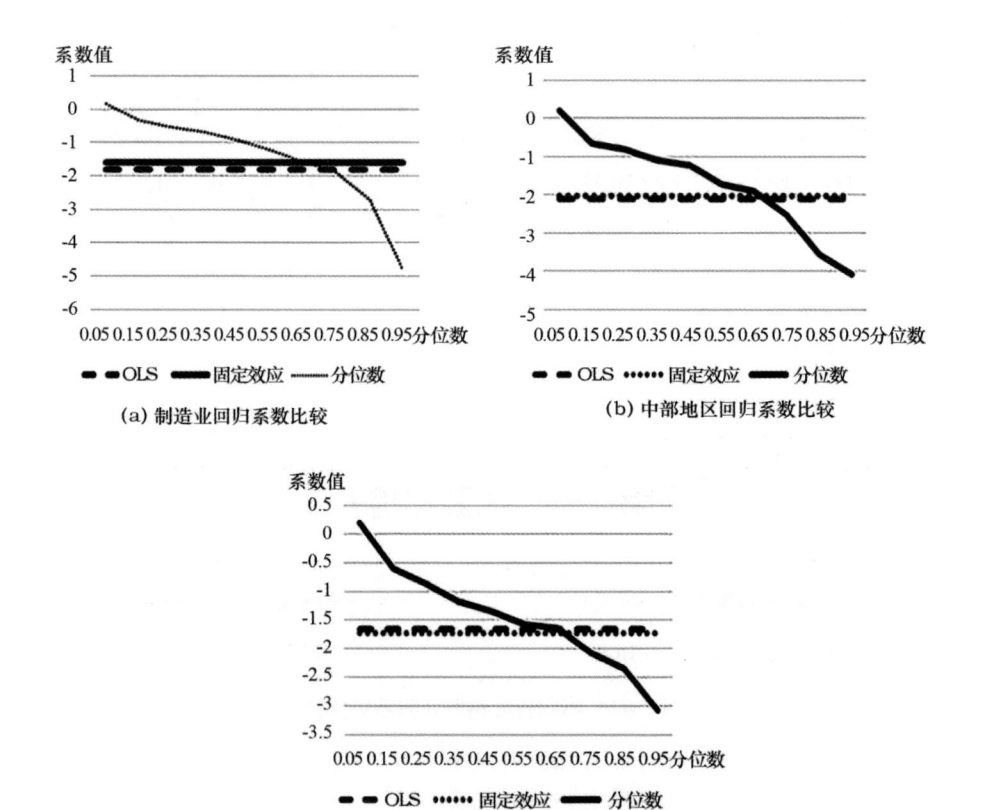

图7-3　不同地区企业回归系数比较

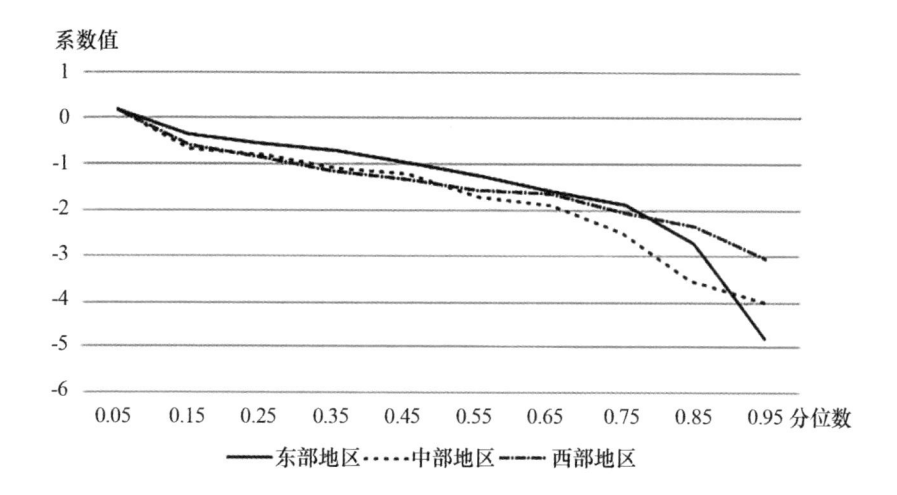

图 7-4 不同地区企业分位数回归结果比较

部企业杠杆率对企业价值的影响相比东部企业，其企业价值初始位置前移了10%分位数，说明东部企业价值对企业杠杆率的依赖程度要远远低于中西部，暗示经济发达程度可以缓解企业杠杆对企业价值的负向冲击。图7-4进一步显示，当企业价值初始位置由5%分位数向95%分位数不断转移时，不同地区企业价值初始位置处在同一百分位时，企业杠杆对企业价值的影响存在显著差异，具体来说，在75%分位数之前，在同一百分位水平上，中西部企业的企业杠杆对企业价值影响强度要远远高于东部，之后这种关系发生反转。

第三节 稳健性检验

为了检验结果的可靠性，进一步进行鲁棒性验证。用资产收益率替代托宾Q值作为因变量的代理变量，用企业的长期财务杠杆（长期债务/总资产）替代企业的平均杠杆率作为自变量的代理变量，检验结果（见表7-6）表明除了回归系数稍微有所变化外，并不影响最终结论。

表7-6　　　　　　　　不同行业企业分位数回归结果①

因变量：ROE	样本量	5th Q	25th Q	50th Q	75th Q	95th Q
		自变量：lev				
全样本	5780	0.0404***	0.7552***	1.0113***	-1.6453***	-2.9212***
		(9.8365)	(-15.5132)	(-16.7930)	-18.3177)	(-19.5305)
制造业	2870	0.0555***	-1.0466***	-1.2023***	-1.8223***	-2.9430***
		(7.7570)	(-11.7335)	(-11.9758)	-(16.0817)	(-14.6949)
房地产业	680	0.0250*	-0.3491***	-0.3822***	-0.5457***	-0.5434**
		(3.2508)	(-3.4307)	(-3.4570)	(-4.1857)	(-2.3631)
建筑业	730	0.1145**	-0.3858***	-0.4712***	-0.7452***	-2.0502***
		(2.0631)	(-3.4321)	(-3.5541)	(-3.0227)	(-4.5280)
交通运输业	550	0.0784*	-0.2856***	-0.3016***	-0.4615***	-0.6838***
		(2.8208)	(-3.1949)	(-3.4780)	(-3.9939)	(-2.9785)
信息技术业	440	0.0777***	-1.5268***	-1.9598***	-2.6161***	-3.7947***
		(2.8909)	(-4.6395)	(-5.4862)	(-5.6491)	(-2.9021)
批发零售业	730	0.0631***	-1.3707***	-1.8525***	-2.7563***	-4.7089***
		(4.2382)	(-6.4713)	(-9.3407)	(-10.215)	(-10.7544)

第四节　研究结论

由于企业杠杆对公司价值的影响一直存在争议，本章以2008—2019年A股上市非金融企业5780个研究样本，从企业异质性（不同行业、不同地区）的视角出发，采用分位数回归模型，并将其结果与常规模型（最小二乘与固定效应）进行比较。经验结果表明：

（1）常规模型（OLS、固定效应）回归分析很难准确全面反映杠杆率对企业价值影响，研究结论会误导判断，其回归方法有待进一步改进；

（2）企业杠杆率对企业市场价值的影响在各个分位点上存在着非对

---

① 鉴于篇幅限制，表7-6只报告了自变量回归系数，控制变量和常数项回归系数在此省略，如有需要，请向笔者索取。

称性，无论是不同行业还是不同地区，企业价值处于较高水平时（5%分位数前），杠杆率对企业价值提升具有明显的正向促进作用，随着企业价值降低（超过5%分位数），杠杆率对企业价值具有明显的负向作用，并且企业价值越小，杠杆率的负向作用越强，研究结论暗示，当前的中国实体行业的整体杠杆率已经处于非常高的位置，提升企业杠杆率带来的税盾效应已经不能抵扣企业的破产成本，只有一些行业的龙头企业具备加杠杆的空间；

（3）不同行业企业价值初始位置处在同一百分位时，杠杆率对企业价值的影响存在显著差异，具体来说，批发零售业、信息技术业、制造业的企业杠杆率对企业价值影响强度要远远大于建筑业、交通运输业和房地产业，表明轻资产行业企业价值对杠杆率的依赖程度要远远大于重资产行业的企业。同样，当企业价值初始位置由5%分位数向95%分位数不断转移时，不同地区企业价值初始位置处在同一百分位时，企业杠杆率对企业价值的影响存在显著差异，具体来说，在75%分位数之前，中西部企业的企业杠杆率对企业价值影响强度要远远高于东部。

第八章

企业杠杆率与企业风险承担[①]

近年来，推动经济转向由创新驱动的高质量发展是中国经济体制改革和宏观调控关注的焦点，这在微观上离不开企业的风险承担和创新活力。风险承担是企业投资决策过程中的一项重要内容，体现为企业在投资决策中的风险选择和风险偏好，反映了企业在追逐高利润的过程中愿意为之付出的意愿和倾向。这种追求有利可图的投资机会而主动承担风险的行为对企业自身"提质增效"和经济持续快速增长具有重要的影响。从微观层面来看，较高的风险承担水平通常表现为企业为谋求生存和发展而增加资本性支出，通过充分利用投资机会提升企业资源配置效率、促进资本积累，将有助于提高企业绩效和股东财富。从宏观层面来讲，相较于稳定回报的投资机会，选择更高风险的投资机会有助于技术进步，将使整个经济社会的生产率水平提升到一个相对较高的层次，从而实现经济增长的快速可持续。

资本资产定价模型揭示了企业在日常的生产经营过程中收益与风险相伴而生，投资者想要获取高的投资回报就必须承担高风险，企业选择不同的融资方式会面临不同的风险。依靠债务融资一方面有助于企业快速地获得外源融资，利息支付能够节约融资成本；另一方面，企业会承担一定的风险，增强企业生产经营过程中的不确定性，对于债权人的利益也可能会带来损失。商业信用在企业发展过程中也起着重要作用，但不可避免地会对企业风险承担水平产生一定的负面影响。因此，通过对企业融资方式与风险承担水平之间关系进行研究有助于推动企业稳健发

---

① 本章节选内容发表于《武汉金融》2019 年第 5 期。

展，实现企业的经济效益与社会效益的最大化。陈建勇等（2009）研究发现短期债务比例的增加会加大企业投资的扭曲程度，从而增加无效投资行为。夏子航等（2015）研究发现母子公司的债务分布比重会对企业风险承担产生差异性。Li K. 等（2013）研究 35 个国家的企业数据发现个人主义对企业风险承担水平起正向作用，对于市场上不确定性的回避、采取保守的行为与企业风险承担水平呈负相关。Faccio（2016）使用欧洲上市公司的数据研究发现女性 CEO 风险承担水平显著低于男性。John（2008）认为在投资者保护水平越高的情况下公司的风险承担水平也会越高。Boubakri N. 等（2013）通过研究发现国家所有权与企业的风险承担呈显著负相关关系，并且政府在中间发挥关键作用。李文贵、余明桂（2012）也提出了企业的国有属性会明显降低其风险承担水平，并且在市场化进程较快地区企业之间的差异性会更显著。Habib A.（2017）等指出导入期和衰退期企业风险承担水平明显高于成长期和成熟期企业。苏坤（2016）认为债务的期限结构与企业风险承担呈反方向变动的关系。张红玲等（2018）发现财务弹性对于企业风险承担具有显著的正向影响。刘志远、郭瑾等（2017）提出债务融资来源不同的企业风险承担水平具有不同的特征。张先治、柳志南（2017）发现公司不同的战略选择会显著影响企业的风险承担水平。黄桑叶（2017）通过研究发现制造型企业资产负债率越高表明其承担风险的意愿越大。

综合现有的国内外文献来看，针对企业风险承担的研究主要集中在企业的所有权结构、管理层持股、股权激励政策、高管的性别等方面，即使部分文献在研究方面涉及债务融资的内容，但很少有文献会针对企业融资方式这个视角来单独细化研究其与企业风险承担水平之间的关系。

本章的创新点主要体现在：（1）以企业融资方式作为切入点来研究企业的风险承担水平，并且将商业信用纳入研究范围，发现其对短期债务与企业风险承担之间起着负向调节作用，丰富了企业风险承担水平影响因素的理论研究；（2）着眼于短期债务期限短、风险较高的特征，着重强调对短期债务与企业风险承担水平之间的关系进行深入分析，研究结论可以为当前公司去杠杆决策提供参考，为企业的借贷决策以及债务问题的优化、融资策略的选择提供借鉴。

第一节 理论分析及研究假设

风险承担反映的是企业在进行投资决策时,对那些预期收益和预期现金流存在不确定性的投资项目作出的选择。任何风险中性的企业管理者均会倾向于选择预期净现值(NPV)为正的投资项目,以实现企业价值和股东价值最大化。企业管理者在做出风险性投资项目决策时受到诸多因素的影响,主要表现为两个层面:一是风险承担的意愿,二是风险承担的能力。企业风险承担意愿的研究侧重于观测影响企业决策者的风险应对态度、风险偏好和风险规避倾向差异的潜在因素,诸如管理者特征和公司治理机制。此外,在追逐风险性投资项目的高回报时,政策变动和宏观经济冲击等不确定性因素会增加项目失败的可能性,从而在一定程度上限制了企业的风险承担意愿。然而,对于那些受制于资金约束的中小企业而言,即便是企业决策者愿意承担风险,但由于缺乏充足的资金来维持承担风险性投资项目的能力,将不得不放弃高风险高收益的投资机会。在此情况下,如何给予企业低成本的外源资金支持,将成为促进中小企业风险承担的一个重要环节。在银行占据主导地位的金融体系下,信贷融资是中小企业获得资金的主要来源。

短期债务对企业风险承担水平影响的作用机理主要体现在以下几个方面:一是需要面临还本付息的压力。当企业依靠短期债务来进行融资时就需要考虑到流动性、偿还期限以及企业的经营状况等方面的问题,还本付息的压力以及经营状况不佳就容易导致企业财务风险和经营风险;二是企业所有者和管理者之间"委托—代理"问题的固有弊端,以及管理者过分关注经营业绩的行为。徐新华等(2018)研究发现相较于股权激励来说,薪酬激励会增加高管的短视行为。为实现利益最大化,管理者通过向银行借款的方式增加对风险较大项目的投资,一旦投资失败,对于企业的资金链、还款能力等都会产生重大影响,因此会显著影响企业的风险承担水平。三是根据"权衡理论"①的观点,企业在负债经营过程中,一边享受负债经营带来的税收抵减,但相应地随着负债的增加,

---

① 关于公司资本结构理论,权衡债务和权益融资的结构。

企业的各种其他费用以及破产风险都会增加。短期债务作为企业债务中流动性最强的部分，对企业的影响会更大。企业借债需要面临还本付息的压力，当企业更多地依靠短期债务来进行融资时就需要考虑到短期借款的流动性，短期内还本付息的压力以及财务风险和经营风险的提高。四是根据"资产负债表渠道理论"①的观点，企业外部融资成本高于内部融资成本，并且在信息不对称条件下容易产生逆向选择和道德风险。在当前整体经济不稳定的情况下，企业产出下降，对企业资产负债表状况会产生负面影响，当企业资产收益难以满足偿还债务的要求时，加上短期债务自身的属性，企业风险承担水平会受到影响。

商业信用的还款期限一般也较短，并且无须支付利息，企业在商业信用的使用上除了受到自身信用的影响之外几乎没有其他的限制。根据王贞洁等（2013）提出的"信用风险传染"效应，当一家企业出现资金缺口，会对与之相关的其他企业都会造成风险。因而在经济下行，企业生产经营状况不好的情况下，增加商业信用会加重风险。加上目前国内对于信用体系还不够完善，债权人只能通过自身建立公司内部信用评级机构或者是通过企业内部人员进行评估等方式来判断债务人的信用状况，这带有极大的主观性，且易受其他人员的干预，采取这种方式进行融资会增加企业的经营风险和财务风险，从长远看还会带来信用风险和违约风险，此外，由于债权人保护制度的不健全也会加重其风险。孙兰兰等（2017）研究发现商业信用能发挥融资效应，社会信任能增强商业融资效应，而供应商关系能有效促进商业信用融资效应。将商业信用与企业的短期债务两种融资手段进行对比可以发现，由于短期债务其借款对象主要是银行，商业银行在对企业进行借款时会对企业的经营行为进行限制，并且企业需要对借款进行抵押、质押或者担保，因此，相较于商业信用来说，短期债务对企业的风险承担具有积极作用。基于以上分析，提出以下假设：

假设8.1：企业负债越多，还本付息压力越大，债务融资会降低企业风险承担水平。

假设8.2：短期债务与商业信用对企业风险承担水平的影响存在

---

① 由国外学者 Bernanke 和 Gertler 提出。

差异。

第二节 研究设计

一 样本选取

选取2008—2019年A股上市公司为研究样本,并对样本数据进行以下处理:(1)由于ST类公司、PT类公司都存在退市风险,因此样本不具有代表性,所以剔除ST类和PT类样本公司;(2)剔除数据缺失或者存在异常取值的公司;(3)剔除金融类公司样本数据;(4)剔除当季进行IPO、净资产收益率为负的公司。共193家公司的样本数据,样本数据来源于东方财富Choice金融终端,书中面板数据假设检验软件采用的是Eviews 8.0。

二 变量选取

现有文献对于企业风险承担的衡量主要通过企业盈余的波动性John等(2008),即主要是对企业Roa进行调整计算,借鉴John等(2008)和Faccio等(2016)方法采取盈利波动来衡量,即:

$$\sigma(ROA_{it}) = \sqrt{\frac{1}{N}\sum_{i=1}^{N}\left(ADJ\_ROA_{it} - \frac{1}{N}\sum_{i=1}^{N}ADJ\_ROA_{it}\right)^2}$$

其中 n = 3 (8-1)

$$ADJ\_ROA_{in} = \frac{EBITDA_{in}}{ASSETS_{in}} - \frac{1}{X}\sum_{k=1}^{X}\frac{EBITDA_{kn}}{ASSETS_{kn}} \quad (8-2)$$

其中,采用2008—2019年的数据作为样本,以每3年作为一个观测时段。ROA为企业息税前利润(EBITDA)与期末总资产(ASSET)的比率。先将每个企业的ROA分行业和分年度减去同行业ROA的均值进行调整,得到式(8-2),然后计算每一个观测年度内经行业调整的ROA并求标准差,得到式(8-1)。

参照李文贵与余明桂(2012),*John*等(2008)和*Faccio*等(2016)文献,模型中影响企业风险承担的控制变量的选取包括:前十大股东持股比例合计（Largest）、营业收入同比增长率（Growth）、企业组织形式（State）、企业规模（Size）、企业年龄（Age）、行业（Industry）（见表 8-1）。

表 8-1　　　　　　　　　　变量定义

符号	定义	含义
Risk	$\sigma(ROA)$	衡量企业风险承担水平的高低
Dzb	短期借款与一年内到期的非流动负债之和在总债务中的比重	衡量企业在一年内所要支付短期债务的数额
Syxyb	商业信用在负债总额中的比重	衡量企业商业信用对风险承担的作用（包括预收款、应付账款和应付票据）
Lev	资产负债率	衡量公司的负债在资产总额中所占的比重
Largest	前十大股东持股比例	前十大股东的持股比例
Growth	营业收入同比增长率	对企业成长性的衡量
State	企业组织形式	国企赋值为"1"，其他则赋值为"0"
Size	资产规模	公司资产总额的自然对数
Age	成立年限	公司成立年数加1取自然对数
Industry	行业	根据样本中公司所处行业设置虚拟变量

三　模型设计

为验证假设 8.1，构造模型（8-3）为：

$$Risk_{it} = \alpha_1 + \beta_1 Lev_{it} + \lambda X_{it} + \varepsilon_{it} \tag{8-3}$$

其中 i 代表公司，t 表示年份。

为验证假设 8.2，商业信用、短期债务对企业风险承担影响的差异性，构造模型（8-4）为：

$$Risk_{it} = \alpha_2 + \beta_2 \begin{bmatrix} Syxyb_{it} \\ Dzb_{it} \end{bmatrix} + \lambda X_{it} + \varepsilon_{it} \tag{8-4}$$

其中 i 代表公司，t 表示年份。

第三节　实证设计与假设检验

一　描述性统计

通过对数据的整理，得到对模型相关变量的描述性统计，具体见表 8-2。

表 8-2　　　　　　　　　描述性统计量

变量	均值	标准差	最大值	最小值	中位数
σ (ROA)	0.0152	0.0141	0.1968	0.0003	0.0121
Dzb	0.2526	0.1635	0.8614	0.0008	0.2309
Syxyb	0.2335	0.1266	0.7851	0.0256	0.2122
Lev	0.5549	0.1513	0.9158	0.1548	0.5536
Largest	0.5379	0.1520	0.9859	0.1271	0.5334
Growth	0.1641	0.3207	5.3177	-0.7775	0.1291
State	0.5440	0.4982	1	0	1
Size	22.7695	1.3482	28.5087	19.9804	22.5582
Age	2.8159	0.3086	3.5835	0	2.8332

二　实证分析

（一）平稳性检验

为了避免存在伪回归现象，确保估计结果能够反映实际情况，所以，采取 LLC 检验，ADF 检验等方法对面板数据的平稳性进行检验，检验结果如表 8-3 所示，其结果除变量 Size ADF 检验不平稳外，其余的结果都是小于 0.05，面板数据不存在单位根。针对 Size 进一步采取 PP 检验，结果为 $0<0.05$，因此，有理由相信面板数据是平稳的。

表8-3　　　　　　　　　　　单位根检验结果

变量	LLC 检验 P 值	ADF 检验 P 值	结论
Roa	0.0000	0.0003	平稳
Dzb	0.0000	0.0000	平稳
$Syxyb$	0.0000	0.0000	平稳
Lev	0.0000	0.0000	平稳
$Largest$	0.0000	0.0000	平稳
$Growth$	0.0000	0.0000	平稳
$Size$	0.0000	0.8629	平稳
Age	0.0000	0.0000	平稳

（二）协整检验

由表8-4的协整检验结果可知，Pedronic 检验中 PP 检验，ADF 检验的 P 值均小于0.05，此外 Kao 检验和 Johansen 检验的结果也都表明变量之间存在着长期稳定的均衡关系。

表8-4　　　　　　　　　　　协整检验结果

检验方法		P 值	P 值	P 值
Pedroni 检验	Panel v-Statistic	0.2701	0.1356	0.2641
	Panel rho-Stastic	0.9060	0.7673	0.8541
	Panel PP-Stastic	0.0108	0.0008	0.0048
	Panel ADF-Stastic	0.0000	0.0000	0.0000
Kao 检验	ADF	0.0001	0.0001	0.0472
Johansen 检验	None	0.0000	0.0000	0.0000
	At most1	0.0000	0.0000	0.0000

（三）混合回归分析

利用混合回归模型来检验文中假设，对模型（8-3）和模型（8-4）分别进行回归，结果如表8-5所示。

表 8-5　　　　　　　　　　　混合回归结果

	模型（8.1）	模型（8.2）（短期债务）	模型（8.2）（商业信用）
Lev	-0.0159***	--	--
	(-7.5399)	--	--
Dzb	--	0.0036*	--
	--	(1.8029)	--
Syxyb	--	--	-0.0172***
	--	--	(-7.0070)
Largest	0.0036*	0.0054**	0.0044**
	(1.6529)	(2.4158)	(2.0000)
Growth	0.0042***	0.0038***	0.0038***
	(4.4390)	(3.9443)	(4.1457)
Size	0.0008**	0.0003	0.0002
	(3.1873)	(1.0352)	(0.7822)
Age	-0.0003	0.0000	-0.0009
	(-0.3159)	(0.0150)	(-0.8294)
State	-0.0022***	-0.0019***	-0.0012*
	(-3.5381)	(-2.9808)	(-1.8101)
Industry/year	控制	控制	控制
R^2	0.0424	0.0182	0.0390
F	15.6287***	6.5436***	14.3147***

注：***、**、*分别表示在1％、5％和10％的水平上显著；（）内的数据为 t 值，下同。

从表 8-5 的第 2 列可以看出，资产负债率与企业风险承担水平呈显著的负相关关系，说明公司资产负债水平越高，企业承担的还本付息压力就会越大，此时公司承担风险水平就会下降，因此这与假设 8.3 相符；从表 8-5 的第 3 列可以看出，短期债务与企业风险承担水平之间呈显著正相关关系，表明短期债务会显著提升企业风险承担水平，这是因为短期债务虽然具有可获性强、融资成本低的特征，但是它的强流动性容易导致资金断链的危害性，使得大多数企业经常把短期债务控制在一个低水平范围，因而提升了企业的风险承受能力；第 4 列显示商业信用与风险承担水平在1%的置信水平下显著为负,说明公司的商业信用与企业风险承担水平呈现出反向变动的关系,这是因为当一家企业能够拥有较好的商业信用时,它能够从银行获得资金,可以在其他企业进行赊购,或者以预收款的方式进行融资,但是,商业信用形成的借款一般融资金额少、偿还期限较短、流动性强,短期内还款压力大,在长期还会增加违约风险和信用风险,因而会降低企业的风险承担水平。研究结论支持假设8.4,表明短期债务与商业信用对企业风险承担水平存在显著的反向影响,这说明企业融资方式的选择具有互补性。在表8-5中可以看到企业成长性的系数显著并且为正数,说明盈利能力越强,经济效益越好的企业对于债务的偿还力度也就越大,相应的风险承担能力越强。企业的性质与企业风险承担水平为显著的负相关关系,说明国有上市公司的风险承担能力相较于非国有企业更低,股东股权越集中,越能提高风险承担水平这与现有的研究结论相符合。

三 门槛效应研究

短期债务与商业信用是企业债务融资方式的两种组成部分,二者对于企业风险承担水平的作用是相反的。企业能够借入短期债务的额度越大,企业的融资方式越灵活,加上银行对于企业的信用审查和监管更加严格,相应的可以提高企业的风险承担水平,商业信用是企业能够利用的信用关系,在衡量、监管和使用方面都存在固有限制,商业信用易给企业带来信用风险和违约风险,相应的会降低企业的风险承担水平。MM理论表明,企业进行债务融资,会获得"税盾"的正向效应以及企业破产成本的负向效应,这两种效应大小取决于债务比例结构,商业信用与短期债务同属于企业的融资方式,二者在一定程度上具有相互替代的关系,只有当企业的盈利能力能够满足企业的债务增长所需支付的本金和利息,企业才能可持续发展,当企业过度使用短期债务融资时,增加短期债务可以提高企业风险承担水平,但是也面临较高的流动风险,商业信用会降低企业的风险承担水平,在债务结构中能够对短期债务起到负向调节作用,因此,通过调整企业债务结构,合理分配短期债务和商业信用的份额,能够更好地发挥商业信用对短期债务与企业风险承担水平之间的调节作用,因而得到:

假设8.3：短期债务结构对企业风险承担水平影响存在差异。

假设8.4：商业信用在短期债务与企业风险承担之间起着负向调节作用。

为检验假设8.3和假设8.4，构造门槛面板回归模型（8-5）和调节效应模型（8-6）

分别为：

$$Risk_{it} = \alpha_3 + \beta_3 Dzb_{it}I(q_{it} < \gamma) + \beta_3 Dzb_{it}I(q_{it} \geq \gamma) + \lambda X_{it} + \varepsilon_{it} \quad (8-5)$$

$$Risk_{it} = \alpha_4 + + \beta_4 Dzb_{it} + \beta_5 Dzb_{it} * Syxyb_{it} + \lambda X_{it} + \varepsilon_{it} \quad (8-6)$$

其中 i 代表公司，t 表示年份

模型（8-5）中，I 为指示函数，q_{it} 为门槛变量组成的标量，γ 为门槛值。此时，被观测的样本根据门槛变量是否小于或大于门槛值 γ，可划分为多个区间。

通过对门槛面板模型（8-5）的描述和分析，首先要确定门槛的个数，由此来确定模型的形式。依次假设模型不存在门槛、一个门槛和两个门槛的估计方程，并得到F统计量和采用Bootstrap抽样法得到的相应的P值，对解释变量的门槛值进行识别，门槛估计值如表8-6所示。由表8-6可知，短期债务结构在5%显著性水平下存在单一门槛。

表8-6 门槛值估计

门槛变量	门槛个数	门槛值 γ_i	F统计量	临界值		
				10%	5%	1%
短期债务结构	单一门槛	0.3453（γ_1）	13.52**	9.4763	11.8671	14.8632
	双重门槛	0.5671（γ_2）	7.63	13.8672	18.6374	25.6352

注：P值、临界值均为采用Bootstrap抽样法反复抽样300次得到的结果；** 表示在5%水平上显著。

确定门槛值后，接下来对模型（8-5）进行参数估计。为了消除异方差等对结果的影响，分别使用了常规标准误法和稳健性标准误法作回

归,门槛面板模型的回归结果如表 8-7 所示。同时对模型 (8-6) 进行回归分析,回归结果如表 8-7 所示。

表 8-7　　　　　　　　门槛面板模型计量回归结果

	模型 (8-5)		模型 (8-6)
	Dzb 小于 34.53%	Dzb 大于 34.53%	
Dzb	0.0016**	-0.0041*	0.0024*
	(2.5825)	(-1.9655)	(2.0643)
Dzb * Syxyb	- -	- -	-0.0291***
	- -	- -	(-3.2157)
Largest	0.0067***	0.0054	0.0046**
	(3.0458)	(1.3652)	(2.0732)
Growth	0.0021**	0.0048***	0.0038**
	(1.9965)	(3.1146)	(3.9572)
Size	0.0001	0.0006	0.0000
	(0.5232)	(1.1805)	(0.1025)
Age	0.0001	-0.0009	-0.0005
	(0.1286)	(-0.4223)	(-0.4407)
State	-0.0016**	-0.0014	-0.0023***
	(-2.4725)	(-1.2436)	(-3.6967)
Industry	控制	控制	控制
R^2	0.0227	0.0165	0.0215
F	4.0536***	2.9665***	7.7453***

从表 8-7 的回归结果可以看出,当短期债务比重低于 34.53% 时,短期债务比与企业风险承担水平相关性显著且为正数,当短期债务比重高于 34.53% 时,短期债务比与企业风险承担水平负相关,与假设 8.3 相一致。这表明当短期债务比重较低(低于 34.53%),处在公司可承受的范围内,债务"税盾"效应起主导作用,适当增加短期债务可以有效提升企业风险承担水平;但当短期债务比重持续上升,超过某一临界值时(34.53%),债务的财务破产成本效应起主导作用,会降低企业风险承担

水平。加入商业信用后可以发现，商业信用对于短期债务与企业风险承担之间有显著负向调节作用，同时对比表 8-5 发现，由于商业信用具有显著的负向调节效应，导致短期债务对企业风险承担水平的影响系数降低，假设 8.4 得到验证。

第四节 稳健性检验

为了验证回归结果的稳健性，采取将 ROA 的观测期限由 3 年改为 4 年，重新求得调整后的 ROA 作为衡量风险承担水平的变量，回归结果如表 8-8 所示，除有少数控制变量的系数有稍微发生改变外，并不影响其显著性水平，检验结论与上文分析吻合，表明实证检验具有稳健性。

表 8-8 稳健性检验结果

	模型 (8-3)	模型 (8-4)（短期债务）	模型 (8-4)（商业信用）
Lev	-0.0199***	--	--
	(-8.7196)	--	--
Dzb	--	0.0040*	--
	--	(1.8331)	--
$Syxyb$	--	--	-0.0084***
	--	--	(-4.5951)
$Largest$	0.0049*	0.0066***	0.0063***
	(1.8801)	(2.7336)	(2.6038)
$Growth$	0.0041***	0.0036***	0.0036***
(4.0190)	(3.4397)	(3.4764)	
$Size$	0.0013***	0.0003*	0.0002
(4.4235)	(1.9030)	(0.5634)	
Age	-0.0002	0.0003	-0.0004
(-0.1407)	(0.2195)	(-0.3439)	
$State$	-0.0025***	-0.0022***	-0.0016**
	(-3.7292)	(-3.1385)	(-2.1813)

续表

	模型（8-3）	模型（8-4）（短期债务）	模型（8-4）（商业信用）
Industry/year	控制	控制	控制
R^2	0.0513	0.0188	0.0269
F	19.0646***	6.7409***	9.7518***

注：***、**、*分别表示在1%、5%和10%的水平上显著；（）内的数据为 t 值。

第五节 研究结论

通过研究短期债务、商业信用两种不同融资方式下企业风险承担水平的差异，结果表明：第一，企业的债务融资与企业风险承担水平具有显著相关性，债务比重越高，企业承担风险的能力越低。第二，通过将短期债务、商业信用与企业风险承担水平之间的关系进行对比研究发现，短期债务、商业信用对企业风险承担水平的影响具有显著差异，商业信用会显著降低企业的风险承担水平，短期债务能显著提高企业的风险承担水平。第三，通过对短期债务划分为比重高和比重低两组进行对比研究发现，当企业短期债务比重较低时，增加企业短期借款，可以提高风险承担水平，当短期债务超过一定限度时，企业风险承担水平会随着企业短期债务比重增加而下降。第四，商业信用在企业短期债务与企业风险承担水平之间起着负向调节作用。

第九章

企业杠杆率动态调整的经济效应与策略

为了应对后金融危机经济下滑,世界主要经济体向市场注入了大量的流动性,强刺激政策使得很多国家迅速走出了金融危机的困境,同时也造就了市场主体的高杠杆率,非金融企业高杠杆率受到了前所未有的关注。在过去的一段时间,中国非金融企业杠杆率,无论是学界还是实务部门、监管部门都给予了高度关注,党的十九大报告明确提出要防范化解系统性风险,并将其列入今后重点任务之一。中国金融政策报告(2017)显示,经过几年的攻坚克难,虽然中国宏观杠杆率整体可控,但微观部门杠杆率呈现出显著的差异(见图9-1),其中非金融企业杠杆率一直高企,这已经成为阻碍中国经济高质量发展的重要风险源头。2015年12月召开的中央经济工作会议,明确将金融去杠杆作为"三去一降一补"的重点任务之一,更好引导资金"脱虚向实"。"去杠杆、防风险"在2017年以来更是成为金融监管的重中之重,监管部门陆续出台了若干具体措施,在"穿透式"强监管等系列组合政策作用下,中国成功稳定住了企业杠杆率的上升。目前"金融去杠杆"已经形成共识,由于对企业杠杆率调整的经济效应缺乏系统的理论实证分析,对"如何去杠杆""去到什么程度"还存在较大分歧。本章尝试从经济政策不确定性的外部环境和企业内部融资约束现实出发,分析企业杠杆率动态调整对企业财务柔性价值和企业风险的影响,从而对上述分歧进行一定程度的回应。

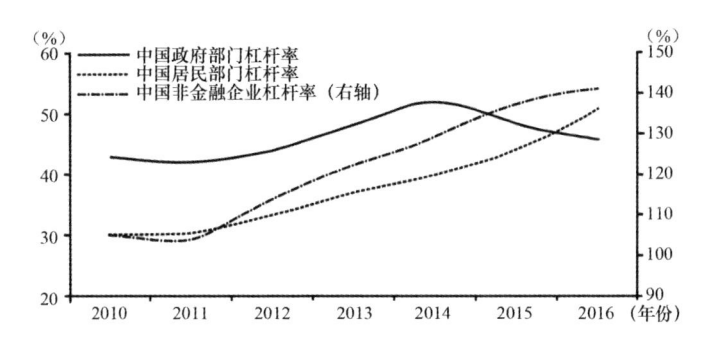

图 9-1 中国分部门杠杆率比较分布

数据来源：BIS 网站，笔者整理所得。

融资作为投资镜像，在决定企业投资规模同时催生了企业风险。提高企业市值与防范企业风险是企业实现基业长青的核心，也是宏观经济实现高质量发展的微观基础与前提。由此，本章的研究逻辑之一在于：根据经典公司金融文献，企业杠杆率动态优化调整的目标是在企业风险既定的前提下实现企业价值最大化，那么企业如何进行杠杆率动态调整？具体而言就是，如果企业杠杆率对企业财务柔性价值[①]造成了严重的拖累，同时还增加了企业风险水平，那么企业就应该主动采取去杠杆策略控制企业的杠杆率，反之则反是。现有文献关注到了企业杠杆率动态调整的效应，但主要集中在企业杠杆率调整对投资、市场价值波动、企业成长机会等单一方面的影响，鲜有同时对企业财务柔性价值与企业风险的影响，尤其是缺乏非线性动态特征的考察。

企业进行杠杆决策，需要同时考虑企业融资约束和经济不确定性的冲击（刘海明和曹廷求，2015）。融资约束异质性会引发银行信贷在不同类型和层次的企业之间进行非均衡配置（刘小玄和周晓艳，2011；战明华，2015）。融资约束低的企业由于具有充足的融资能力，会按照边际收益等于边际成本的经济准则来安排其最优投资水平。在未来投资收益和外部经济政策不确定条件下，低融资约束企业可以通过现金流持有或向银行融资来满足其投资需求，企业具有加杠杆的潜在驱动力。融

[①] 企业储备的潜在融资能力通常被称为财务柔性（Graham and Harvey，2001）。

资约束强的企业由于受到信贷约束,其真实投资水平低于最优投资水平。在这种情况下,企业会整合内外部有限资金在不同项目之间进行最优跨期配置,企业的投资决策更多取决于内部资金,企业不具有高杠杆率的能力。经济政策不确定性会影响微观主体未来的市场预期,当经济政策不确定性波动增加时,企业未来盈利能力不确定性也增加,加大了外部投资人对企业项目未来收益与风险的评估,出于理性考虑,外部投资人会更加保守谨慎(Baum et al.,2009;邱兆祥和刘远亮,2010)。企业杠杆率动态调整机制如图9-2所示。由此,本章的研究逻辑之二在于:企业融资约束和经济政策不确定性如何共同影响企业杠杆率动态调整,其在企业杠杆率与企业财务柔性价值与和企业风险之间发挥怎样的中介调节效应?

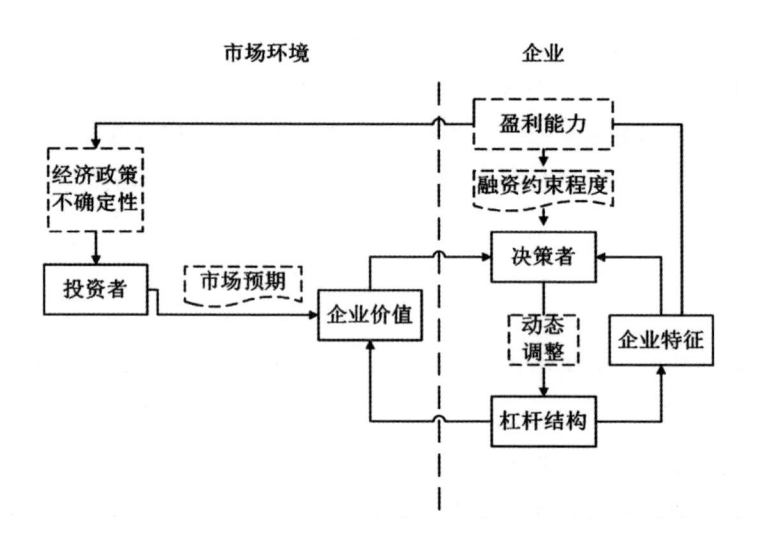

图9-2 企业杠杆率动态调整机制

本章的边际贡献在于:一是通过考察企业杠杆率对企业财务柔性价值和企业风险的非线性效应,确定企业杠杆率的合理区间,为"金融去杠杆去到什么程度"提供实践参考;二是理论上解析了企业杠杆率动态调整机制,并实证考察了经济政策不确定性、企业融资约束对企业杠杆率动态的中介调节效果,丰富了现有的公司金融理论;三是研究结果在一定程度上回答了"如何去杠杆",为今后企业杠杆率如何调整提供了政策启示。

第一节 文献回顾

一 企业杠杆率与财务柔性价值

经典融资优序理论认为企业融资存在内源融资、债务融资、权益融资等先后顺序，这样企业能够实现一个最优的融资结构水平，然而现实却出现了权益融资优先于债务融资的大量事件。为了有效解释"融资顺序异常"现象，Deangelo H. & Deangelo L. (2007) 最早提出了财务柔性价值理论。Denis & McKeon (2012) 研究发现，企业会根据当前现金流和今后投资需求对最优目标偏离程度，来保持合理杠杆水平，即企业杠杆率动态变化取决于投资需求。Bates et al. (2009) 研究发现，美国工业企业在1980年至2006年间保持了较低的杠杆率水平，现金流持有比率达到了50%以上。通过对零杠杆率企业的研究发现，企业保持零杠杆的动机是获取将来债务融资能力（陈艺萍等，2016；Lotfaliei，2018）。Hess & Immenkötter (2014) 研究发现，企业通过储备财务柔性实现了更多的投资机会。顾研（2016）研究结果显示，财务柔性价值在信贷供给和企业绩效之间发挥了显著正向中介效应。汪金祥等（2016）研究发现，中国企业保持零杠杆的动机在于将来获取更多财务柔性，方便提升投资水平。李玥等（2019）研究表明，财务柔性是影响企业杠杆决策的关键因素，上市公司普遍具有储备财务柔性的动机。

二 企业杠杆率与企业风险

企业杠杆率如何影响企业风险，目前学界还存在争议。Titman & Opler (2012) 研究发现，不同生命周期的企业具有差异性，当企业处在衰退周期时，高杠杆企业对企业风险的冲击相比低杠杆企业效果更强。Acharya 等（2011）研究显示，债务清偿责任正向激励企业偏好保守的风险投资策略。王东静等（2009）认为，短期债务主导型的债务结构会使得企业面临中等或较高企业风险。陈建勇等（2009）研究发现，短期企业杠杆率与企业风险之间具有类"U"形关系。王一鸣和宋龑娜（2017）认为，企业杠杆率高企侵蚀了企业的运营收入，产生较高的财务风险。

马如飞和王艳（2012）研究显示，不考虑流动性风险时，增加企业长期杠杆率能够有效地降低企业风险；考虑流动性风险时，增加企业长期杠杆率会增加企业风险。彭国富和张朝辉（2019）通过构建企业杠杆率水平测算模型研究发现，中国非金融企业杠杆率常年处在不合理区间，导致中国企业整体具有较高的风险。李梦雅等（2018）研究发现，适当提高债务比例有助于促进公司的不断成长。Baxter（1967）注意到了企业杠杆率对企业风险的非线性影响。Norland & Wilford（2002）运用障碍期权理论发现，企业杠杆率与企业风险之间具有非线性关系。胡育蓉等（2019）研究发现，企业杠杆率与企业风险之间不是简单的线性关系，而是存在典型的"U"形关系。

三 经济政策不确定性与融资约束对企业杠杆率动态调整的影响

随着经济政策不确定性增加，项目违约风险上升，加大了企业外部融资成本和股权溢价的风险，导致企业投资效率降低，杠杆率上升（才国伟等，2018）。经济政策不确定性强化了投资的不可逆性，此时企业更偏好现金持有，抑制了企业投资活动（Bloom 等，2007），降低了企业融资约束水平（王红建等，2014），资产重新配置摩擦影响了企业市值（Hyunseob & Howard，2017）。Gulen & Ion（2016）指出，经济政策不确定性增加，加剧了企业破产风险，强化了外部投资者风险溢价预期，致使外部融资成本增加，增强了企业融资约束，进而降低了企业杠杆率。李凤羽和杨墨竹（2015）研究表明，经济政策不确定性上升会抑制企业投资规模，企业融资约束进一步强化了抑制程度。李佳霖等（2019）基于中国A股上市公司数据，分析了经济政策不确定性、融资约束对企业杠杆率的影响。研究结果显示，经济政策不确定性和融资约束双重机制严重抑制了企业杠杆率水平。顾研和周强龙（2018）的研究结果也表明，在融资约束一定条件下，经济政策不确定性越大，企业杠杆决策越保守。扈文秀等（2021）实证分析了融资约束在企业杠杆率结构和企业违约风险之间发挥中介传导效应。杨昊昌等（2021）指出，经济政策不确定性提高，正向激励了企业产出，融资约束在上述正向激励作用中发挥了显著的负向调节作用。

第二节 研究设计

一 样本来源

选取2008—2019年A股上市非金融企业财务季度数据为样本,并进行了如下处理:(1)剔除了ST、PT及*ST和同时B股、H股上市企业;(2)剔除了样本不连续和缺失值的企业;(3)剔除了企业杠杆率大于1、企业主营业务收入亏损企业。最终选取289家企业。其中,企业数据来自WIND数据库,宏观经济数据来自中经网和国家统计局网站;为了防范数据异常,对所有样本数据进行了1%和99%的缩尾处理。

二 变量选取

(一)因变量:1. 财务柔性价值($Voff$)。Gamba and Triantis (2008) 将企业财务柔性价值分解为:盈利能力、现金持有成本、外部融资环境、成长潜力和资产可逆性等指标。参照顾研和周强龙(2018)、Killi et al. (2011)、Rapp et al. (2014),构建如下企业财务柔性价值测度模型:

$$\begin{aligned} Ab\_Return_{i,t} &= \beta_0 + \beta_1 \Delta Ab\_Cash_{i,t} + \beta_2 Growth_{i,t} + \beta_3 \Delta Earn_{i,t} \\ &+ \beta_4 OCF_{i,t} + \beta_5 PV_{i,t} + \beta_6 Tang_{i,t} + \beta_7 \Delta Ab\_Cash_{i,t} \times Growth_{i,t} \\ &+ \beta_8 \Delta Ab\_Cash_{i,t} \times \Delta Earn_{i,t} + \beta_9 \Delta Ab\_Cash_{i,t} \times OCF_{i,t} \\ &+ \beta_{10} \Delta Ab\_Cash_{i,t} \times PV_{i,t} + \beta_{11} \Delta Ab\_Cash_{i,t} \times Tang_{i,t} \\ &+ \beta_{12} \Delta NA_{i,t} + \beta_{13} \Delta RD_{i,t} + \beta_{14} \Delta Intexp_{i,t} + \beta_{15} \Delta Div_{i,t} + \beta_{16} Cash_{i,t} \\ &+ \beta_{17} lev_{i,t} + \beta_{18} NF_{i,t} + \beta_{19} Z_{i,t} + \varepsilon_{i,t} \end{aligned} \quad (9.1)$$

在式(9.1)的基础上,获得企业财务柔性价值($Voff$)的计算公式如下:

$$Voff_{i,t} = \beta_1 + \beta_7 Growth_{i,t} + \beta_8 \Delta Earn_{i,t} + \beta_9 OCF_{i,t} + \beta_{10} PV_{i,t} + \beta_{11} Tang_{i,t} \quad (9.2)$$

$Voff$数值越大,表示企业财柔性价值越高,反之亦然。

式（9-1）中的变量解释见表9-1。

表9-1　　　　　式（9-1）表达式各变量说明

变量名称	变量含义	变量解释
Ab_Return	年化超额收益率	根据Fama and French三因子模型计算获得
ΔAb_Cash	预期外现金变动	实际现金流—预期现金流
$Growth$	营业收入增长率	本期营收自然对数—上期营收自然对数
$\Delta Earn$	销售额增长率	息税前利润/期初总资产
OCF	经营性现金流增长率	经营性现金流/期初总资产
PV	股价波动标准差	前两年股票季度收盘价标准差
$Tang$	有形资产占比	固定资产/当期总资产
ΔNA	净资产增长率	净资产/期初总资产
ΔRD	研发支出占比	研发支出/期初总资产
$\Delta Intexp$	利息支出占比	利息支出/期初总资产
ΔDiv	股利支出占比	股利支出/期初总资产
$Cash$	现金持有率	现金持有/期初总资产
lev	企业杠杆率	总负债/总资产
NF	融资性现金流占比	融资性现金流/期初总资产

2. 企业风险（$Risk$）。借鉴Mihet（2013）、胡育蓉等（2019），选取经资产净利润率（ROA）和资本资产比率（CAR）之和调整后的资产净利润率四季度标准差作为企业风险的代理变量。即：

$$\sqrt{\frac{1}{T}\sum_{k=1}^{T}(ROA_{i,t}^{adj} - mean^{iT}(ROA_{i,t}^{adj}))^2}/(ROA_{i,t} + CAR_{i,t})$$

其中，$ROA_{i,t}^{adj} = ROA_{i,j,t} - mean^{jt}(ROA_{i,j,t})$，表示行业均值调整后的公司$i$第$t$年资产净利润率，$mean(\cdot)$表示均值，$j$代表行业，$T$为滚动时间长度①。

---

① 本章滚动时间长度为四季度。

(二) 解释变量: 按照现有文献通常做法, 选取企业资产负债率作为企业杠杆率 (lev) 的代理变量。

(三) 调节变量: 选取经济政策不确定性 (Epu) 和融资约束 (FC) 的乘积表示 (mv)。其中, 经济政策不确定性 (Epu), 采用 Baker (2016) 构建的中国经济政策不确定性指数月度数据, 由月度数据加总求平均获得季度数据。SA 指数、KZ 指数和 WW 指数与投资—现金流敏感系数被认定为测度企业融资约束的常用指标。KZ 指数与 WW 指数计算过程涉及的变量具有很强的内生性, SA 指数法相对于 KZ 指数和 WW 指数, 其计算过程涉及的变量只包含企业规模和企业年龄, 具有很强的外生性, 克服了内生性财务指标的缺陷; 投资现金流敏感系数由方程回归获得, 控制变量的不同选取会导致结果偏差, 因此, 参考鞠晓生等 (2013) 研究, 选取 SA 指数测度企业的融资约束程度。其计算公式为:

$$SA = -0.737 \times Size + 0.043 \times Size^2 - 0.04 \times Age$$

由于 SA 指数计算方法所得值皆小于 0, 对计算得到的 SA 值取绝对值, 绝对值越大表示企业融资约束越强。

(四) 其他控制变量。参照宫汝凯、徐悦星和王大中 (2019)、张成思、刘贯春 (2018), 选取 $Size$ (企业规模)、Roe (净资产收益率)、$Largest$ (前十大股东持股比例合计)、Age (企业成立年限), 以及宏观控制变量 $M2$ (货币供应量同比增长率)。

变量说明如表 9-2 所示。

表 9-2　　　　　　　　　变量定义及具体含义

变量类型	变量名称	变量含义	变量解释
因变量	$Voff$	财务柔性价值	根据式 (9-1) 和式 (9-2) 计算而得
	$Risk$	企业风险	经资产净利润率和资本资产比率之和调整后的资产净利润率四季度标准差
自变量	Lev	企业杠杆率	总负债/总资产

续表

变量类型	变量名称	变量含义	变量解释
调节变量	mv	中介变量的代理变量	经济政策不确定性和企业融资约束的乘积的自然对数
控制变量	Size	企业规模	资产总额取对数
	Roe	净资产收益率	
	Largest	前十大股东持股比例合计	
	Age	企业成立年限	Ln（企业成立年限+1）
	M2	货币供应量同比增长率	

三 模型设计

为避免自变量与因变量之间存在双向因果关系，加之企业杠杆率动态调整会有时滞性，参照赵萌、叶莉、范红辉（2019）的方法，构建下列动态面板模型：

$$Voff_{i,t}/Risk_{i,t} = \beta_0' + \beta_1' Voff_{i,t-1}/Risk_{i,t-1} + \beta_2' lev_{i,t-1} + \beta_3' X_{i,t} + \eta_i + \mu_t + \varepsilon_{i,t} \quad (9-3)$$

其中，i 代表企业，t 代表时期，X 是控制变量的向量表示，η_i、μ_t 分别表示地区非观测效应和时间非观测效应，采用广义矩估计法（GMM）进行回归[①]。

为考察上述效应的非线性特征，在式（9-3）引入平方项，得到如下回归方程：

$$Voff_{i,t}/Risk_{i,t} = \beta_0' + \beta_1' Voff_{i,t-1}/Risk_{i,t-1} + \beta_2' lev_{i,t-1} + \beta_2'' lev_{i,t-1}^2 + \beta_3' X_{i,t} + \eta_i + \mu_t + \varepsilon_{i,t} \quad (9-4)$$

[①] 广义矩估计法允许随机误差项存在序列相关和异方差，不需要事先明确随机误差项的分布，通过工具变量对参数进行估计，可以有效解决计量模型的一般内生性和一致有偏性问题。本文参照现有文献通常做法，在所有计量模型回归估计之后皆进行了 Sargan 检验，以判断估计过程中工具变量的选取是否有效，进而检验系统 GMM 模型估计结果的稳定性与可靠性，限于篇幅，未在文中进行详细说明。

为进一步考察上述中介变量的调节效应，在式（9－3）引入调节变量和自变量的交互项，得到如下回归方程：

$$Voff_{i,t}/Risk_{i,t} = \beta'_0 + \beta'_1 Voff_{i,t-1}/Risk_{i,t-1} + \beta'_2 lev_{i,t-1} + \beta'_3 lev_{i,t-1} \times mv_{i,t-1}$$
$$+ \beta'_4 X_{i,t} + \beta'_5 mv_{i,t-1} \eta_i + \mu_t + \varepsilon_{i,t} \qquad (9-5)$$

第三节 实证分析

一 描述性统计

表9－3描述性统计报告显示，企业杠杆率的均值为0.586，方差为0.142，企业杠杆率具有均值大方差小的特征，表明中国企业杠杆率整体处于较高水平持续运行，波动幅度较小；企业财务柔性价值均值为0.117，方差为0.197，表明当前整体企业财务柔性价值还处在比较低的位置，具有较大上升的空间；企业风险均值为3.284，方差为5.434，表明不同企业之间的企业风险具有较大差异，并且企业风险波动较大，具有一定的潜在隐患。中介变量的均值为6.64，方差为3.908，表明中国宏观经济政策不确定性和企业融资约束比较大，这与中国当前宏观经济形势以及企业融资实际情况比较吻合。

表9－3　　　　　　　　　　描述性统计

变量	均值	中位数	最大值	最小值	方差
lev	0.586	0.596	0.915	0.214	0.142
Voff	0.117	0.084	0.001	0.194	0.197
Risk	3.284	4.289	15.726	0.023	5.434
mv	6.408	6.312	7.862	4.922	3.908
Size	23.499	23.379	28.098	20.145	1.342
Roe	4.485	－4.077	0.086	0.089	0.152
Largest	0.475	0.490	0.961	0.017	0.201
Age	2.816	2.833	3.583	0.000	0.353
m2	10.450	11.800	16.630	2.880	4.160

二 回归结果分析

（一）基准模型回归结果

表9-4模型（9-1）结果显示，在5%显著性水平上，企业杠杆率回归系数为-0.043，对企业财务柔性价值具有显著的负向作用，表明当企业杠杆率逐步提升时，企业未来获取债务融资的能力下降，企业的财务柔性价值减少。控制变量中，企业净资产收益率、股权集中程度、企业存活年限、货币供应量的回归系数显著为正，公司规模的回归系数显著为负，表明资产回报率高、股权集中度高、企业创建时间长、货币政策宽松、规模小等条件下的企业财务柔性价值相对更高。表9-4模型（9-4）结果显示，在1%显著性水平上，企业杠杆率回归系数为1.176，对企业风险具有显著的正向作用，表明当企业杠杆率逐步提升时，企业破产成本高于债务税盾效应，企业风险逐步累积。控制变量中，公司规模、股权集中程度、企业存活年限、货币供应量的回归系数显著为负，企业净资产收益率的回归系数显著为正，表明资产回报率低、股权集中度高、企业创建时间长、货币政策宽松、规模大等条件下的企业风险相对更高。

（二）非线性模型回归结果

表9-4模型（9-2）回归结果显示，在1%显著性水平上，企业杠杆率二次项系数回归系数为-0.054，对企业财务柔性价值具有显著的负向作用，并且明显呈现倒"J"形非线性特征，通过计算可得拐点值约为45.37%。说明当企业杠杆率小于45.37%拐点值时，企业杠杆率对企业财务柔性价值具有显著负向作用，且呈现边际递减的趋势，当企业杠杆率大于45.37%拐点值时，企业财务柔性价值呈现加速下降趋势。原因在于随着企业杠杆率增加到一定程度，企业杠杆率距离国际公认的60%警戒线越来越逼近，企业风险急剧上升，外界出于风险防范，信贷意愿不强；同时随着企业杠杆率的不断攀升，企业可用于融资的抵押物不断减少，也减低了企业未来融资能力。表9-4模型（9-5）回归结果显示，在1%显著性水平上，企业杠杆率二次项系数回归系数为-0.054，对企业风险具有显著的负向作用，并且明显呈现"U"形非线性特征，通过计算可得拐点值约为14.11%。说明当企业的杠杆率小于14.11%拐点值时，企业杠杆率能够显著降低企业风险，当企业杠杆率大于14.11%拐点值

时，随着企业杠杆率的提高，会增加企业风险。

图9-2直观图形表明，当企业杠杆率在[0，14.11%]区间时，企业杠杆率的上升一方面降低了企业风险，另一方面也降低了企业财务柔性价值，暗示企业进行投融资决策时，需要在当前投资与未来投资之间进行权衡。当企业杠杆率在（14.11%，45.37%]区间时，企业杠杆率的上升不仅提升了企业风险，而且也降低了企业财务柔性价值。由于企业风险提升和企业财务柔性价值下降的速率都比较慢，这时适度提升企业杠杆率是可控的，仍处于合理区间。当企业杠杆率在（45.37%，100%]区间时，企业杠杆率的上升加速提升了企业风险，同时也加速降低了企业财务柔性价值，这对过高的企业杠杆率是不利的，需要重点防范。

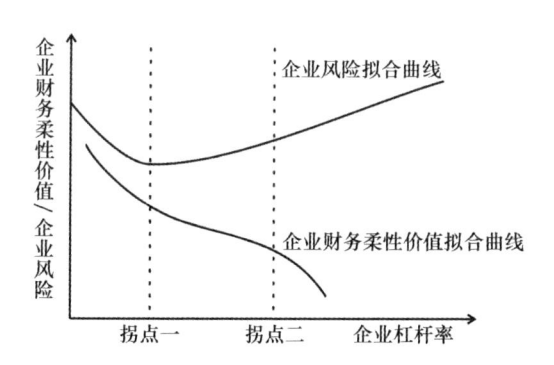

图9-3 不同区间下企业杠杆率动态调整的经济效应

（三）调节效应模型回归结果

表9-4模型（9-3）回归结果显示，加入了宏观经济政策不确定性和企业融资约束乘积的调节变量后，企业杠杆率的回归系数在5%显著性水平下为-0.031，对企业财务柔性价值具有显著的负向作用。调节变量的回归系数在1%显著性水平下为1.466，对企业财务柔性价值具有显著的正向作用。企业杠杆率与调节变量的交互项系数在1%显著性水平下为0.024，对企业财务柔性价值具有显著的正向作用，表明调节变量抑制了解释变量企业杠杆率对企业财务柔性价值的负向影响，调节变量具有显著的负向调节效应。原因在于随着经济政策不确定性和企业融资约束的

增大，企业对未来经营状况和对未来融资前景不乐观，企业会变得更加谨慎和保守，进而会降低当前融资冲动，储备更多的未来融资能力，提升了企业财务柔性价值，以便应对未来更多不确定的因素。表9-4模型（9-6）回归结果显示，加入了宏观经济政策不确定性和企业融资约束乘积的调节变量后，企业杠杆率的回归系数在1%显著性水平下为0.948，对企业风险具有显著的负向作用；调节变量的回归系数在1%显著性水平下为1.573，对企业风险具有显著的正向作用；企业杠杆率与调节变量的交互项系数在1%显著性水平下为1.467，对企业风险具有显著的正向作用，表明调节变量强化了解释变量企业杠杆率对企业风险的正向影响，调节变量具有显著的正向调节效应。原因在于随着经济政策不确定性和企业融资约束的增大，企业面临的外部环境恶化和企业获取外部融资的可能性降低，受外界冲击影响比较大，企业经营状况更加不稳定，一旦面临现金流短缺等问题，企业风险更加容易暴露。

表9-4　企业杠杆率动态调整的估计结果

被解释变量	基准模型（9-1）	非线性模型（9-2）	调节效应模型（9-3）	基准模型（9-4）	非线性模型（9-5）	调节效应模型（9-6）
	财务柔性价值（$Voff$）			企业风险（$Risk$）		
$Voff_{-1}/Risk_{-1}$	0.649*** (0.074)	0.614*** (0.067)	0.683*** (0.082)	0.713*** (0.094)	0.695*** (0.087)	0.726*** (0.099)
lev_{-1}	-0.043** (0.014)	0.049* (0.019)	-0.031** (0.011)	1.176*** (0.174)	-0.476*** (0.074)	0.948*** (0.107)
lev_{-1}^2	—	-0.052*** (0.027)	—	—	1.687*** (0.244)	—
$lev_{-1} \times mv_{-1}$	—	—	0.024** (0.012)	—	—	1.467*** (0.209)
mv_{-1}	—	—	1.466*** (0.203)	—	—	1.573*** (0.217)
Size	-0.123** (0.051)	-0.106** (0.049)	-0.131** (0.057)	-0.124** (0.053)	-0.117*** (0.037)	-0.153* (0.071)
Roe	1.573*** (0.235)	1.467*** (0.237)	1.601*** (0.241)	0.033** (0.014)	0.029*** (0.010)	0.041* (0.017)

续表

被解释变量	基准模型 (9-1)	非线性模型 (9-2)	调节效应模型 (9-3)	基准模型 (9-4)	非线性模型 (9-5)	调节效应模型 (9-6)
	财务柔性价值 ($Voff$)			企业风险 ($Risk$)		
Largest	0.038**	0.029**	0.041**	-0.047**	-0.032**	-0.069**
	(0.016)	(0.012)	(0.018)	(0.019)	(0.013)	(0.031)
Age	0.019*	0.011*	0.021*	-0.064*	-0.057*	-0.071*
	(0.008)	(0.007)	(0.009)	(0.029)	(0.021)	(0.033)
m2	0.034**	0.029**	0.045**	-0.036**	-0.031**	-0.043**
	(0.015)	(0.014)	(0.019)	(0.015)	(0.013)	(0.018)
η	控制	控制	控制	控制	控制	控制
μ	控制	控制	控制	控制	控制	控制
F值	402.65	763.76	889.43	392.82	106.45	119.27
AR(1)	0.125	0.093	0.134	0.157	0.174	0.179
AR(2)	0.729	0.817	0.823	0.576	0.624	0.671
sargan	313.78	297.49	330.52	443.89	397.63	483.92
样本量（N）	11560	11560	11560	7753	7753	7753

注：*、**、*** 分别表示10%、5%、1%上的显著性水平显著不为零，( ) 内表示稳健型标准误，下同。

三 稳健性检验

（一）被解释变量分组回归

现有文献表明，企业财务柔性价值和企业风险取决于决策者的价值评判，不同的价值评判会导致不同的杠杆决策。为此，将因变量企业财务价值和企业风险按照分位数的前20%和后20%划分为两组重新进行基准模型检验，检验结果显示，除了相关系数发生稍微变化外，不影响前文的分析结论。

表9-5　　被解释变量分组回归结果

被解释变量	基准模型（前20%）	基准模型（后20%）	基准模型（前20%）	基准模型（后20%）
	财务柔性价值（$Voff$）		企业风险（$Risk$）	
$Voff_{-1} / Risk_{-1}$	0.714***	0.573***	0.732***	0.717***
	(0.089)	(0.061)	(0.096)	(0.092)
lev_{-1}	-0.054**	0.051*	1.192***	0.895***
	(0.021)	(0.018)	(0.231)	(0.141)
$Size$	-0.117**	-0.102**	-0.137**	-0.147*
	(0.057)	(0.042)	(0.059)	(0.080)
Roe	1.426***	1.409***	0.027**	0.021*
	(0.252)	(0.217)	(0.020)	(0.016)
$Largest$	0.034**	0.024**	-0.049**	-0.038**
	(0.019)	(0.010)	(0.023)	(0.021)
Age	0.014*	0.010*	-0.052*	-0.047*
	(0.011)	(0.010)	(0.031)	(0.029)
$m2$	0.036**	0.027**	-0.039**	-0.028**
	(0.019)	(0.013)	(0.024)	(0.018)
η	控制	控制	控制	控制
μ	控制	控制	控制	控制
F值	332.74	553.47	403.58	437.98
$AR(1)$	0.142	0.107	0.197	0.201

续表

被解释变量	基准模型（前 20%）	基准模型（后 20%）	基准模型（前 20%）	基准模型（后 20%）
	财务柔性价值（V_{off}）		企业风险（$Risk$）	
$AR(2)$	0.801	0.799	0.573	0.693
$sargan$	252.97	283.14	339.25	417.98
样本量（N）	2110	2432	1742	1361

（二）CHOW 分割点检验

在样本区间内，中国企业杠杆率具有典型的周期性特征，其中 2008—2015 年是企业加杠杆周期，2016—2019 年是典型企业降杠杆周期，不同的杠杆周期必然会导致企业财务价值柔性和企业风险具有一致的周期性，为此采用 Chow 分割点来检验不同的子样本估计模型是否具有显著的差异。Chow 分割点检验显示，计量模型结构未发生显著变化，表明研究结论可靠。

表 9-6　　　　　　　　　　Chow 分割点检验

被解释变量	2008—2015 年	2016—2019 年	2008—2015 年	2016—2019 年
	财务柔性价值（V_{off}）		企业风险（$Risk$）	
F 统计值	1.217	1.230	2.154	2.297
$L-k$ 值	6.284	6.301	8.327	8.406
$p(F)$ 值	0.308	0.402	0.413	0.427
$p(l-k)$ 值	0.278	0.281	0.303	0.341
样本量（N）	11560	11560	7753	7753

（三）重新构建经济政策不确定性指数

在前文的经济政策不确定性指数构建时，通过将月度政策不确定指数加总平均获得季度数据，这种方法简单便利，但这是否会影响本文研究结论？为解除这个疑惑，采用 VAR 模型广义脉冲响应函数来估计每个季度内各月的权重分别为 0.5、0.3、0.2，重新构建经济政策不确定性指数,回归结果显示,仅仅系数显著性大小稍微变化,其他未变,表明研究结论稳健。

表9-7　　　　　　　　重新构建经济政策不确定性指数

被解释变量	财务柔性价值（$Voff$）	企业风险（$Risk$）
$Voff_{-1}/Risk_{-1}$	0.643***	0.682***
	(0.084)	(0.089)
lev_{-1}	-0.047**	0.827***
	(0.020)	(0.137)
$Size$	-0.112**	-0.143*
	(0.052)	(0.076)
Roe	1.431***	0.024*
	(0.264)	(0.018)
$Largest$	0.031**	-0.034**
	(0.020)	(0.019)
Age	0.011*	-0.042*
	(0.010)	(0.026)
$m2$	0.030**	-0.023**
	(0.017)	(0.016)
η	控制	控制
μ	控制	控制
F值	341.75	403.86.98
AR(1)	0.172	0.221
AR(2)	0.769	0.674
sargan	238.63	388.42
样本量（N）	11560	7753

（四）变换计量方法

经济政策不确定性相对微观企业是外生变量,但是政策的实施往往是对微观企业经营绩效的反馈,很容易产生模型的内生性问题。为解决这一问题,参照现有文献通常做法,引入美国经济政策不确定性滞后一期作为工具变量,采用 2SLS 估计法对模型重新分析,计量结果依旧稳健,研究结论具有鲁棒性。

表 9-8　　　　　　　　两阶段最小二乘法估计结果

被解释变量	财务柔性价值（$Voff$）	企业风险（$Risk$）
	工具变量为：$UEPU_{-1}$	
$Voff_{-1} / Risk_{-1}$	0.513***	0.557***
	(0.076)	(0.077)
lev_{-1}	-0.061**	0.839***
	(0.028)	(0.148)
$Size$	-0.131**	-0.152*
	(0.061)	(0.074)
Roe	1.453***	0.028*
	(0.297)	(0.023)
$Largest$	0.034**	-0.037**
	(0.021)	(0.023)
Age	0.017*	-0.047*
	(0.013)	(0.031)
$m2$	0.037**	-0.029**
	(0.024)	(0.020)
η	控制	控制
μ	控制	控制
LM	3.421	3.229
Wald F	2.531	2.674
sargan	113.46	121.71
样本量（N）	11560	7753

第四节　企业杠杆率动态调整策略

企业杠杆率如何调整备受关注,为了研究企业杠杆率动态调整的经济效应,更好为企业实施杠杆决策提供参考,本章在剖析企业杠杆率动态调整机制的基础上，利用2008—2019年非金融企业季度数据，实证考察了企业杠杆率对企业财务柔性价值和企业风险的冲击效应。研究结果表明：(1) 企业杠杆率动态调整对企业财务柔性价值具有显著的负向影响，对企业风险具有显著的正向冲估计；(2) 企业杠杆率动态调整具有显著的非线性特征，企业杠杆率对企业财务柔性价值具有明显倒"J"形非线性特征，当企业的杠杆率小于45.37%拐点值时，企业杠杆率对企业柔性价值具有显著负向作用，且呈现边际递减趋势，当企业杠杆率大于45.37%拐点值时，企业财务柔性价值呈现加速下降趋势。企业杠杆率对企业风险具有明显"U"形非线性特征，当企业的杠杆率小于14.11%拐点值时，企业杠杆率能够显著降低企业风险，当企业杠杆率大于14.11%拐点值时，随着企业杠杆率的提高，会显著增加企业风险；(3) 宏观经济政策不确定性和企业融资约束乘积的调节变量抑制了解释变量企业杠杆率对企业财务柔性价值的负向影响，具有显著的负向调节效应，同时调节变量强化了解释变量企业杠杆率对企业风险的正向影响，具有显著的正向调节效应。

基于实证研究结果，结合中国"稳增长"和"去杠杆"总体目标，根据中国企业实际杠杆率所处区间和企业所处生命周期阶段，提出差异化的杠杆率动态调整优化路径。

(1) 从政府层面，防止在供给侧结构性改革"去杠杆"实践过程中实行"一刀切"政策，政府主管部门应根据不同企业杠杆率所处区间精准施策，重点引导高杠杆率区间的企业主动降杠杆，降低企业风险。同时政府在"去杠杆"过程中，应该营造稳定的政策环境，保持政策的连贯性与稳定性，合理引导市场预期，避免因政策不确定性加剧企业次生风险。

(2) 从金融机构层面，在对企业发放信贷过程中，需要将企业风险与企业财务柔性价值结合起来进行评估，金融机构需要树立长期眼光，将企业财务柔性价值作为无形资产纳入评估范围，破解融资约束对企业信贷的不利影响。同时金融机构在外部经济政策不确定性加大的情况，可以通过"债务展期""债务核减"等措施帮助企业渡过难关，为企业尤其是中小企业营造良好的融资环境。

(3) 从微观企业层面，要牢固树立危机意识和长远意识，在进行企业杠杆决策时，需要将企业当前经营状况与长远经营状况有机结合起来，统筹权衡。一方面对于当前杠杆需求，更好发挥长期杠杆的作用，减少过度使用短期杠杆所致的企业风险，另一方面需要合理平滑企业杠杆，在当前杠杆与未来杠杆之间进行合理期限配置，企业财务人员需要加强内功修炼，增强债务筹措能力，提升未来企业杠杆融资水平，增加企业财务柔性价值。

第十章

总量货币政策调控对异质性
企业杠杆率动态调整的微观效应[①]

近年来,中国非金融企业部门杠杆率急剧上升,截至2018年12月,非金融企业部门杠杆率已经达到153.6%,远超国际警戒线"90、60"的阈值。急剧上升的杠杆率使中国非金融企业部门成为金融风险的集聚区,在世界范围内引发了关于中国是否会发生债务危机的担忧。2017年中央经济工作会议将"去杠杆"作为调整经济结构、防范和化解重大风险的重要举措列入2018年五大工作任务和三大攻坚战,强调必须采取多种手段将非金融企业部门杠杆率降下来。对于中国这个庞大的经济体来说,非金融企业部门杠杆率高企的复杂性,任何单一的经济政策措施都可能是低效甚至是无效的。针对"如何行之有效的去杠杆"这一命题,学术界多有争论。一方面,多数学者都认同高杠杆隐藏着高风险,另一方面,近几年中国政府部门对于非金融企业高杠杆率所出台的一系列政策措施收效甚微。在此基础上,厘清中国非金融企业杠杆率不断攀升背后的作用机理,并辅之以精准的解决措施对于降低中国非金融企业部门过高的杠杆率、有效化解金融风险以及优化资源配置具有重要的理论和现实意义。

我们注意到,自国际金融危机以来,中国非金融企业部门杠杆率出现了分化差异,从非金融企业杠杆率变化幅度方面看,非国有企业杠杆率同比变化率在2008—2016年都小于0,国有企业杠杆率同比变化率多

---

① 本章节选内容发表于《金融论坛》2020年第8期。

数年份都大于等于0，国有企业融资状况优于非国有企业。（见图10-1），然而从企业融资需求来看，小型企业的贷款需求指数明显强劲于大中型企业（见图10-2）。根据纪洋、王旭、谭语嫣（2018）的研究，与非国有企业利润率相比，国有企业利润率仅为其70%，伴随着国有企业杠杆率持续走高、非国有企业杠杆率持续下降，资金进一步由效率高的部门流向效率较低的部门，进而造成"国进民退"现象。因此，深刻揭示宏观政策冲击对中国非金融企业部门杠杆率结构性影响，是保障宏观政策尤其是货币政策精准"去杠杆"的前提。

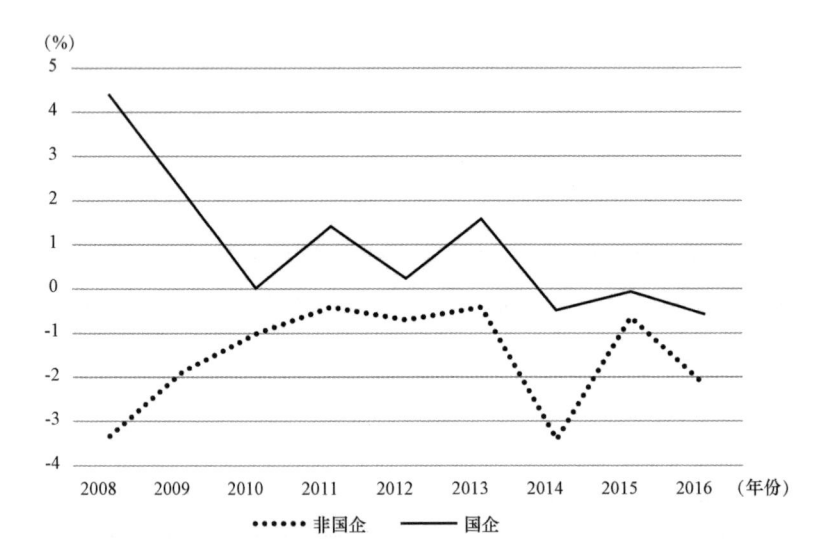

图10-1 国有企业与非国有企业杠杆率同比增长率的变化趋势
数据来源：Wind，中国人民银行。

Poole（1970）通过将随机变量冲击作为外生变量引入IS-LM模型，形成了关于货币政策工具选择的研究基本框架，为货币当局选择何种货币政策作为宏观调控手段奠定了理论基础。之前数量型货币政策一直是中国调控经济的主要操作手段，近些年随着数量型货币政策弊端不断凸显，针对"数量型"还是"价格型"货币政策能够保持中国经济平稳较快运行的探讨越来越多，其蕴含的本质问题就是：不同货币政策工具在具体实施过程中所产生的效果如何？

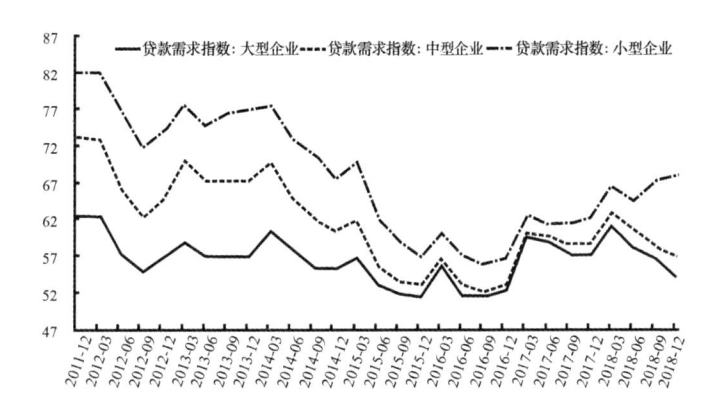

图 10－2　企业贷款需求指数

数据来源：Wind，中国人民银行

国内外学者对现行货币政策与企业杠杆率之间的关系从理论和实践两方面做了探讨和检验。Walsh（2001）指出，在宏观经济波动较大、货币需求不稳定的情况下，价格工具能够发挥出较好的作用，当总支出引发经济不稳定时，数量工具能发挥较好的效果。马文涛（2011）建立包含金融加速器、工资调整粘性以及消费惯性的 DSGE 模型实证发现，价格工具的效果要远优于数量工具。徐晓伟和王伟（2012）构建了包含货币政策工具和外部冲击的理论分析框架，比较了价格工具和数量工具的效果发现，价格工具应对供给和政策变动方面的冲击效果优于数量工具。Atkeson et al.（2007）认为利率是同时具备紧缩性和透明性的工具手段，其次是汇率，最后才是数量工具。王去非、易振华、陈一稀（2015）将产权异质性和信贷供给"二元"结构纳入到 DSGE 模型当中发现，选择何种货币政策工具需要分情况而定，但是价格工具总体上要优于数量工具。Pan et al.（2016）利用中国 1998—2013 年工业企业数据研究发现，财政政策和货币政策是刺激国有企业杠杆率上升、非国企杠杆率下降的主要原因。徐明东和陈学彬（2012）利用 1999—2007 年工业企业数据研究发现，货币政策传导机制在异质性企业间存在差异性特征，相较于非国有企业来说，国企对投资成本不敏感，因而存在加杠杆的条件。彭明生和范从来（2018）运用 SVAR 模型考察了货币政策对民间投资的产业结构效应，结果显示宽松的货币政策对民间投资刺激不大，货币政策难以推动产业结构转型升级。钟宁桦、刘志阔、何嘉鑫（2016）利用1998—2013年工业企业数据研究发现，政治背景、融资便利性等条件导致资金配置偏向国企，进而造成国有企业和非国有企业杠杆率高低分化差异。张思成和刘贯春（2018）利用2007—2017年非金融企业的季度数据研究发现，异质性企业所面临的融资约束具有差异性，融资约束的差异性又导致了企业杠杆率和现金持有的差异性。谭小芬、李源、王可心（2019）基于47个国家地区2000—2015年的非金融企业数据研究发现，金融结构市场化程度越高，企业融资越便利，企业整体杠杆率较低，债务期限结构更加合理。Song et al.（2011）指出中国信贷传导机制的显著特点，表现为异质性企业在银行信贷资金获取难度上存在显著差异，进而导致了异质性企业杠杆率的差异性。Chen et al.（2011）将货币政策工具作为变量纳入到DSGE模型分析框架中，通过比较市场化和非市场化操作工具应对来自外界冲击的效果发现，中国应对杠杆率过高问题最好的方法是进行信贷规模控制。战明华、罗诚剑、李帅（2019）研究货币冲击与传统行业融资约束之间的关系发现，货币政策冲击对于传统行业会产生结构层次效应和需求弹性效应，货币当局在使用货币政策工具进行市场操作时要兼顾总量效应和结构效应。

综合现有国内外研究来看，有关货币政策对企业杠杆率的作用效果的探讨主要集中在如何选择"数量型"和"价格型"政策工具，针对货币政策工具对异质性企业杠杆率作用效果是否具有显著差异性的研究相对较少，而这对于中国典型的"二元"企业结构具有重要的实际意义。

本章的边际贡献主要表现如下：其一，根据中国货币政策价格工具市场化彻底改革还未到位的实际情况，选取货币政策数量工具，从理论上推导了不同经济周期环境下数量工具对异质性企业杠杆率冲击的微观效应，并基于2008—2019年A股上市非金融企业季度面板数据进行了结构效应的实证检验；其二，本章进一步将企业杠杆率划分为短期杠杆率与长期杠杆率，同样基于2008—2019年A股上市非金融企业季度面板数据，实证检验了不同经济周期环境下数量工具对异质性企业杠杆率冲击的期限效应；其三，研究结论进一步刻画了货币政策工具对异质性企业杠杆率冲击的微观机理，为货币当局实施精准的"去杠杆"政策提供了结构效应与期限效应的参考视角。

第一节 机理分析与研究假设

有关货币政策冲击对于企业杠杆率会产生什么样的影响研究比较少,这主要是因为:一是传统主流经济学派认为货币政策对于短期经济波动的熨平作用十分明显,对于长期经济变化不具备效果;二是西方发达经济体无论是实体经济发展程度还是金融体系建设都比较完善,因此有关货币政策对于实体经济会产生何种冲击的研究相对较少。但是,根据货币政策信贷传导渠道理论可知,由于信贷市场存在摩擦,货币政策变化会导致银行体系货币供应量的变化,进而由银行对实体经济产生影响,这就为货币政策变动导致资金非均衡配置,从而导致非金融企业部门杠杆率产生结构性差异提供理论支撑。根据中国货币政策运行实际情况[①]以及金融市场主体资金可获程度差异,从非金融企业产权性质、规模两个维度,构建数量型货币政策工具对异质性企业杠杆率冲击效应的理论模型。

为简化分析,引入两类代表性市场主体,金融中介:银行 B 和资金需求:异质性企业[②]j(包括国有大型企业 j^S 和中小民企 j^P)。两类企业具有显著的技术条件差异,同时都生产中间产品。为了与现实相符假设市场结构是垄断竞争。

[①] 中国《金融业发展和改革"十二五"规划》提出了"推进货币政策从以数量调控为主向以价格调控为主转型"的目标,但是货币政策转向价格调控的一个重要前提,是货币政策的价格传导机制顺畅有效。由于受制于经济转型发展阶段,经济环境中非市场因素以及中国利率市场定价机制的不成熟现实,具体到实践来看,2017 年之前,央行在实施货币政策过程中更多的还是依靠数量型政策工具。关于企业异质性的划分,国内现有文献划分维度比较多,包括企业产权、企业规模、企业所在行业、企业所在地域等等,无论怎样划分,本质上都是考察不同企业面临不同的融资成本和融资约束。为简化分析,文章从企业产权和企业规模同时考察企业融资行为,将异质性企业抽象为国有大型企业和中小民营企业,对于当下中国典型的"二元"企业结构具有独特而又丰富的信息内容。

[②] 关于企业异质性的划分,国内现有文献划分维度比较多,包括企业产权、企业规模、企业所在行业、企业所在地域,等等,无论怎样划分,本质上都是考察不同企业面临不同的融资成本和融资约束。为简化分析,文章从企业产权和企业规模同时考察企业融资行为,将异质性企业抽象为国有大型企业和中小民营企业,对于当下中国典型的"二元"企业结构具有独特而又丰富的信息内容。

一 企业市场行为

在 D-S 垄断竞争环境下，异质性企业 j ($j = j^S, j^P$) 生产 i 类产品的利润函数为：

$$\pi_i(j) = Y_i^{\mu-\gamma} A_j^{\gamma} (K_i(j))^{\gamma\beta_i} (L_i(j))^{\gamma\alpha_i} - r_j K_i(j) - \omega_j L_i(j) - C_i^f(j) \quad (10-1)$$

其中，Y_i 表示第 i 类异质性产品的总需求，$L_i(j)$、$K_i(j)$、A_j 表示企业 j 的劳动、资本与技术投入，其中 $A_S < A_P$；r_j、ω_j 表示资本与劳动的价格，C_i^f 为企业的固定成本。经过推导可以得到企业资本满足函数为：

$$K_i(j) = (\gamma\beta_i Y_i^{\mu-\gamma} A_j^{\gamma} (L_i(j))^{\gamma\alpha_i}/r_j)^{\frac{1}{1-\gamma\beta_i}} \quad (10-2)$$

由于 $0 < \gamma < 1$，$0 < \beta < 1$，故 $K_i(j)$ 是 r_j 的减函数，是 A_j、$L_i(j)$ 的增函数。其经济解释为：企业融资需求与企业融资成本成反比、与企业生产效率成正比。

二 银行市场行为

银行进行贷款发放时，不仅考虑贷款的收益外，还须考虑企业违约可能带来的损失。

因此银行需要同时考虑资金的定价问题和分配问题。在银行进行资金定价时，现有文献一般采取"成本加成法"，其一般定价表达式为 $r_B(j) = r_d + C(B(j)) + M(j)$，$r_d$ 表示银行存款利率，$C(B(j))$ 表示银行的经营管理成本，$M(j)$ 表示银行的违约成本，在中国现有国情下，$M(S) < M(P)$。由于存在"所有者歧视"，银行在进行资金分配时，会优先将信贷资金分配给国有大型企业，余下信贷资源按照企业盈利能力、信用资质和抵押担保水平在其他中小民营企业之间进行分配。

三 不同经济周期下数量型货币政策工具对异质性企业的冲击机理

货币政策具有典型的"反周期"特点，通过不同货币政策工具的反周期操作，能够有效熨平经济周期的波动，实现经济的平稳增长。

（一）经济过热下的紧缩性货币政策

当经济处于过热阶段时，社会总需求大于总的供给，容易引发通货膨胀。在初始经济条件 t_1 时，央行的基准利率为 $r_d^{t_1}$，相应的国有大型企业与中小民营企业的贷款利率分别为 $r_B^{t_1}(S)$、$r_B^{t_1}(P)$，贷款需求分别为 $B_S^{t_1}$、$B_P^{t_1}$。在经济过热阶段，企业融资需求旺盛，为不失一般性，假设 $B_S^{t_1} + B_P^{t_1} \geq M_C^{t_1}$，即企业资金需求大于银行资金供给。根据上文分析可知，银行信贷配给的结果是国有大型企业优先获得数量 $B_S^{t_1}$，中小民营企业获得数量 $M_C^{t_1} - B_S^{t_1}$ 的贷款，实际利率为 $r_B^{m,t_1}(P)$（如图10-3所示）。

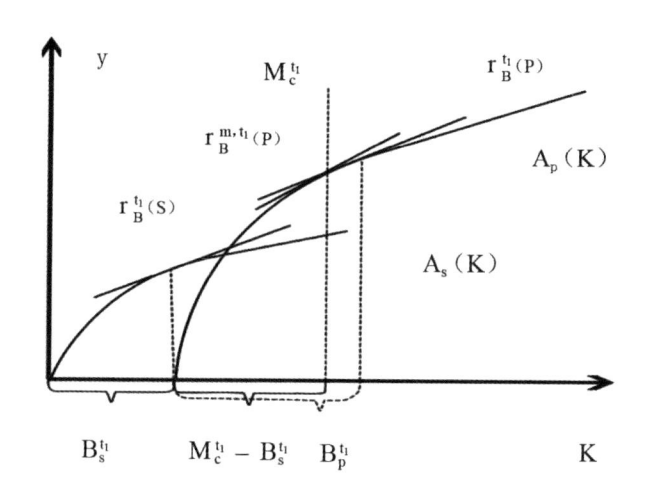

图10-3 经济过热下企业资金需求

假设央行在 t_2 时期实施紧缩性的数量型货币政策工具对过热经济进行干预，则企业银行贷款总供给由 $M_C^{t_1}$ 下降到 $M_C^{t_2}$，由于企业贷款利率维持不变，所以企业贷款需求也将维持不变，并且国有大型企业的贷款需求会优先得到满足，实际贷款数量不受紧缩性货币政策影响（$B_S^{t_1} = B_S^{t_2}$），但是中小民营企业的贷款需求深受紧缩性货币政策的影响，其贷款数量下降到 $M_C^{t_2} - B_S^{t_1}$，贷款实际利率上升到 $r_B^{m,t_2}(P)$（如图10-4所示）。

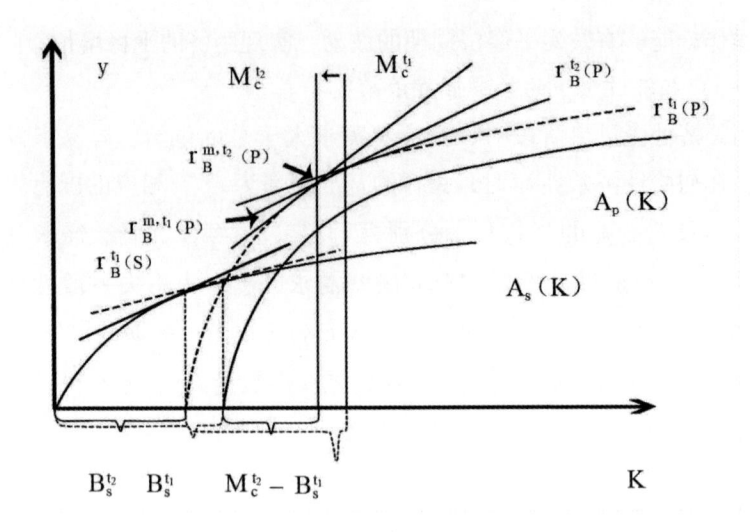

图 10-4　紧缩性数量型货币政策工具对企业投资的冲击

因此得出推论 10.1：在经济过热阶段，使用紧缩性的数量型货币政策工具，会显著抑制中小民营企业的投资额，显著降低企业的杠杆率，但对国有大型企业投资影响不明显，对其杠杆率影响不大。

（二）经济衰退下的扩张性货币政策

当经济处于衰退阶段时，全社会有效需求不足，社会总需求小于总供给，企业投资意愿不强烈，导致以银行信贷为主的企业融资需求显著下降。同样假设在初始经济条件 t_1 时，央行的基准利率为 $r_d^{t_1}$，相应的国有大型企业与中小民营企业的贷款利率分别为 $r_B^{t_1}(S)$、$r_B^{t_1}(P)$，贷款需求分别为 $B_S^{t_1}$、$B_P^{t_1}$。在经济衰退阶段，企业融资需求不足，为不失一般性，假设 $B_S^{t_1} + B_P^{t_1} \leq M_C^{t_1}$，即企业资金需求小于银行资金供给（如图 10-5 所示）。

假设央行在 t_2 时期实施扩张性的数量型货币政策工具对衰退经济进行干预，则银行贷款总供给由 $M_C^{t_1}$ 上升到 $M_C^{t_2} B_P^{t_2} + B_S^{t_2} < M_C^{t_2}$，由于企业贷款利率维持不变，所以企业贷款需求也将维持不变，数量型货币政策工具的扩张效果失效（如图 10-6 所示）。

因此得出推论 10.2：在经济衰退阶段，如果使用扩张性的数量型货币政策工具，对国有大型企业和中小民营企业的投资影响均不大，对其企业杠杆率影响不显著。

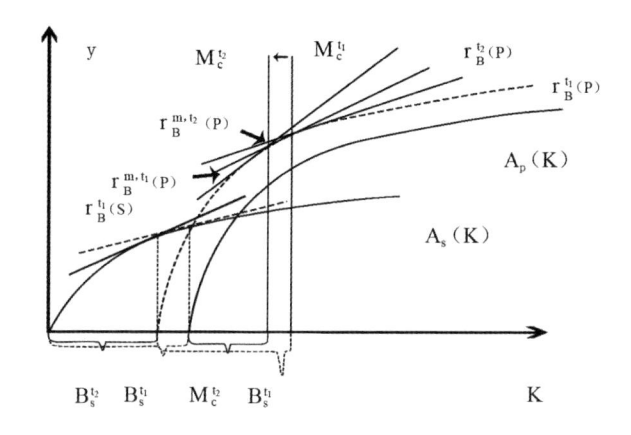

图 10-5　经济衰退下企业资金需求

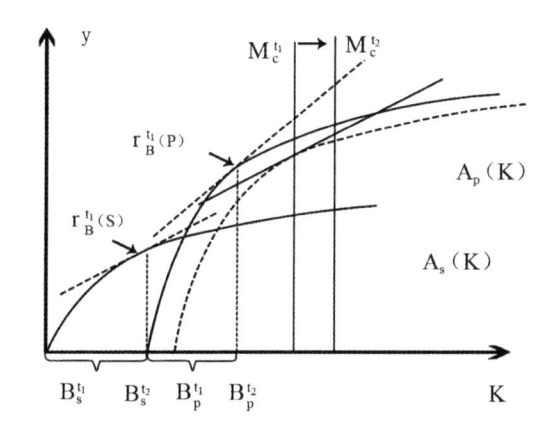

图 10-6　扩张性数量型货币政策工具对企业投资的冲击

第二节　研究设计

一　样本选取

本章选取 2008—2019 年 A 股上市企业季度数据,并进行了如下处理:(1)剔除了包含金融类业务的企业、ST、PT 类风险警示型企业;(2)剔除了 B 股、H 股以及当季发行上市企业;(3)剔除了样本异常值、缺失值、数据不连续的企业。剩余 89 家上市非金融企业,样本数据来源为东方财富 Choice 金融终端、中国统计年鉴。

对于紧缩性货币政策和扩张性货币政策的划分标准,参照央行一年期存款利率和存款准备金率变化趋势进行确定,如果二者呈现双降趋势则为扩张性货币政策,如果二者呈现双升的趋势,则为紧缩性货币政策。从2008—2017年中国货币政策具体实践来看,紧缩性货币政策主要集中在2008年第一、第二季度,2010年第二季度到2012年第一季度;扩张性货币政策主要集中在2008年第三季度至2010年第一季度以及2012年第二季度到2017年第四季度。企业规模的划分标准参照国家统计局印发的《统计数据大中小微型企业划分办法(2017)》,联合效应中的大型国企、中小民企划分标准为若企业同为大型企业和国有企业,则界定为大型国企,同理,若企业同为中小企业和民营企业,则视同为中小民营企业。

二 变量选取

参照盛松成和吴培新(2008)、张成思和刘贯春(2018)、战明华、罗诚剑、李帅(2019)等的研究,选取的变量包括:资产负债率(*lev*)、长期资产负债率(*CQlev*)、短期资产负债率(*DQlev*)、扩张性货币政策(*MPK*)、紧缩性货币政策(*MPJ*)、企业资产收益率(*Roa*)、企业营业收入增长率(*Growth*)、企业总资产(*ZC*)、前十大股东持股比率合计(*Largest*)、经营性现金流(*Cfo*)、企业现金流(*Cash*)、企业成立年限(*Age*)。各变量具体含义如表10-1所示。

表10-1　　　　　　　　主要变量的说明

符号	定义	含义
被解释变量		
lev	资产负债率	衡量企业债务水平
CQlev	长期资产负债率	长期债务所占份额
DQlev	短期资产负债率	短期债务所占份额
解释变量		
MPK	货币政策代理变量	扩张性货币政策
MPJ	货币政策代理变量	紧缩性货币政策

续表

符号	定义	含义
控制变量		
ZC	总资产取对数表示	衡量企业总资产
Growth	企业成长性代理变量	营业收入增长率表示
Cash	货币资金代理变量	企业货币资金的对数表示
被解释变量		
Roa	企业盈利能力	企业总资产收益率衡量
Cfo	经营性现金流	经营性现金流与净利润的比值
Largest	股东权利衡量	前十大股东持股比例合计
Age	公司成立年限的对数	公司成立年限

三 模型设计

为检验数量型货币政策工具对异质性企业杠杆率冲击的结构效应，验证推论 10.1 和推论 10.2，考虑政策效果的滞后性，设定如下静态面板模型：

$$Lev_{i,t} = \beta_0 + \beta_1 MPK_{t-1} + \beta_2 \times X_{i,t} + \eta_i + \mu_i + \varepsilon \quad (10-3)$$

$$Lev_{i,t} = \beta_0 + \beta_1 MPJ_{t-1} + \beta_2 \times X_{i,t} + \eta_i + \mu_i + \varepsilon \quad (10-4)$$

其中，i 代表企业，t 代表时期，MPK 与 MPJ 表示扩张性和紧缩性数量型货币政策工具，$X_{i,t}$ 为一组控制变量，η_i、μ_i 分别表示地区非观测效应和时间非观测效应。对于上述回归方程主要关注 β_1 的回归结果，当采取紧缩性货币政策时，中小企业 β_1 为负数且显著，大型国有企业 β_1 不显著时，推论 10.1 得到验证，当采取扩张性货币政策，无论是大型国企还是中小民企回归结果 β_1 都不显著，则推论 10.2 得到验证。

根据企业会计准则，当期杠杆率的形成会受到前期杠杆率的影响，因此将滞后一期的企业杠杆率作为解释变量纳入到模型（10-5）与模型（10-6）中，建立动态面板模型：

$$Lev_{i,t} = \beta_0 + \beta_1 MPK_{t-1} + \beta_2 \times X_{i,t} + \beta_3 Lev_{i,t-1} + \eta_i + \mu_i + \varepsilon_i \quad (10-5)$$

$$Lev_{i,t} = \beta_0 + \beta_1 MPJ_{t-1} + \beta_2 \times X_{i,t} + \beta_3 Lev_{i,t-1} + \eta_i + \mu_i + \varepsilon_i \quad (10-6)$$

加入滞后一期的企业杠杆率作为解释变量后容易出现模型内生性与多重共线性,为克服上述问题,采用广义矩估计法(GMM)进行回归[①]。由于差分 GMM 易受到弱工具变量的影响,而系统 GMM 是将水平回归方程和差分回归方程进行联合估计,因而结论更具有稳健性,所以采用系统 GMM 进行实证估计。

第三节　结构效应检验

一　描述性统计

表 10-2　　　　　　　　变量的描述性统计结果

变量	均值	中位数	最大值	最小值	方差
lev	0.5858	0.5968	0.9159	0.2149	0.1421
CQlev	0.0978	0.0755	0.4988	0.0000	0.0845
DQlev	0.1260	0.1141	0.4521	0.0002	0.0845
MPK	0.7500	1	1	0	0.4331
MPJ	0.2500	0	1	0	0.4331
ZC	23.500	23.3798	28.0982	20.1458	1.3429
Growth	0.2980	0.1342	7.1093	-0.9766	1.3917
Cash	0.1303	0.1166	0.4852	0.0010	0.0741
Roa	0.0504	0.0354	4.8475	-1.4894	0.1599
Cfo	0.6476	0.8619	198.6375	-127.0603	9.1072
Largest	0.4759	0.4908	0.9614	0.0171	0.1999
Age	2.8166	2.8332	3.5835	0.0000	0.3539

---

① 广义矩估计法允许随机误差项存在序列相关和异方差,不需要事先明确随机误差项的分布,通过工具变量对参数进行估计,可以有效解决计量模型的一般内生性和一致有偏性问题。本文参照现有文献通常做法,在所有计量模型回归估计之后皆进行了 Sargan 检验,以判断估计过程中工具变量的选取是否有效,进而检验系统 GMM 模型估计结果的稳定性与可靠性,限于篇幅,未在文中进行详细说明。

表10-2报告了各变量的描述性统计结果,企业资产负债率最大值为0.9159,最小值为0.2149,长期资产负债率最大值为0.4988,最小值为0,差异较大,短期资产负债率最大值为0.4521,最小值为0.0002,总体上看资产负债率最大值与最小值之间的差异十分明显。扩张性和紧缩性货币政策代理变量的最大值为1,最小值为0。相关系数分析表明①,扩张性货币政策与企业长期杠杆率相关系数在1%水平上显著为0.0626,与短期杠杆率的相关系数在1%水平上显著为0.0499,紧缩性货币政策与长期杠杆率的相关系数在1%水平上显著为0.626,与短期杠杆率的相关系数在1%显著性水平上为-0.0499。

二 回归结果分析

表10-3的回归结果显示,从企业性质与企业规模两个维度来看,民营企业和中小企业回归系数在5%显著性水平下显著为-0.19%与-0.51%,表明紧缩性数量型货币政策工具,对民营企业、中小企业杠杆率会产生显著的抑制作用,政策工具实施效果明显;另一方面,国有企业、大型企业在10%显著性水平下回归系数为正数,说明紧缩性数量型货币政策工具非但不能有效降低这些企业的杠杆率,反而在一定程度上提升了这些企业杠杆率。原因在于,货币信贷一旦从紧,商业银行风险偏好上升,民营企业、中小企业贷款的风险溢价会上升,在保持货币政策价格工具不变的情况下,商业银行对民营企业、中小企业贷款激励降低,进而减少贷款数量;而国企、大型企业由于拥有更多的抵押物,更加健全的会计政策等因素导致商业银行对其贷款偏好上升,在盈利考核指标驱动下,商业银行会把更多贷款向这些企业倾斜,进而产生明显的"溢出效应"。再从企业性质与企业规模联合维度来看(联合效应),一旦央行实施紧缩性的数量工具,中小民营企业的杠杆率会显著下降1.07%,这种下降幅度远远大于单一维度下的下降幅度,这充分说明中小民营企业受融资约束的叠加效应影响,对紧缩性货币政策具有很强的敏感性,这暗示货币当局在实施紧缩性货币政策时应该权衡好"稳增长"与"去杠杆"之间的关系,进而提升货币政策的有效性;同时紧缩性货币

---

① 鉴于文章篇幅,变量相关系数表在此没有列出。

表10-3　紧缩性数量型货币政策工具对企业杠杆率的冲击

	性质维度		规模维度		联合维度（联合效应）	
	国企	民企	大型企业	中小企业	大型国企	中小民企
MPJ_{-1}	0.0035*	-0.0019**	0.0004*	-0.0051**	0.0032	-0.0107**
	(1.7858)	(-2.8671)	(1.867)	(-2.0157)	(1.7649)	(-2.5670)
ZC	0.0299***	0.0464***	0.0410***	0.0790***	0.0182***	0.1040
	(7.4480)	(17.7830)	(11.1209)	(14.2475)	(3.7642)	(13.2484)
Growth	0.0028	0.0037	0.0030***	0.0026	0.0029***	0.0014
	(3.9409)	(1.5619)	(3.8899)	(1.1194)	(3.7248)	(0.4035)
Cash	-0.2059***	-0.2459***	-0.1971***	-0.2546***	-0.2082***	-0.2610***
	(-7.5904)	(-8.1345)	(-6.9534)	(-8.4817)	(-6.0817)	(-6.7349)
Roa	0.0021	-0.0081	-0.0530**	-0.0045	-0.0219	-0.0036
	(0.2281)	(-0.8666)	(-2.2537)	(-0.6477)	(-0.8955)	(-0.3650)
Cfo	0.0002	0.0002	0.0001	0.0002	0.0001	0.0004*
	(0.9829)	(1.1030)	(0.1891)	(1.5583)	(0.1380)	(1.9167)
Largest	-0.0205**	-0.0512***	-0.0374***	-0.0257**	-0.0144	-0.0516***
	(-2.2052)	(-3.8093)	(-3.4665)	(-2.1811)	(-1.1675)	(-2.8787)

续表

	性质维度		规模维度		联合维度（联合效应）	
	国企	民企	大型企业	中小企业	大型国企	中小民企
Age	-0.0168*	-0.2237	-0.0468	-0.1524***	-0.0163	-0.2804***
	(-1.7481)	(-12.6969)	(-4.3012)	(-9.8157)	(-1.4010)	(-11.7443)
lev_{-1}	0.4171***	0.5143***	0.3569***	0.4260***	0.4145***	0.5418***
	(7.3452)	(13.1478)	(12.5237)	(12.2471)	(11.1785)	(12.8537)
η	有	有	有	有	有	有
样本数	1880	1680	1880	1680	1200	1000
R^2	0.8723	0.7950	0.8598	0.7861	0.8741	0.7484
F值	230.8907***	128.9741***	207.1773***	122.2295***	217.9603***	89.8982***
$AR(1)$	0.0078	0.0069	0.0064	0.0071	0.0071	0.0068
$AR(2)$	0.2478	0.2541	0.2641	0.2563	0.3125	0.3452
$sargan$	0.8132	0.8012	0.7914	0.7896	0.8954	0.8897

注：*、**、*** 分别表示10%、5%、1%上的显著性水平显著不为零，（ ）内表示标准误，下同。$AR(1)$ 和 $AR(2)$ 分别表示扰动差分项一阶和二阶序列自相关的检验的P值；Sargan 表示过度识别检验项的P值。回归结果显示：二阶序列相关 $AR(2)$ 检验和 Sargan 过度识别检验的P值均大于0.05，说明存在模型存在一阶自相关，不存在二阶序列相关假设，拒绝水平方程中误差项存在有效性的假设，接受工具变量有效性假设，回归结果稳健可靠，下同。

表10-4　　扩张性数量型货币政策工具对企业杠杆率的冲击

	性质维度		规模维度		联合维度	
	国企	民企	大型企业	中小企业	大型国企	中小民企
MPK_{-1}	0.0015	0.0018*	0.0068	0.0010**	0.0029	0.0121**
	(1.2887)	(2.2419)	(1.1357)	(2.0157)	(0.6971)	(3.7452)
ZC	0.0287***	0.0886***	0.0321***	0.0685***	0.0179***	0.1123
	(7.5230)	(17.6354)	(11.2341)	(14.5234)	(3.7234)	(13.3471)
Growth	0.0019***	0.0034	0.0028***	0.0024	0.0027***	0.0015
	(3.7435)	(1.5426)	(3.7754)	(1.0294)	(3.7469)	(0.5123)
Cash	-0.2048***	-0.2460***	-0.1897***	-0.2497***	-0.2097***	-0.2701***
	(-7.5234)	(-8.0974)	(-7.0534)	(-7.9857)	(-5.9817)	(-6.8261)
Roa	0.0019	-0.0079	-0.0542**	-0.0047	-0.0310	-0.0034
	(0.1785)	(-0.8758)	(-2.2671)	(-0.5477)	(-0.8755)	(-0.3749)
Cfo	0.0002	0.0002	0.0001	0.0002	0.0001	0.0004*
	(0.9829)	(1.1030)	(0.1891)	(1.5583)	(0.1380)	(1.9167)
Largest	-0.0217**	-0.0543***	-0.0369***	-0.0260**	-0.0145	-0.0518***
	(-2.3452)	(-3.7987)	(-3.5237)	(-2.2471)	(-1.1785)	(-2.8537)

续表

	性质维度		规模维度		联合维度	
	国企	民企	大型企业	中小企业	大型国企	中小民企
Age	-0.0170*	-0.2253***	-0.0474	-0.1530***	-0.0167	-0.2811***
	(-1.7864)	(-12.8571)	(-4.3421)	(-9.8274)	(-1.4120)	(-11.8641)
lev_{-1}	0.5217**	0.5143***	0.4369***	0.4260**	0.4145	0.5072***
	(22.3452)	(13.1473)	(13.9812)	(14.2471)	(11.9327)	(15.3781)
η	有	有	有	有	有	有
样本数	1880	1680	1880	1680	1200	1000
R^2	0.8123	0.8021	0.8743	0.8024	0.8262	0.8247
F 值	229.7465***	130.5241***	210.0473***	120.8575***	220.9241***	90.5783***
$AR(1)$	0.0096	0.0075	0.0082	0.0079	0.0086	0.0075
$AR(2)$	0.3578	0.4587	0.3674	0.4261	0.4387	0.3985
$sargan$	0.8013	0.7954	0.8248	0.8034	0.9012	0.8997

政策实施后，虽然国有大型企业的系数为正数却不显著，与单一维度下的影响形成鲜明对比。因而从整体上看，回归结果验证了推论10.1的成立。

表10-4回归结果表明，无论从企业性质、企业规模以及二者之间的联合效应来看，扩张性的数量型货币政策工具都会提升企业杠杆率，这符合中国是典型的以投资驱动为主导的市场特征。但是货币政策这种刺激效果明显呈现分化，对国企、大企业刺激效果不显著，对民营企业、中小企业具有显著的刺激效果，其系数在10%和5%显著性水平上分别为0.18%、0.1%，中小民企在5%显著性水平上达到1.21%。原因在于大型企业、国有企业、大型国企一般属于周期性、防御性行业的企业，其经营一般比较稳健、融资约束较小、市场需求与经济周期正相关，信贷需求一般比较平稳。与之相反，中小企业、民企和中小民企一般属于非周期行业或科技型企业，机制比较灵活、盈利能力强、融资约束大，一旦政策放松有很强的动力去获取信贷扩大投资，使得杠杆率明显上升。研究结论虽然与推论10.2有些出入，但间接证明了中国中小民企"融资难、融资贵"的困境，"二元"信贷约束在中国影响比较深刻，暗示货币当局在实施货币政策时应该注重货币政策工具操作的靶向性。

第四节　期限效应检验

根据Bloom（2009）的研究，由于货币政策会随时间和具体经济运行状况而不断变化，企业对于短期债务的调整意图会比长期借款更强。根据王去非、易振华、陈一稀（2015）的研究，扩张性和紧缩性货币政策对于企业会产生非对称效应。接下来本书继续关注不同经济周期环境下的货币政策对企业债务冲击的期限效应。短期债务和长期债务构成了公司整体债务，二者之间的不同比例会形成不同的公司价值效应。由于逆周期调节的货币政策锚定产出和企业杠杆率（债务偿还），表明企业负债期限结构、公司治理结构与货币政策息息相关。基于此，本节假设如下：扩张和紧缩性货币政策对非金融企业长短期杠杆率呈现出显著的期限配置效应，扩张性货币政策会同时增加非金融企业短期杠杆率和长期杠杆率，但是对长期杠杆率的效应强于短期杠杆率；紧缩性货币政策会同时降低非金融企业长期杠杆率和短期杠杆率，这种降低作用对短期杠杆率更强。为了验证上述预期，设定以下回归方程：

$$CQLev_{i,t} = \beta_0 + \beta_1 MPK_{t-1} + \beta_2 \times X_{i,t} + \eta_i + CQLev_{i,t-1} + \mu_i + \varepsilon_i \quad (10-7)$$

$$DQLev_{i,t} = \beta_0 + \beta_1 MPK_{t-1} + \beta_2 \times X_{i,t} + DQLev_{i,t-1} + \eta_i + \mu_i + \varepsilon_i \quad (10-8)$$

$$CQLev_{i,t} = \beta_0 + \beta_1 MPJ_{t-1} + \beta_2 \times X_{i,t} + CQLev_{i,t-1} + \eta_i + \mu_i + \varepsilon_i \quad (10-9)$$

$$DQLev_{i,t} = \beta_0 + \beta_1 MPJ_{t-1} + \beta_2 \times X_{i,t} + DQLev_{i,t-1} + \eta_i + \mu_i + \varepsilon_i \quad (10-10)$$

其中 $CQlev$ 和 $DQlev$ 分别表示企业长期杠杆率和短期杠杆率，其他符号与式（10-5）、式（10-6）一致。为克服模型内生性与多重共线性，仍然采用系统 GMM 进行实证估计。

表 10-5 结果显示，紧缩性数量型货币政策会对企业杠杆率形成显著性负向冲击，短期杠杆率和长期杠杆率在 1% 显著性水平上都呈显著下降趋势，但是短期杠杆率下降幅度明显大于长期杠杆率下降幅度。央行实施紧缩性数量货币政策时，银行信贷收缩，企业融资难度加大，当融资面临较大困境，企业会被动降低债务规模，导致长期杠杆率和短期杠杆率都呈下降趋势。短期负债是流动性债务，偿还期限较短，紧缩性货币政策会导致短期内企业承受的风险加大，企业出于保护自身稳定经营的需要会主动减少短期流动性负债，因此会降低短期杠杆率，而长期负债由于偿还期限长，到期前只需支付部分利息，对企业生产经营短期内产生的影响较小。因此，当面临紧缩性货币政策冲击时，企业出于维持稳定生产经营、提升公司未来价值的需要，须将债务结构保持在合理范畴，"去短留长"是企业最优资本结构配置的选择。

表 10-5　紧缩性数量型货币政策工具对企业不同期限杠杆率的冲击

	短期杠杆率	长期杠杆率
MPJ_{-1}	-0.0031***	-0.0012***
	(-9.4654)	(-7.9754)
$DQlev_{-1}$	0.7370***	--
	(251.0859)	
$CQlev_{-1}$	--	0.8012***
		(74.4104)
ZC	-0.0214***	-0.0091***
	(-31.7621)	(-4.6403)
$Growth$	0.0009***	0.0005
	(6.4620)	(0.9247)
$Cash$	0.0587***	-0.0006
	(14.5077)	(-0.4304)
Roa	0.0024**	-0.0072
	(2.0655)	(-1.5520)
Cfo	-0.0006***	-0.0002***
	(-25.3978)	(-3.0950)
$Largest$	-0.0025***	0.0017
	(-3.1456)	(0.5330)
Age	0.0510***	0.0118***
	(91.5998)	(7.9425)
η	有	有
样本数	3382	3382
J 值	86.5048	84.6434
$AR(1)$	0.0079	0.0075
$AR(2)$	0.5124	0.4981
$sargan$	0.7520	0.7184

表 10-6 结果显示，实施扩张性数量型货币政策会对企业杠杆率形成显著性正向冲击，无论是短期杠杆率还是长期杠杆率在 1% 显著性水平上

显著上升,但是长期杠杆率上升幅度明显大于短期杠杆率上升幅度,这表明货币当局实施扩张性货币政策能够显著改善企业的融资状况,增加企业融资的便利性,从而提高企业的长期和短期杠杆率。企业长期杠杆率的增加幅度显著高于短期杠杆率的增加幅度,究其原因在于:当采取扩张性货币政策刺激经济增长,企业融资更加便捷,企业采取长期借款等方式进行融资可以获得更多长期稳定资金,可用于研发和投资新项目的资金相应更多,这会显著提升公司未来的盈利能力和绩效改善,加上较长的清偿期限,公司更能专注长远发展,有利于公司长期战略的实施。因此,扩张性货币政策使得企业长期杠杆率上升幅度比短期杠杆率上升幅度更大。

表 10-6 扩张性数量型货币政策工具对企业不同期限杠杆率的冲击

	短期杠杆率	长期杠杆率
MPK_{-1}	0.0007***	0.0041***
	(4.4641)	(8.0601)
$DQlev_{-1}$	0.7563***	--
	(249.2359)	
$CQlev_{-1}$	--	0.7912***
		(83.4227)
ZC	-0.0034***	-0.0078***
	(-29.8752)	(-9.8712)
$Growth$	0.0010***	0.0049
	(7.1620)	(0.8447)
$Cash$	0.0529***	-0.0053
	(14.3477)	(-0.5217)
Roa	0.0027**	-0.0041
	(2.3471)	(-1.7142)
Cfo	-0.0007***	-0.0003***
	(-25.4731)	(-4.0071)
$Largest$	-0.0027***	0.0018
	(-4.5244)	(0.4330)

续表

	短期杠杆率	长期杠杆率
Age	0.0509***	0.0120***
	(101.7431)	(8.0271)
η	有	有
样本数	3382	3382
J值	79.5723	78.2457
$AR(1)$	0.0068	0.0071
$AR(2)$	0.4371	0.5031
$sargan$	0.7900	0.6399

第五节 研究结论

通过研究数量型货币政策工具对异质性企业杠杆率冲击的微观效应发现，货币政策对异质性企业杠杆率冲击存在显著的结构效应与期限效应，并且这些微观效应存在非对称性。从结构效应看，在经济过热阶段，实施紧缩性数量型货币政策，商业银行风险偏好上升，在保持价格工具不变的情况下，商业银行会减少对非国有企业、中小企业、中小民企的放贷规模，进而导致其杠杆率下降，由于国企、大型企业会计政策健全、抵押物多等原因，加之在盈利考核指标驱动下，商业银行会把更多贷款向这些企业倾斜，产生明显的"溢出效应"，导致了紧缩性数量型货币政策工具对国企、大型企业以及大型国企杠杆率具有提升作用；在经济衰退阶段，由于中国是以投资驱动为主导的市场经济国家，实施扩张性数量型货币政策工具会提升企业杠杆率，但是货币政策这种刺激效果明显呈现分化，对国企、大型企业以及大型国企刺激效果不明显，对民营企业、中小企业以及中小民企具有显著的刺激效果。从期限效应看，紧缩性数量型货币政策工具会对企业杠杆率造成显著性负向冲击。短期负债是流动性债务，偿还期限较短，长期负债由于偿还期限长，到期前只需支付部分利息，对企业生产经营短期内产生的影响较小，因此短期杠杆率下降幅度明显大于长期杠杆率下降幅度；实施扩张性数量型货币政策工具会对企业杠杆率造成显著性正向冲击。扩张性货币政策刺激经济增长,企业融资更加便捷,长期借款等方式进行融资可以获得更多长期稳定资金,从而显著提升公司未来的盈利能力和改善企业绩效,因此,扩张性货币政策工具使得企业长期杠杆率上升幅度比短期杠杆率上升幅度更大。

当然研究过程中也存在不足,货币政策的传导过程是一个动态复杂的系统工程,涉及家庭、企业、金融机构、政府等部门,其传导过程的畅通程度决定了货币政策实施的效果,因此在考察货币政策对企业杠杆率的冲击时,需要同时考虑其他经济主体的反馈效应,这是今后需要改进与完善的地方。

第十一章

结构性货币政策对企业融资约束的靶向调控[①]

作为社会发展和国民经济的重要基石、创业富民的关键渠道，小微企业在扩大就业、收入增长、民生改善、国家税收、市场经济等方面发挥了重要作用。国际劳工组织（ILO）2019年8月公布的报告数据显示，小微企业为所调查的99个国家的国民创造了70%的就业机会[②]。根据中研网发布的关于2020—2025年中国小微金融行业分析报告，作为经济发展的"轻骑兵"，小微企业占全国企业总数约95%，工业总产值占全国总产值约60%，销售收入占全国比重约57%，实现利税占全国比重约40%[③]。同时，国家市场监督管理总局的数据显示，作为万众创新最重要的直接参与主体，2019年小微企业吸纳了全国约70%的城镇居民与约80%的农民工，实现了65%的发明专利和80%以上的新产品开发[④]。因此，在强调金融服务实体经济、稳定就业鼓励创业的大背景下，加强对小微企业的金融服务，支持小微企业良性发展，事关经济社会发展全局。与小微企业在促进经济社会发展中所作出的重要贡献，形成鲜明对比的是其获得的融资资源极少。中央财经大学《中国中小微企业金融服务发展报告（2019）》的数据显示，中国小微企业从商业银行获得的500万元以下贷款量，只占商业银行向所有企业贷款的2%。如何解决小微企业融

[①] 本章节选内容发表于CSSCI期刊《金融论坛》2022年第10期。
[②] 数据来源于国际劳工组织网站：https://www.ilo.org/。
[③] 数据来源于中研网网站：https://finance.chinairn.com/。
[④] 数据来源于国家市场监督管理总局网站：http://www.samr.gov.cn/。

资难困境，促进微观主体创新发展、增强市场经济活力，已经成为金融领域理论研究的重点课题。

党的十九届五中全会首次提出了"构建国内国际双循环相互促进的新发展格局"，新发展格局下首要任务就是完善国内大循环体系，畅通经济高质量发展，更好地满足有效需求。这要求宏观经济政策的着力点是保护和激发市场主体的活力，特别是要加大金融服务市场主体的力度，有效缓解企业特别是小微企业"融资难、融资贵"问题。受传统货币政策理论的影响，2007 年美国次贷危机爆发前，世界各国央行主要以利率、再贴现率、法定存款准备金、公开市场操作等传统货币政策工具对市场主体进行调控。一方面，扩张的货币政策虽有利于降低利息负担，但也可能会刺激实体部门更多地举债，容易陷入债务危机；另一方面，紧缩政策能够抑制总杠杆水平，但会进一步加剧有限的信贷资源偏向融资约束低的部门，进而引发不同融资约束程度的企业出现资金结构性失衡问题。这些传统政策工具，在后金融危机期间刺激社会总需求效果上收效甚微，传统的货币政策工具实施效果受到市场普遍质疑。在此背景下，学界出现了对传统货币政策工具的反思以及创新型货币政策工具的思考。受到美、日等主要经济体货币政策工具使用的启发，中国人民银行在总结国外经验并结合中国国情的基础上，自 2013 年年初便陆续创设了一系列新型货币政策工具，大大增强了央行对市场流动性的调节能力（见表 11-1）。以短期流动性调节工具（SLO）、常备借贷便利（SLF）、中期借贷便利（MLF）、抵押补充贷款（PSL）以及定向中期借贷便利（TMLF）为典型代表的新型货币政策工具相较于传统货币政策工具，具有良好的"总量管理"和"结构优化"双重功能，尤其是结构效应更加显著，是适应当下政策背景的定向操作工具。即使市场利率处于零利率水平，新型货币政策工具对经济刺激依旧能够继续发挥有效的作用（李成等，2019；Morgan，2010），那么新型货币政策工具对小微企业的资本结构是否也具有显著的结构性调节功能，具有显著的"靶向性"[①]，达到了 2020 年《政府工作报告》中提出的"创新直达实体经济的货币政策工

[①] 靶向性主要运用在生物医学上，是指实现一定目标前进的性质，用来描述目标对工具作用的效果反馈，进而说明工具对目标的精准作用，具有专一、特效的特点。

具"要求。这一要求，对于促进小微企业稳健发展，实现"六保""六稳"目标具有重要现实意义。

表 11-1　　中国人民银行创设的部分新型货币政策工具

政策工具	SLO	SLF	MLF	PSL	TMLF
名称	短期流动借贷便利	常备借贷便利	中期借贷便利	抵押补充贷款	定向中期借贷便利
实施时间	2013.01	2013.01	2014.09	2014.04	2018.12
功能	调节市场超短期货币供应，解决市场资金供求突发波动	满足金融机构期限较长的大额流动性需求	满足"三农"和小微企业贷款	满足期限较长的大额融资（主要用于棚户区改造）	满足小微企业、民营企业贷款需求
期限	7 天以内	1—3 个月	3 个月、6 个月、1 年	3—5 年	1 年，可续两次
利率形成方式	市场招标	央行设定	市场招标	央行设定	央行设定

本章边际贡献在于：一是将生物医药工程领域的"靶向性"概念引入到货币政策实施效果评价体系中，通过研究 MLF 政策工具与小微企业融资约束的互动关系以及进一步的脉冲响应冲击作用，考察了 MLF 政策工具对企业杠杆率的靶向调控效果，丰富了货币政策理论研究；二是比较 MLF 政策工具对资金短缺型与资金充裕型小微企业杠杆率的调控差异，从企业层面分析了 MLF 政策工具"靶向性"调控效果的非对称性效应；三是从企业微观视角诠释了新型货币政策工具的传导机制，对 MLF 政策工具的传导渠道进行实证检验。

第一节　文献回顾

关于货币政策与微观主体关系已有大量文献研究，Fazzari 等（1988）较早地通过构建 FHP 模型对企业融资进行了研究，这一模型也为后来学者研究货币政策工具与企业融资约束打下了文献基础。为了使研究更具现实意义，许多学者加入了金融发展程度、企业性质等变量，探究货币政策对企业融资的异质影响。Peersman（2002）证明了货币政策对不同行业企业具有显著的差异性影响。Gertler（1993）研究发现，货币政策调整对不同规模企业具有非对称性的影响，小企业受到的冲击大于大企业。谢军等（2014）研究发现，金融发展程度对货币政策效果也存在影响，在较发达地区，货币政策越宽松对企业融资的缓解作用越强。靳庆鲁等（2012）研究显示，货币政策波动对企业融资成本的边际效应具有非线性，对不同产权性质企业融资约束的影响存在差异，宽松的货币政策能够提高非国有企业的信贷资源从而降低融资成本，有效降低非国有企业的融资约束。

对新型货币政策的讨论，最早可以追溯到大萧条时期美联储对非常规货币政策的尝试。1999 年日本政府推出前瞻性指引政策也是一种新型货币政策的尝试，2001—2006 年，日本央行开始全面使用非常规的量化宽松政策。在这段时期，非常规的货币政策研究开始受到学者关注。Bernanke 和 Reinhart（2004）研究了日本央行使用的包括前瞻性指引等在内的非常规货币政策效果和作用机制。从整体上看，前期新型货币政策工具的研究并非主流，直至 2008 年国际金融危机后，各国在面临传统的货币政策工具失效的困境下，产生了对传统货币政策工具的反思，并纷纷推出了符合本国国情的非常规货币政策作为调控利率的手段。由此，学界掀起了关于新型货币政策的研究热潮。McAndrews 等（2008）通过实证研究发现，美联储推出的短期资金标售工具（TAF）对降低美元与隔夜掉期利率之间的差额有显著效果。Fleming 等（2009）认为 $TSLF$ 能够改善金融机构资产负债表。Churm（2012）认为大规模资产购买计划（$LSAP$）对美国资产价格有显著影响。在关于新型货币政策是否有效的争论中，也有学者认为其实施效果并不理想。Taylor 和 Willams（2008）研究认为，短期资金标售工具（TAF）并没有显著改善美国的信贷市场，达到预期效果。

国内学者主要聚焦于新型货币政策工具的实施效果研究上。马理等（2014）通过将中国借贷便利类工具与发达国家、新兴市场国家进行对比，总结了借贷便利类工具的传导机制，赞同国内借贷便利类工具对经济健康发展起到了一定作用。余振等（2016）运用事件研究法检验得出，

PSL 政策工具在部分阶段能够有效降低社会融资成本。朱宁等（2019）在新型货币政策调控理论框架下，通过 EGARCH 模型研究发现，新型货币政策工具具有更加稳定经济市场的作用。刘义圣等（2019）认为，新型货币政策工具不仅显著降低了基准利率的风险溢价水平，而且能平抑基准利率的波动。李成等（2019）通过脉冲响应函数分析认为，新型货币政策工具能够引导市场利率下降且中期工具比短期工具引导效果更优。邢天才等（2021）研究发现，MLF 政策工具利率与国债收益率曲线曲率成反比，MLF 政策工具对债券市场影响显著。

关于新型货币政策工具与企业杠杆率的研究还比较匮乏，现有研究更多将研究视角放在新型货币政策与企业融资成本上。王永钦等（2019）认为，新型货币政策工具通过抵押品渠道，可以有效降低企业的融资成本。孔丹凤等（2021）将研究视角转向定向中期借贷便利，通过构建经济模型并进行贝叶斯估计等方法，证明新型货币政策工具能显著降低企业融资成本，优化了信贷资金结构。

综合国内外现有研究来看，虽然学术界对新型货币政策工具进行了广泛研究，提供了许多新的思路，但关于中国新型货币政策工具与企业杠杆率关系的研究相对较少，还存在很大的探究空间。

第二节　理论分析与研究假设

企业外部融资可大致分为直接融资与间接融资。首先，从企业间接融资角度看，一方面从资金供给角度看，由于新型货币政策工具投放，大大提高了贷款市场的流动性，贷款市场货币供给量增加，供给曲线向右移动，商业银行的贷款规模扩大，增加了企业可贷资金；另一方面从资金需求角度看，商业银行的贷款利率会随着贷款规模的扩大而下降，企业获得贷款的成本降低，新型货币政策工具能够通过利率渠道对微观主体融资造成影响（Anderson and Gascon，2009；孙国峰等，2014；）。同时，新型货币政策工具也能通过影响市场预期对企业融资产生影响。当中央银行关注新型货币政策工具并频繁使用该类工具时，是在向市场传达政策宽松以及长期资金稳定的积极信号，这有助于稳定市场预期进而降低流动性风险和利率水平（Altavilla and Giannone，2015）。因此，新型政策工具可以从间接融资角度缓解企业融资约束。其次，从企业直接融资角度看，一方面央行在市场上推行使用新型政策工具后，市场流动性得到提高，创造了相对宽松的市场环境，并进一步溢出至股票市场，提高了企业的资产价格，企业资产价格的上涨提升了企业可用于信贷的抵押品价值，起到增强企业信贷可得性的作用（邓创，2015）。另一方面市场流动性的提高会引导基准利率下行，进而降低企业债券利率，企业债券利率降低，进而降低了企业债券的发行价格，企业融资成本减少，融资约束缓解。基于上述，提出如下假设：

假设11.1：新型政策工具能够缓解小微企业融资约束，提升企业的杠杆率，具有显著的靶向调控效果。

经典货币政策理论假设货币政策对经济体内部的市场主体影响是均衡的，然而受制于不同区域经济发展水平、产业结构、市场化程度、金融环境等差异，统一的货币政策在传导过程中对各个市场主体的影响存在差异性，即货币政策工具的非对称效应。新型货币政策工具可以通过信贷渠道影响企业融资，外部融资溢价能够放大货币政策的效果，根据金融加速器理论，货币政策对于资金越紧缺、规模越小的企业冲击效果越明显。同时，商业银行为了降低信用风险，更偏向于信贷给资金相对充裕的小微企业，对资金紧缺型的小微企业可能存在拒贷、惜贷行为（齐志鲲，2002）。肖争艳等（2013）研究发现，弱势企业比强势企业对货币政策冲击的敏感度更强，且受到冲击后产出下降更大，大约是强势企业的三倍。宋全云等（2016）认为，信用程度也会影响企业融资，存款准备金率对企业贷款成本影响存在横截面差异，小型、低信用企业对存款准备金率调整更敏感。林朝颖等（2020）研究发现，资金紧缺型农业企业对定向降准政策的实施更敏感，在政策实施后投资现金流敏感性下降速度更明显。因此，资金紧缺型的小微企业不仅对外部融资需求大，而且相比于资金充裕型企业，具有现金流量水平不足、信用等级更低、可抵押资产少等劣势，更易受银行信贷歧视，资金筹集难度更大，面临的融资约束压力更强，受到定向的新型货币政策的冲击也就更明显。基于此，提出如下假设：

假设11.2：新型政策工具对资金紧缺型小微企业的融资约束缓解作用较明显，而对于资金充裕型的小微企业融资约束作用效果不大。

第三节 研究设计

一 样本选取

与A股上市公司相比,新三板挂牌公司主要针对中小微型企业,股票流动性低,间接融资需求大,且数据质量高,因此选择新三板非金融挂牌公司作为小微企业样本数据,并进行了如下处理:(1)剔除了ST、*ST以及当期挂牌上市的企业;(2)剔除样本缺失值、异常值企业和不连续的企业。数据来源为Choice金融终端数据库。依据国家统计局颁布的《统计上大中小微企业划分标准(2017)》,以从业人员、营业收入、资产总额指标为划分标准,筛选出小微企业320家。样本区间范围取自2014—2020年的年度数据。为了数据的平稳性,对所有小微企业数据的两端进行了1%的Winsor缩尾处理。

二 变量选择

为了有效检验新型货币政策工具的靶向性,根据前文表11-1可知,*MLF*政策工具主要针对"三农"和小微企业,具有典型的靶向特征。自2014年9月央行首次发行*MLF*新型货币政策工具后,先后发行了3月期限、6月期限和1年期限等短期、中期和长期的产品结构,其中3月期限和6月期限的产品发行时间短。2018年央行创设了定向中期借贷便利(*TMLF*)、定向降准、定向降息等新型货币政策工具,虽然其针对小微企业定向性更强,但考虑数据的可获性以及样本量,因此选取*MLF*作为货币政策工具变量,选取1年期的*MLF*期末余额作为代理指标。为了避免异方差影响,对*MLF*期末余额进行对数无量纲化处理。数据来源于中国人民银行网站手动收集。

*SA*指数、*KZ*指数和*WW*指数与投资—现金流敏感系数,被学界普遍认定为测度企业融资约束的指标。但*KZ*指数与*WW*指数计算过程中涉及的变量,如企业杠杆率等很多都具有很强的内生性,*SA*指数法相对于*KZ*指数和*WW*指数应用更广泛,主要是其由企业规模和企业年龄计算,具有很强的外生性,克服了内生性财务指标的缺陷;投资现金流敏感系数由方程回归得到,但控制变量选择不同也会导致结果出现偏差。因此,

参考鞠晓生等（2013）研究，选取 SA 指数测度小微企业融资约束程度，SA 指数的计算公式可表示为：

$$SA = -0.737 * Size + 0.043 * Size^2 - 0.04 * Age \qquad (11-1)$$

其中，$Size$ 为企业总资产，Age 为企业年龄，由于 SA 指数计算方法所得值皆小于 0，对计算得到的 SA 值取绝对值，绝对值越大表示企业面临的融资约束越高。

同时，参考张成思等（2016）、彭俞超等（2018）研究，选取企业杠杆（Lev）、盈利能力（Roa）、企业成长性（$Growth$）指标为控制变量，数据来源为 Choice 金融终端数据库。所有变量选取如表 11-2 所示。

表 11-2　　　　　　　　　　变量说明

变量名称	变量符号	计算方法
融资约束	SA	$-0.737 * Size + 0.043 * Size^2 - 0.04 * Age$
政策工具	MLF	1 年期的 MLF 期末余额
企业杠杆	Lev	负债总额/资产总额 * 100%
盈利能力	Roa	净利润/期末资产总额
企业成长性	Growth	（本期资产余额 - 上期资产余额）/上期资产余额

三　计量模型设定

为深度刻画 MLF 与企业融资约束内在相互作用机制、作用路径与作用实效，精准描述 MLF 政策工具对小微企业融资约束的靶向调控效果，采用面板向量自回归模型（PVAR）。面板向量自回归是一种兼顾面板数据静态分析和向量自回归动态分析的模型，它是一个多元系统方程。所有的变量都整合到一个内生系统中，并不区分内生变量和外生变量，从而解决了变量之间相互因果关系造成的内生问题。PVAR 模型形式如式（11-2）所示：

$$Y_{it} = \alpha_0 + \sum_{j=1}^{n} A_j Y_{it-j} + f_i + d_t + \varepsilon_{it} \qquad (11-2)$$

其中，Y_{it} 代表向量组 $\{SA, MLF, Lev, Roa, Growth\}$，$Y_{it-j}$ 代表 j 阶滞后项。α_0 表示截距项，A_j 表示回归系数矩阵，f_i 为各个企业个体固定效应，d_t 为时间效应，ε_{it} 为随机扰动项。

第四节　计量分析

一　变量描述性统计与分析

由表 11-3 描述性统计可知，小微企业融资约束代理变量 SA 均值为 3.182，中位数为 3.208。SA 的最大值与最小值差异较大，表明不同企业间融资约束程度差异较大。新型货币政策工具代理变量 MLF 标准差为 0.807，表明历年 MLF 的变幅较大，这与近几年央行频繁使用 MLF 政策工具有关。

表 11-3　　　　　　　　　变量的描述性统计说明

	SA	MLF	Lev	Roa	Growth
均值	3.182	9.991	0.453	0.027	0.284
中位数	3.208	10.502	0.467	0.023	0.123
最大值	3.462	10.765	0.874	0.257	3.256
最小值	1.999	8.799	0.095	-0.189	-0.546
标准差	0.133	0.807	0.146	0.043	0.463

二　序列平稳性检验

为避免"伪回归"对分析造成影响，参照现有文献通常做法，采用 LLC、IPS 检验法对同质及异质的单位根进行平稳性检验，检验结果如表 11-4 所示。检验结果表明各变量数据平稳，可进行下一步的分析。

表 11-4　　　　　　　　　序列平稳性检验

被解释变量	LLC 检验		IPS 检验	
	$T-star$	P 值	$W[t-nar]$	P 值
SA	-1.53	0.000	-1.46	0.000

续表

被解释变量	LLC 检验		IPS 检验	
	$T-star$	P 值	$W[t-nar]$	P 值
MLF	-0.48	0.000	-0.39	0.000
Lev	-2.41	0.000	-1.97	0.000
Roa	-0.97	0.000	-1.14	0.000
$Growth$	-1.76	0.000	-2.15	0.000

三 PVAR模型的估计

（一）最优滞后阶数选择

确定序列平稳后，需根据信息准则法确定自回归的最优滞后阶数，根据表11-5结果显示，AIC、BIC、HQIC准则支持最优滞后阶数为二阶，因此选择滞后二阶进行实证分析。

表11-5　　　　　　　　滞后阶数选择

Lag	AIC	BIC	HQIC
1	2.89414	5.32785	3.61329
2	-3.7425*	0.06293*	-1.74106*
3	-2.9699	1.26846	-0.3429
4	30.3568	34.7435	30.8644
5	0.75893	6.8496	4.02596

注：*表示最佳滞后期。

（二）格兰杰因果检验

进一步地对面板数据进行格兰杰因果检验，检验结果如表11-6所示。SA和MLF在1%的水平下拒绝了原假设，说明SA与MLF互为因果关系，表明MLF政策工具与小微企业融资约束之间存在短期双向影响关系，暗示MLF政策工具对小微企业融资约束的传导机制在短期具有"有效性"和"靶向性"，其具体影响效果需要进一步分析。其他控制变量对小微企业融资约束只具有单向的短期影响。

表 11-6　　　　　　　　　格兰杰因果检验

原假设	F 统计量	P 值	结论
SA 不是 MLF 的因	5.90975	0.0028	拒绝
MLF 不是 SA 的因	7.59827	0.0005	拒绝
SA 不是 Lev 的因	5.00368	0.0039	接受
Lev 不是 SA 的因	3.9437	0.0836	拒绝
SA 不是 Roa 的因	0.9940	3.4728	接受
Roa 不是 SA 的因	10.6342	0.0002	拒绝
SA 不是 Growth 的因	4.0795	0.0481	拒绝
Growth 不是 SA 的因	1.5052	1.7692	接受

(三) GMM 估计结果

对 PVAR 模型参数进行 GMM 估计,分析 MLF 对小微企业融资约束的影响程度,参数估计如表 11-7 所示,可以看出:(1) 在 5% 的显著性水平下,小微企业融资约束受其自身滞后一阶显著正向影响、滞后二阶影响不显著,说明小微企业当期融资约束在短期内受自身滞后期的影响;在 1% 的显著性水平下,小微企业融资约束受滞后一阶 MLF 影响不显著、滞后二阶显著负向影响,表明 MLF 政策工具的实施对缓解小微企业融资约束具有一定的时滞性,MLF 政策工具实施力度越大、持续时间越长,小微企业融资约束越小,即 MLF 政策工具在一定时期内能够显著缓解小微企业融资约束。(2) 在 1% 的显著性水平下,MLF 受自身滞后一阶显著正向影响,滞后二阶显著负向影响;MLF 受小微企业融资约束变量滞后一阶显著负向影响,滞后二阶影响不显著。通过估计结果,可知小微企业融资约束与 MLF 政策工具存在相互作用,与前文的格兰杰因果分析一致,但 GMM 估计结果只能分析静态影响,需要进一步通过脉冲响应图分析二者动态演化过程。

表 11-7　　　　　　　　　　　GMM 参数估计

		Coef.	Std. Err.	Z
h_sa	$L1.h\_sa$	0.41576**	0.17164	2.42
	$L1.h\_mlf$	0.00272	0.00272	1.00
	$L2.h\_sa$	-0.05449	0.03879	-1.40
	$L2.h\_mlf$	-0.00581***	0.0022	-2.64
h_mlf	$L1.h\_sa$	-9.35784***	3.37456	-2.77
	$L1.h\_mlf$	0.81609***	0.04548	17.94
	$L2.h\_sa$	0.30560	0.7.296	0.43
	$L2.h\_mlf$	-0.3794***	0.03610	-10.51

注：(1) " $h\_$ " 表示为消除固定效应，经 helmer 转变的形式；(2) " L1." 表示滞后 1 阶，" L2." 表示滞后 2 阶；(3) ***、**、* 分别表示在 1%、5% 和 10% 水平下显著。

(四) 脉冲响应结果分析①

图 11-1 和图 11-2 脉冲响应结果显示，小微企业融资约束对自身有正向冲击，且冲击力度逐渐减弱，在第 2 期后趋于 0。MLF 政策工具在前期对自身也具有正向冲击，冲击力度逐渐衰减，在第 3 期至第 5 期间转为负向冲击，但力度较小并趋于 0。表明小微企业融资约束与 MLF 政策工具从长期看都存在一定路径依赖。

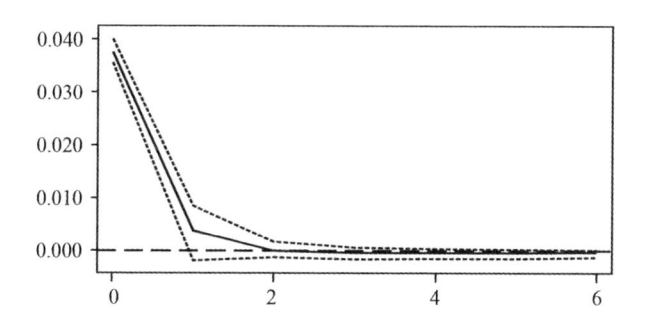

图 11-1　小微企业融资约束对自身的脉冲响应

---

① 鉴于文章篇幅，在此只分析 MLF 与小微企业融资约束的脉冲响应结果分析，控制变量与小微企业融资约束脉冲响应结果分析在此省略，如有需要，请向作者索要。

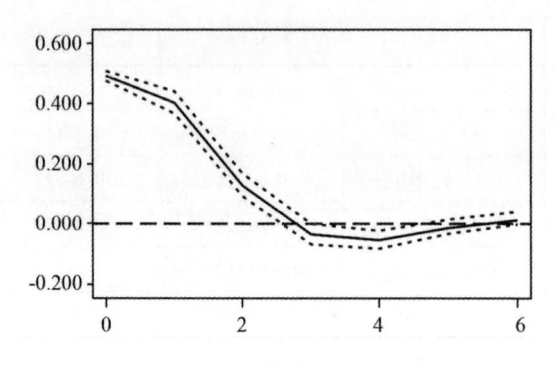

图 11-2　MLF 对自身的脉冲响应

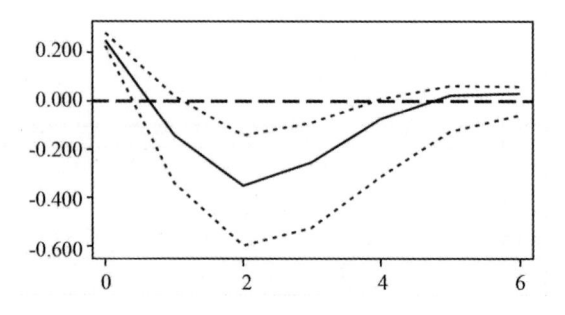

通过图 11-3 MLF 对小微企业融资约束的脉冲响应结果可知，从第 1 期起，一单位 MLF 政策工具正向冲击对企业融资约束具有显著负向影响，且在第 2 期冲击力度最大，接近 0.35 个单位，换言之，MLF 政策工具每增加一单位正向冲击，小微企业融资约束最大可以下降 0.35 个单位，验证了 MLF 政策工具能够显著缓解小微企业融资约束。同时，通过图 11-4 小微企业融资约束对 MLF 的脉冲响应作用可知，从第 1 期起，一单位小微企业融资约束正向冲击对 MLF 政策工具具有显著负向影响，在第 3 期达到峰值，之后冲击力度逐渐减弱并趋于 0。说明给定小微企业融资约束 1 单位正向冲击，小微企业融资约束增大，恰恰来源于 MLF 政策工具实施力度的减小。换言之，正是由于 MLF 政策工具的实施力度不够，导致了企业融资约束的增大，验证了 MLF 政策工具对缓解小微融资约束具有显著的靶向调控效果。综上，假设 11.1 得以验证。

图 11-3　MLF 对小微企业融资约束的脉冲响应

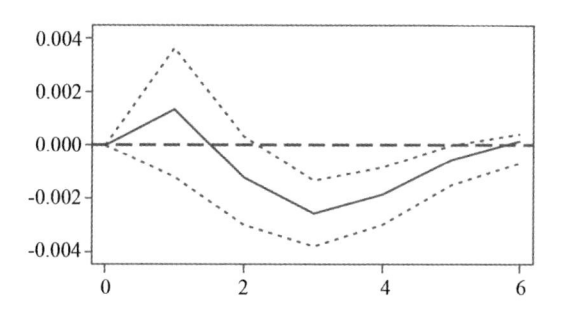

图 11-4　小微企业融资约束对 MLF 的脉冲响应

Firth 等（2012）研究了中国企业内部现金流与固定资产投资之间的关系，发现呈"U"形形状，即低水平的现金流与投资负相关，高水平的现金流与投资正相关。因此，参考林朝颖等（2020）的做法，按当期企业经营活动现金流量与上期固定资产比值方法将样本企业分类，小于 0 归类为资金紧缺组，大于 0 归类为资金充裕组，分别对两组样本进行面板自回归分析，依据 AIC、SIC、HQIC 准则，资金紧缺组最优滞后阶数为 2 阶，资金充裕组最优滞后阶数为 1 阶。对比图 11-5 与图 11-6 可知，一单位 MLF 政策工具正向冲击对资金紧缺型与资金充裕型小微企业融资约束都具有显著负向影响，但从冲击力度看，一单位 MLF 政策工具正向冲击导致资金紧缺型小微企业融资约束，在第 1 期迅速下降 0.12 个单位，在第 2 期达到峰值，下降 0.16 个单位；一单位 MLF 政策工具正向冲击导致资金充裕型小微企业融资约束，在第 1 期达到峰值并逐渐平缓，最大下降幅度约为 0.06 个单位。对比说明，一单位 MLF 政策工具正向冲击对资金紧缺型小微企业融资约束调控力度[①]明显强于资金充裕型小微企业融资约束。由此推断，MLF 政策工具对资金紧缺型小微企业融资约束缓解作用更显著。

---

① 政策的调控力度指脉冲响应函数在相同时间所达到的冲击程度或者对于相同冲击力度所需要的时间。

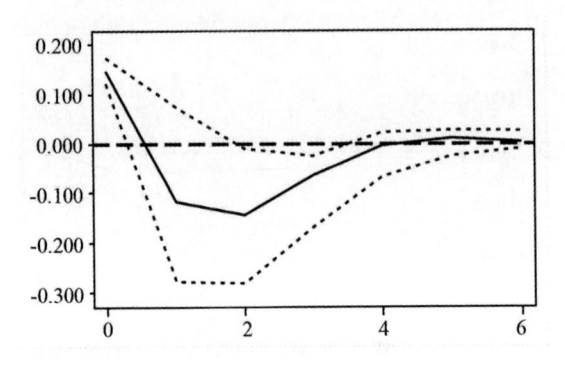

图 11-5　MLF 对资金紧缺型小微企业融资约束的脉冲响应

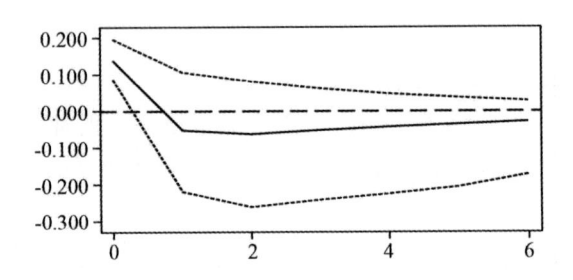

图 11-6　MLF 对资金充裕型小微企业融资约束的脉冲响应

从靶向性角度看，对比图 11-7 与图 11-8 可知，从第 1 期起，一单位资金紧缺型小微企业融资约束正向冲击对 *MLF* 政策工具具有显著负向影响，在第 3 期达到峰值后，冲击作用逐渐减小，在第 6 期收敛于 0，靶向性调控效果明显（见图 11-7）。一单位资金充裕型小微企业融资约束正向冲击对 *MLF* 政策工具具有显著正向影响，第 1 期达到最大值后逐渐减缓（见图 11-8），暗示给定资金充裕型小微企业融资约束 1 单位正向冲击，资金充裕型小微企业融资约束增大，但相应的 *MLF* 政策工具实施力度也在增大，表明 *MLF* 政策工具对资金充裕型小微企业融资约束靶向调控不明显。综上，假设 11.2 成立。

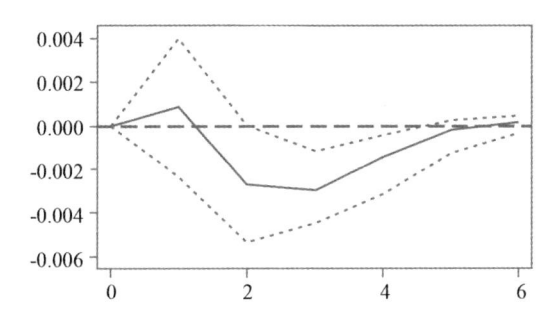

图 11-7　资金紧缺型小微企业融资约束对 MLF 的脉冲响应

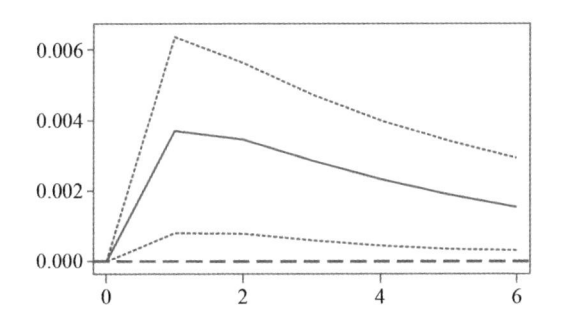

图 11-8　资金充裕型小微企业融资约束对 MLF 的脉冲响应

第五节　进一步分析：渠道效应检验

上述检验结果表明，MLF 政策工具对小微企业融资约束具有显著的靶向调控效果。但是，MLF 政策工具如何影响小微企业融资约束，影响渠道是否畅通呢？接下来将进一步对 MLF 政策工具对小微企业融资约束的影响渠道进行检验。结合前文理论分析与现有研究表明，MLF 政策工具主要通过信贷渠道、银行风险承担渠道、利率渠道以及资产价格渠道对微观主体融资约束产生影响。由于 MLF 政策工具主要通过投放数量与市场预期对市场利率进行干预，利率渠道影响具有一定的间接性；同时，影响上市公司资产价格变动因素很多，容易出现交叉，无法分离因 MLF 政策工具传导影响变动部分,且国内有学者研究发现,货币供应量变化对股票价格的影响方向不确定。综上考虑,仅考察信贷渠道与银行风险承担渠道。同样使用 PVAR 模型进行验证。

一　变量选取

为考察新型货币政策工具信贷渠道的有效性,选取金融机构小微企业贷款余额作为信贷规模代理变量,记为 $Credit$,小微企业贷款余额越大,企业信贷规模越大。为了区分货币政策信贷渠道的影响,参考现有研究(金鹏辉等,2014;潘攀等,2020),从银行资产负债表外数据出发,采用央行公布的调查问卷数据中的银行贷款审批指数作为银行风险承担水平代理变量,记为 $Risk$,该指标主要反映商业银行对贷款审批条件的松紧程度,该指标值越大,说明商业银行贷款标准越宽松,银行风险承担水平的意愿越强。

二　检验结果

经检验,银行风险承担水平代理变量 $Risk$ 与银行信贷规模代理变量 $Credit$ 均通过平稳性检验,AIC、SIC、HQIC 准则均显示,滞后一阶为最优滞后阶数,脉冲响应结果分析如下。

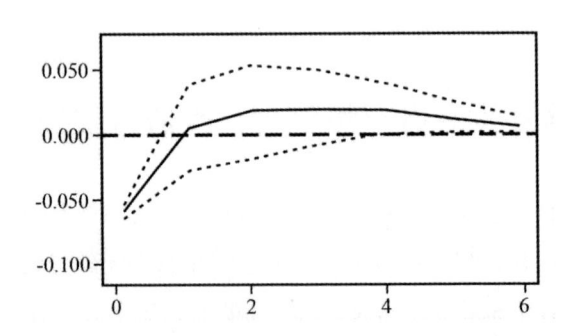

图 11-9　MLF 对银行风险承担水平的脉冲响应

由图 11-9、图 11-10 银行风险承担渠道脉冲响应结果表明,从第 1 期起,一单位 MLF 政策工具正向冲击对银行风险承担水平具有显著正向影响,但冲击力度逐渐减弱(见图 11-9);一单位银行风险承担水平正向冲击对小微企业融资约束具有显著负向影响,从当期起负向影响程度迅速增大,在第2期达到峰值后逐渐减弱(见图11-10)。结果表明,政策工具的实施有利于增强商业银行的风险承担能力,但影响较小;银行风险承担能力增加,会增强小微企业的放款意愿,小微企业融资约束得到缓解。因此,MLF政策工具作用于小微企业融资约束银行风险承担渠道的传导机制归纳为:中期借贷便利↑→银行风险承担水平↑→小微企业融资约束↓。

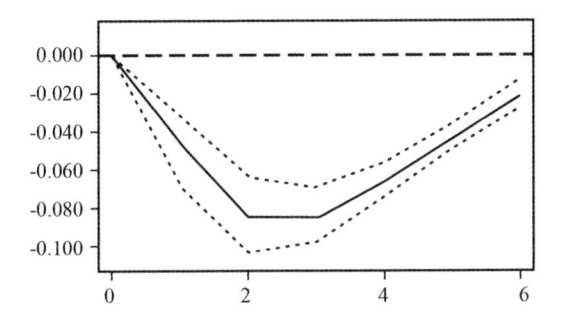

图11-10 银行风险承担水平对小微企业融资约束的脉冲响应

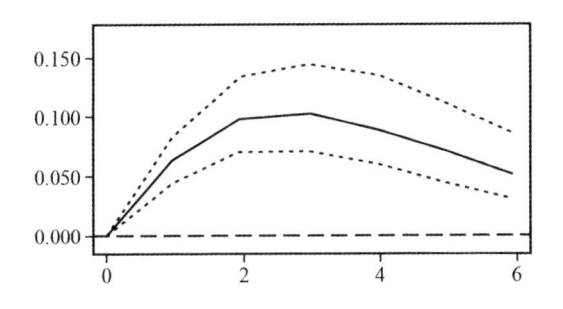

图11-11 MLF对信贷规模的脉冲响应

由图11-11、图11-12信贷渠道的脉冲响应结果表明,一单位MLF政策工具正向冲击对小微企业信贷具有显著的正向影响,在第2期达到最大值后逐渐缓解(见图11-11);一单位信贷规模正向冲击对小微企业融资约束具有显著负向影响,在第3期达到最大后逐渐减弱,在第4期转为正向影响后又转为负向影响,影响路径不稳定,但总体影响为负(见

图 11-12）。说明 MLF 政策工具的实施有助于扩大小微企业信贷规模，小微企业信贷规模的扩大有利于缓解小微企业融资约束。因此，MLF 政策工具作用于小微企业融资约束信贷渠道的传导机制归纳为：中期借贷便利↑→信贷规模↑→小微企业融资约束↓。

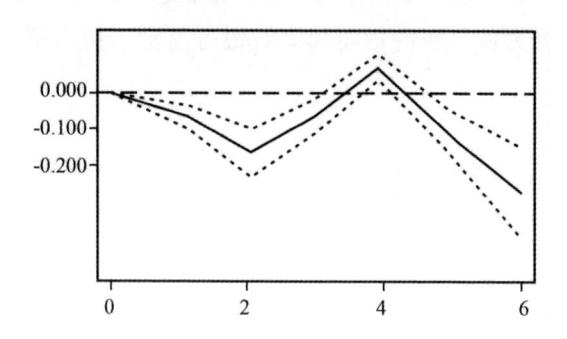

图 11-12　信贷规模对小微企业融资约束的脉冲响应

从 MLF 政策工具的冲击波动区间与时效看，MLF 政策工具第 0 期开始提高银行风险承担水平，冲击波动区间为 [-0.05, 0.03]，后期逐渐放缓趋于 0；MLF 政策工具从 0 期开始提高企业信贷规模，在第 3 期达到最大，波动区间为 [0, 0.1]，在第 6 期仍有 0.075 个单位的影响效果，由此说明，MLF 政策工具的实施通过信贷渠道影响更迅速、时效性更长、调控效果更明显。从小微企业融资约束的脉冲响应结果看，银行风险承担水平与企业信贷规模对小微企业融资约束的影响都在第 2 期达到最大。一单位银行风险承担水平正向冲击对小微企业融资约束的最大负向影响程度为 0.08 个单位。一单位企业信贷规模正向冲击对小微企业融资约束的最大负向影响程度为 0.15 个单位，虽在第 4 期出现正向影响，但正向影响作用极小，总体为负向影响，具有不稳定特征。通过综合比较分析，MLF 政策工具通过信贷渠道缓解小微企业融资约束的靶向性效果更明显。

第六节　研究结论

为检验 MLF 政策工具对小微企业融资约束靶向性调控效果，基于 2014—2020 年新三板非金融小微企业面板数据，使用面板自回归

（PVAR）模型进行实证分析，并进一步考察 MLF 政策工具调控效果的传导渠道效应。研究结果发现：MLF 政策工具能够有效缓解小微企业融资约束，提升企业的杠杆率，具有显著的靶向性调控效果。通过将样本企业划分为资金紧缺型企业与资金充裕型企业，发现 MLF 政策工具的实施效果存在显著非对称性，对缓解资金紧缺型小微企业融资约束的强度与靶向性效果均强于资金充裕型小微企业融资约束，MLF 政策工具能够实现"精准灌溉"，符合 MLF 政策工具的设计初衷。进一步的信贷传导渠道与风险承担传导渠道检验结果发现，MLF 政策工具缓解小微企业融资约束的信贷渠道比银行风险承担渠道更迅速、时效性更长、靶向性效果更明显，同时具有不稳定性特征。

第十二章

研究结论与政策建议

第一节 研究结论

一 企业杠杆结构性失衡：融资约束异质性视角

借鉴 Almeida et al.（2004）和 Han & Qiu（2007）构建了三期动态投融资模型，从企业融资约束异质性视角考察非金融企业杠杆率的差异，并基于2008—2019年A股1033家上市非金融企业作为研究样本，从企业所有制（国有企业和非国有企业）和企业规模（大型企业和中小型企业）两个维度，通过分位数回归的方法，实证检验不同融资约束条件下的企业杠杆率的差异性，结果表明：（1）融资约束较低的国有企业、大型企业杠杆率一直处于高位，融资约束较高的非国有企业、中小型企业杠杆率处于低位。并且，资金在国企与非国企、大型企业和中小型企业之间错配的现象直接造成非金融企业部门杠杆率的分化；（2）融资约束的叠加效应使得资金更多地流向了融资约束较低的大型国有企业，大型企业存在"挤出效应"，并且这种"挤出效应"具有显著的规模效应，不利于中国经济的可持续增长。

二 企业生命周期、盈利能力与企业杠杆率

在 Almeidaand Wolfenzon（2004）和 Han & Qiu（2007）模型基础上，从企业生命周期视角构建了三期动态投融资决策理论框架，重点考察不同期限条件下盈利水平对企业杠杆率的影响机制，从理论上剖析了杠杆率差异化背后的企业投融资决策机制；并基于2008—2019年A股非金融企业数据为样本进行实证检验，实证结果表明：（1）企业盈利能力代表

了企业资金的利用效率，当企业的资金利用率越高，企业投入产出比就越高。资源更多地投入到效率高、收益好的企业，会显著提升资产收益率，意味着要素生产效率越好，减少了资源的扭曲和错配现象，则利于企业加杠杆获得大量信贷资金，使得企业部门杠杆率上升；（2）处在不同生命周期的企业对于杠杆率的操作存在显著性差异。衰退期企业面临着市场饱和，企业的获利能力逐渐衰退，因此不存在加杠杆的条件，加上公司经过多年的生产经营，积累了大量留存收益，企业可以利用留存收益进行去杠杆；处于复苏成长期的企业由于还未形成充足稳定的现金流，内部资金积累少，且企业需要开拓目标市场、扩大生产经营，需要诸多资金进行外部投资，因此为促使企业更好地进行生产经营活动，可以适当进行加杠杆来提高企业的营运能力，促使企业更好地发展；处于成熟期企业由于市场占有率比较稳定，经过多年生产经营积累，有充足稳定的现金流和稳定的产品市场，资金供给会大于需求，企业可以将一些资金占用量大、收益率低的项目进行剥离，降低企业杠杆率，以达到资源的最优配置、提高企业的资产收益率的目；（3）盈利能力在企业生命周期和杠杆率之间起着明显的正向调节效应，企业无论处在何种生命周期阶段，盈利能力越强，资金利用效率越高，就能带来更多的内部积累，进而增强企业信誉，降低企业外部融资约束条件，达到加杠杆的目的。

三 经济政策不确定性与融资约束异质性企业杠杆率

将经济政策不确定性外生变量与企业内生的融资约束统一纳入到企业投融资决策机制理论分析一般框架，重点考察经济政策不确定性对融资约束异质性企业的投融资决策的差异化影响机制、经济政策不确定下企业杠杆率依赖于融资约束程度的调节机制。并以2008—2019年A股上市非金融企业财务数据为样本对上述机制进行实证检验，研究结果表明：经济政策不确定性会显著降低企业杠杆率，纳入融资约束异质性内生变量发现，低融资约束的企业，面临经济政策不确定性冲击时，企业杠杆率动态调整幅度较小；高融资约束的企业面临经济政策不确定性冲击时，企业杠杆率会显著向下调整；对比高融资约束和低融资约束两类企业，经济政策不确定性冲击对高融资约束企业杠杆率向下调整幅度要大于低融资约束的企业。稳健性研究结果支持了结论的可靠性，并且显示，经济政策不确定性对企业杠杆率调整具有显著的时变特征。研究结论对面临不同融资约束企业该如何应对经济政策不确定性冲击具有较强的政策启示。

四 美联储货币政策不确定性对企业杠杆率的溢出效应

依据现代货币理论、借鉴现有文献,将企业融资约束异质性纳入开放经济下货币政策溢出效应的两国简化经济模型,考察了美联储货币政策操作不确定性对中国企业杠杆率的溢出传导机制,并利用 2008—2019 年 A 股上市非金融企业季度数据,从资产价格、汇率和利率渠道实证分析了美联储货币政策不确定性对中国融资约束异质性企业杠杆率的溢出效应。美联储货币政策不确定性对中国融资约束异质性企业杠杆率的溢出效应在不同的传导渠道下具有显著的差异性。对于资产价格渠道,美联储货币政策不确定性对融资约束强的企业杠杆率具有显著的负向溢出效应,对融资约束弱的企业杠杆率溢出效应不确定;对于汇率渠道,美联储货币政策不确定性对融资约束弱的企业杠杆率具有显著负向溢出效应,对融资约束强的企业杠杆率溢出效应微乎其微;对于利率渠道,美联储货币政策不确定性对融资约束强的企业杠杆率具有显著负向溢出效应,对融资约束弱的企业杠杆率溢出效应不确定。同时研究结论还表明,不同传导渠道下美联储货币政策不确定性对中国融资约束异质性企业杠杆率的溢出效应也存在差异。对于融资约束强的企业来说,尤其要防范资产价格渠道和利率渠道下美联储货币政策不确定性对企业杠杆的冲击。对于融资约束弱的企业来说,尤其要防范利率渠道下美联储货币政策不确定性对企业杠杆的冲击。进一步从时变角度来看,美国经济政策不确定性对企业短期杠杆率的溢出效应明显强于长期杠杆率,美联储货币政策不确定性对中国企业杠杆率的溢出效应具有典型的时变特征。

五 企业杠杆率与企业价值

由于企业杠杆对公司价值的影响一直存在争议,本书以 2008—2019 年 A 股上市非金融企业 5780 个研究样本,从企业异质性(不同行业、不同地区)的视角出发,采用分位数回归模型,并将其结果与常规模型(最小二乘法与固定效应)进行比较。经验结果表明:(1)常规模型

(OLS、固定效应）回归分析很难准确全面反映杠杆率对企业价值影响，研究结论会误导判断，其回归方法有待进一步改进；（2）企业杠杆率对企业市场价值的影响在各个分位点上存在着非对称性，无论是不同行业还是不同地区，企业价值处于较高水平时（5%分位点前），杠杆率对企业价值提升具有明显的正向促进作用，随着企业价值降低（超过5%分位点），杠杆率对企业价值具有明显的负向作用，并且企业价值越小，杠杆率的负向作用越强，研究结论暗示，当前的中国实体行业的整体杠杆率已经处于非常高的位置，提升企业杠杆率带来的"税盾效应"已经不能抵扣企业的破产成本，只有一些行业的龙头企业具备加杠杆的空间；（3）不同行业企业价值初始位置处在同一百分位时，杠杆率对企业价值的影响存在显著差异，具体来说，在同一百分位水平上，批发零售业、信息技术业、制造业的企业杠杆对企业价值影响强度要远远大于建筑业、交通运输业和房地产业，表明轻资产行业企业价值对杠杆率的依赖程度要远远大于重资产行业的企业。同样，当企业价值初始位置由5%分位数向95%分位数不断转移时，不同地区企业价值初始位置处在同一百分位时，企业杠杆对企业价值的影响存在显著差异，具体来说，在75%分位数之前，在同一百分位水平上，中西部企业的企业杠杆对企业价值影响强度要远远高于东部。

六 企业杠杆率与企业风险承担

通过研究短期债务、商业信用两种不同融资方式下企业风险承担水平的差异，结果表明：第一，企业的债务融资与企业风险承担水平具有显著相关性，债务比重越高，企业承担风险的能力越低。第二，通过将短期债务、商业信用与企业风险承担水平之间的关系进行对比研究发现，短期债务、商业信用对企业风险承担水平的影响具有显著差异，商业信用会显著降低企业的风险承担水平，短期债务能显著提高企业的风险承担水平。第三，通过对短期债务划分为比重高和比重低两组进行对比研究发现，当企业短期债务比重较低时，增加企业短期借款，可以提高风险承担水平，当短期债务超过一定限度时，企业风险承担水平会随着企业短期债务比重增加而下降。第四，商业信用在企业短期债务与企业风险承担水平之间起着负向调节作用。

七 企业杠杆率动态调整的经济效应与策略优化

企业杠杆率如何调整备受关注,为了研究企业杠杆率动态调整的经济效应,更好为企业实施杠杆决策提供参考,本书在剖析企业杠杆率动态调整机制的基础上,利用2008—2019年非金融企业季度数据,实证考察了企业杠杆率对企业财务柔性价值和企业风险的冲击效应。研究结果表明:(1)企业杠杆率动态调整对企业财务柔性价值具有显著的负向影响,对企业风险具有显著的正向冲估计;(2)企业杠杆率动态调整具有显著的非线性影响,企业杠杆率对企业财务柔性价值的倒"J"形非线性影响特征明显,当企业的杠杆率低于45.37%临界值时,企业杠杆率对企业柔性价值的影响具有显著负向作用,且呈现边际递减趋势,当企业杠杆率高于45.37%临界值时,企业财务柔性价值呈现加速下降趋势。,企业杠杆率对企业风险的"U"形非线性影响特征明显,当企业的杠杆率低于14.11%临界值时,企业杠杆率能够显著降低企业风险,当企业杠杆率高于14.11%临界值时,随着企业杠杆率的提高,会显著增加企业风险;(3)宏观经济政策不确定性和企业融资约束乘积的调节变量抑制了解释变量企业杠杆率对企业财务柔性价值的负向影响,具有显著的负向调节效应,同时调节变量强化了解释变量企业杠杆率对企业风险的正向影响,具有显著的正向调节效应。

八 货币政策调控对企业杠杆率调整的微观效应

通过研究数量型货币政策工具对异质性企业杠杆率冲击的微观效应发现,货币政策对异质性企业杠杆率冲击存在显著的结构效应与期限效应,并且这些微观效应存在非对称性。从结构效应看,在经济过热阶段,实施紧缩性数量型货币政策,商业银行风险偏好上升,在保持价格工具不变的情况下,商业银行会减少对非国有企业、中小企业、中小民企的放贷规模,进而导致其杠杆率下降,由于国企、大型企业会计政策健全、抵押物多等原因,加之在盈利考核指标驱动下,商业银行会把更多贷款向这些企业倾斜,产生明显的"溢出效应",导致了紧缩性数量型货币政策工具对国企、大型企业以及大型国企杠杆率具有提升作用;在经济衰退阶段,由于中国是以投资驱动为主导的市场经济国家,实施扩张性数量型货币政策工具会提升企业杠杆率，但是货币政策这种刺激效果明显呈现分化，对国企、大型企业以及大型国企刺激效果不明显，对民营企业、中小企业以及中小民企具有显著的刺激效果。从期限效应看，紧缩性数量型货币政策工具会对企业杠杆率造成显著性负向冲击。短期负债是流动性债务，偿还期限较短，长期负债由于偿还期限长，到期前只需支付部分利息，对企业生产经营短期内产生的影响较小，因此短期杠杆率下降幅度明显大于长期杠杆率下降幅度；实施扩张性数量型货币政策工具会对企业杠杆率造成显著性正向冲击。扩张性货币政策刺激经济增长，企业融资更加便捷，长期借款等方式进行融资可以获得更多长期稳定资金，从而显著提升公司未来的盈利能力和改善企业绩效，因此，扩张性货币政策工具使得企业长期杠杆率上升幅度比短期杠杆率上升幅度更大。

九 结构性货币政策调控对企业杠杆率的靶向调控

基于2014—2020年新三板非金融小微企业面板数据，使用面板自回归（PVAR）模型进行实证分析，并进一步考察MLF政策工具调控效果的传导渠道效应。研究结果发现：MLF政策工具能够有效缓解小微企业融资约束，提升企业的杠杆率，具有显著的靶向性调控效果。通过将样本企业划分为资金紧缺型与资金充裕型企业，发现MLF政策工具的实施效果存在显著非对称性，对缓解资金紧缺型小微企业融资约束的强度与靶向性效果均强于资金充裕型小微企业融资约束，MLF政策工具能够实现"精准灌溉"，符合MLF政策工具的设计初衷。进一步的信贷传导渠道与风险承担传导渠道检验结果发现，MLF政策工具缓解小微企业融资约束的信贷渠道比银行风险承担渠道更迅速、时效性更长、靶向性效果更明显，同时具有不稳定性特征。

第二节 政策建议

近年来，中国经济前期高速增长阶段隐含的结构性问题逐渐显现，而中国实体经济企业的投资和融资机制似乎也发生了微妙的转变。以中国A股上市的实体经济企业为代表，企业投资率自2006年开始不断下降，大量实体企业开始投资金融业，而且部分企业的杠杆率居高不下，整个经济出现了"脱实向虚"。为应对以上问题，国家不断推进供给侧结构性改革，重点做好"三去一降一补"的决策部署。尤其是进入 2016 年之后，国家加快了金融去杠杆的步伐。虽然企业"金融去杠杆"备受热议，但对企业杠杆率"降到什么程度"和"如何降杠杆"莫衷一是，对企业杠杆率调整内在逻辑、形成机制和经济效果缺乏系统的理论和实证分析。在此背景下，从企业内生性的融资约束与外生的经济政策不确定性去厘清中国杠杆率变化的作用机制，不仅是政策讨论的必要基础，还是一个具有中国特色的学术谜题。本书在评述现有研究成果的基础上，以现实重大经济问题为导向，通过文献梳理→逻辑推理→理论框架构建→微观数据实证分析→宏观政策冲击效应检验等研究线路依次展开，最终为中国政府部门如何在"稳增长"与"去杠杆"之间权衡、防范化解系统性金融风险提供相应政策建议。

第一，完善金融市场，拓宽中小民企的融资渠道，完善不同层次的资本市场，加大对中小企业和民营企业的金融扶持力度，通过优化杠杆进行结构性调整，让资金和资源更多地流向效益好、收益高的企业、行业和部门；抓住时机，通过引入"竞争中性原则"的方式，破除政府兜底、预算软约束，逐步弱化国有大型企业在金融市场中的优势地位，确保不同市场主体具有公平竞争的融资环境；在去杠杆过程中要防止"国进民退"的现象，防止国有企业挤占非国有企业和中小型企业的发展空间；中小企业应当严格规范企业内部管理，健全财务管理制度，专注于主营业务，提高企业资金管理水平和资金使用效率，避免经营决策过程中的失误、避免投资决策失误、避免"铺摊子"、随意扩大经营范围。此外，中小企业应当主动加强与银行的沟通联系，定期向银行提供企业的财务报表，提升企业的信用等级和企业形象，增强银行等资金供应者的信心。

第二，企业要注重创新，练好内功，关注主营业务的竞争水平，剥离收益率低的资产，不断增强企业盈利能力，提高资产收益率，降低企业融资约束条件，为企业自身高质量发展创造宽松的信用环境。银行等金融机构应该变革放贷观念，将企业的杠杆率水平与企业的经济效益、企业的生命周期结合起来统筹考虑，更加关注企业的营运能力，将资金和资源投入到最需要的企业。政府要精准施策,在"去杠杆"的宏观调控过程中,不能搞"一刀切",对不同产业阶段、不同盈利能力水平的企业进行精准识别,区别对待,以差异化的手段保障企业的杠杆率需求。

第三,随着经济全球化的发展,各国的交往更加紧密,国际资本流动会加剧企业风险,因此货币管理当局需要建立严格的联防联控和监测机制,针对内外部风险建立相应地政策措施进行合理应对,降低经济政策不确定性对企业的影响,确保顺利实现"六稳"目标。当前中国货币政策操作具有明显的"所有权歧视"特征,杠杆率风险的重灾区主要集中在国有企业、大型企业以及僵尸企业等融资约束较低的行业企业,为切实有效地推进不同行业部门结构性去杠杆,避免"一刀切"现象,需要从顶层设计、银行等金融机构、企业部门等各个层面出发,建立完善的改革措施,建立健全资源配置市场化机制,提高资源的利用效率。货币管理当局针对不同的企业部门需要提出针对性的措施,重视异质性企业部门的差异化反应,商业银行在发放信贷过程中要更加关注中小企业的融资需求,企业要从提高资源利用效率和公司治理能力入手,缓解信息不对称和代理问题,化解自身所面临的融资约束。

第四,在经济全球化和一体化进程中,各个国家联系日渐紧密,一国的经济政策波动调整影响已不仅仅局限于本国内部,同时还会波及其他国家和地区。鉴于当前美国在世界经济体系中的中心位置,中国在参与全球化过程中,为有效规避美国货币政策不确定性对中国负面影响,应当做到:一是建立健全风险防范和预警机制。当前世界正处于世界未有大变局,经济波动风险加大,各国货币政策不确定性增加,政府宏观经济部门要及早研判预警、及时风险提示,在实施金融杠杆政策中要兼顾国内与国外两个市场。二是加强国际协调合作。中美两国货币当局要主动沟通、信息互通、步调一致,增强市场主体预期,共同促进世界经济增长与维护金融稳定。三是中国企业要时刻关注世界经济形势,对货币政策跨国传导渠道要有清醒认识,树牢底线思维意识,优化债务结构、时刻保持一定的债务安全边界。同时要积极拓展融资渠道,尽可能降低企业的融资约束。

第五,不同行业、区域企业应该专注于提升企业的盈利水平,根据自身情况合理安排债务结构,既要充分发挥财务杠杆提升企业市场价值的作用，又要将企业财务风险控制在合理范围之内；一是银行等金融机构在对企业放贷过程中要仔细评估每个企业价值的初始值和债务承担能力，建立严格的风险警示和应对机制，避免企业杠杆率过高造成经营困境，危及银行等金融机构。国家在加快完善中国资本市场体系的过程中，需要对中西部地区采取适当的倾斜政策，缓解中西部地区融资约束，发挥企业债务融资形成的"税盾效应"；二是建立健全信息共享机制，利用好信息共享平台，破解银行等金融机构和企业之间信息不对称问题，为金融机构"敢于贷、愿意贷"工作打下基础。

第六，当企业经济效益好，收益率高，短期债务比重较低时，可以优先考虑短期债务进行融资，以发挥"债务税盾"效应，节约融资成本，在提升企业风险承担的同时促进企业可持续发展；商业信用是企业容易取得并且成本较低的一种融资方式，但是过多依赖商业信用从长远来看容易带来违约风险和信用风险，因此利用商业信用进行融资时，企业要创新信用管理模式，建立合理的预警机制，防止在生产经营过程中出现资金缺口，加重企业的风险；无论国有企业还是非国有企业在去杠杆或者是降低企业资产负债率的过程中要注重优化债务结构，权衡商业信用和短期债务的结构比例，发挥商业信用在短期债务与企业风险承担之间的负向调节效应，做到既能降低风险，又能促进企业长远发展。

第七，关注货币政策传导效果在异质性企业之间所呈现出来的非对称效应。传统货币政策理论认为，一是货币政策的实施能够起到稳定经济发展的作用，但是经济发展过程中产业和行业之间的异质性，使得货币政策在调整资源配置的过程中会存在非均衡性，特别是体现在异质性企业负债结构上的差异；二是保持货币政策稳定对于经济发展具有重要的作用。货币政策的调整对企业债务结构会产生巨大的变动，因此温和平稳的调节方式是对经济稳定的一种保护，此外，在去杠杆的过程中需要区分不同性质，不同规模的企业，考虑到异质性企业融资约束的差异性，须重点关注国企和大型企业杠杆率，对非国企和民企给予适当的保护；三是由于不同类型的数量型货币政策对企业长短期杠杆率会产生不同的影响，企业部门要保持企业的稳定经营、持续提升企业的价值效应，在日常生产经营过程中需要提前根据经济形势合理安排债务结构、拓宽融资渠道、创新融资方式、减少债务融资的过度依赖，积极规避货币政策的负向不利冲击。

第八，相对于传统货币政策，结构性货币政策工具对实施目标的杠杆率具有靶向性，在具体实践中，央行应将有效性与靶向性结合进行综合考量，针对不同实施目标选择不同政策工具，打好货币政策调控"组合拳"；同时研究发现，新型货币政策工具仍存在时滞性与一定的不稳定性，央行应进一步完善现有的新型货币政策工具，积极探索创新各类货币政策工具，同时合理结合财政政策以实现宏观调控目标；新型货币政策工具通过信贷渠道作用目标效果更显著，缓解小微企业融资约束需要更加重视信贷融资渠道作用，央行要推动破除商业银行对弱势企业"惜贷"行为，健全小微企业融资政策性担保机制，拓宽小微企业信贷融资渠道，畅通货币政策的定向传导机制。

第三节 未来展望

一 开放经济条件下企业杠杆率动态调整

近年来，美联储量化宽松政策、英国"脱欧"、中美经贸摩擦升级等事件加深了各国金融系统内部脆弱性，愈发复杂的外部经济环境，进一步加剧了各国的经济政策不确定性。加之，随着经济全球化与经济一体化程度不断加深，世界各国在经济、文化、贸易等各方面交流往来、互联互通，一国经济政策不确定性所带来的影响不仅仅局限于本国内部，还会溢出他国。中国作为世界第二大经济体，正在提倡构建人类命运共同体，中国企业与世界关系更加紧密。在这种全球化趋势不可逆前提下，中国实体企业杠杆率的调整不可避免受到国外经济政策不确定性的冲击，因此如何在开放经济条件下构建一个包含国内外经济政策不确定性与融资约束异质性的企业投融决策机制，是今后需要重点关注的第一个研究方向。

二 动态随机一般均衡条件下企业杠杆率动态调整

现代经济活动是一个多部门连续动态博弈的结果，任何一个部门的经济活动必然受到其他部门的影响。企业融资决策不仅依赖于企业自身约束条件，还受到家庭部门、政府部门、金融机构、国外部门等组织决策的影响。新凯恩斯主义的动态随机一般均衡理论是目前主流宏观经济学分析经济问题的主要工具之一，能够为宏观经济分析提供微观基础条件。因此如何运用动态随机一般均衡模型来分析实体企业杠杆率动态调整是今后需要重点关注与实现的第二个研究方向。

参考文献

一 中文部分

才国伟、吴华强、徐信忠:《政策不确定性对公司投融资行为的影响研究》,《金融研究》2018 年第 453 卷第 3 期。

蔡玉蓉、汪慧玲:《创新投入对产业结构升级的影响机制研究——基于分位数回归的分析》,《经济问题探索》2018 年第 1 期。

陈国进、张润泽、姚莲莲:《政策不确定性与股票市场波动溢出效应》,《金融经济学研究》2014 年第 29 卷第 5 期。

陈建勇、王东静、张景青:《公司债务期限结构与投资效率》,《数量经济技术经济研究》2009 年第 4 期。

陈艺萍、张信东、史金凤:《零杠杆公司业绩研究》,《中国管理科学》2016 年第 6 期。

崔惠颖:《经济政策不确定性与结构性去杠杆——基于四部门持续性和联动性的分析》,《西南民族大学学报》(人文社会科学版) 2020 年第 41 卷第 9 期。

邓创:《中国货币政策应该盯住资产价格吗?》,《南京社会科学》2015 年第 7 期。

宫汝凯、徐悦星、王大中:《经济政策不确定性与企业杠杆率》,《金融研究》2019 年第 10 期。

顾研:《信贷供给、财务柔性价值与所有制歧视》,《财贸研究》2016 年第 27 卷第 5 期。

顾研、周强龙:《宏观经济不确定性、融资环境预期与企业杠杆》,《金融评论》2018 年第 10 卷第 1 期。

胡久凯、王艺明：《中国财政政策的调控效果分析——基于政策不确定性视角》，《财政研究》2020年第1期。

胡育蓉、齐结斌、楼东玮：《企业杠杆率动态调整效应与"去杠杆"路径选择》，《经济评论》2019年第216卷第2期。

胡援成：《中国企业资本结构与企业价值研究》，《金融研究》2002年第3期。

扈文秀、朱冠平、李祥发：《金融资产持有与企业违约风险：融资约束的中介效应》，《预测》2021年第40卷第3期。

黄宏斌、翟淑萍、陈静楠：《企业生命周期、融资方式与融资约束——基于投资者情绪调节效应的研究》，《金融研究》2016年第7期。

黄桑叶：《金融发展水平、资本结构与企业风险承担——基于制造业上市公司的实证研究》，《财会通讯》2017年第18期。

黄少卿、陈彦：《中国僵尸企业的分布特征与分类处置》，《中国工业经济》2017年第3期。

纪敏、严宝玉、李宏瑾：《杠杆率结构、水平和金融稳定——理论分析框架和中国经验》，《金融研究》2018年第2期。

纪洋、王旭、谭语嫣、黄益平：《经济政策不确定性、政府隐性担保与企业杠杆率分化》，《经济学》（季刊）2018年第17卷第2期。

姜付秀、石贝贝、马云飙：《信息发布者的财务经历与企业融资约束》，《经济研究》2016年第6期。

蒋灵多、陆毅：《市场竞争加剧是否助推国有企业加杠杆》，《中国工业经济》2018年第11期。

金鹏辉、张翔、高峰：《货币政策对银行风险承担的影响——基于银行业整体的研究》，《金融研究》2014年第2期。

靳庆鲁、孔祥、侯青川：《货币政策、民营企业投资效率与公司期权价值》，《经济研究》2012年第5期。

鞠晓生、卢荻、虞义华：《融资约束、营运资本管理与企业创新可持续性》，《经济研究》2013年第48卷第1期。

孔丹凤、陈志成：《结构性货币政策缓解民营、小微企业融资约束分析——以定向中期借贷便利为例》，《中央财经大学学报》2021年第2期。

李博阳、沈悦、张嘉望：《金融资产配置、企业经营风险与企业杠杆率》，《当代经济科学》2019年第41卷第5期。

李成、李一帆、刘子扣、韩笑：《新形势下中国新型货币政策工具的传导机制与调控效应》，《金融经济学研究》2019年第3期。

李凤羽、杨墨竹：《经济政策不确定性会抑制企业投资吗？——基于中国经济政策不确定指数的实证研究》，《金融研究》2015年第4期。

李佳霖、董嘉昌、张倩肖：《经济政策不确定性、融资约束与企业投资》，《统计与信息论坛》2019年第34卷第10期。

李露：《资本结构与企业价值的倒U型关系研究——基于企业风险承担的中介效应》，《江苏社会科学》2016年第3期。

李梦雅、严太华、郝晨：《债务结构、产权性质与公司成长性》，《重庆大学学报》（社会科学版）2018年第24卷第5期。

李双建、田国强：《银行竞争与货币政策银行风险承担渠道：理论与实证》，《管理世界》2020年第36卷第4期。

李文贵、余明桂：《所有权性质、市场化进程与企业风险承担》，《中国工业经济》2012年第12期。

李亚波：《战略性新兴产业企业生命周期不同阶段金融支持研究》，《工业技术经济》2018年第37卷第5期。

李扬、张晓晶、常欣：《中国国家资产负债表2015：杠杆调整与风险管理》，中国社会科学出版社2015年版。

李义超、徐婷：《企业创新与杠杆率动态调整关系实证研究——创新效率视角》，《科技进步与对策》2020年第37卷第7期。

李玥、郭泽光、李成友、徐伟：《财务柔性对资本结构及其动态调整的影响分析——基于中国A股上市公司经验数据》，《审计与经济研究》2019年第34卷第1期。

连玉君、程建：《投资—现金流敏感性：融资约束还是代理成本》，《财经研究》2007年第2期。

梁琦、林爱杰：《数字金融对小微企业融资约束与杠杆率的影响研究》，《中山大学学报》（社会科学版）2020年第6期。

林朝颖、林楠、黄志刚、黄乐：《基于企业微观视角的定向降准惠农精准性研究》，《中国农村观察》2020年第6期。

林毅夫:《新结构经济学——重构发展经济学的框架》,《经济学》(季刊)2010年第10卷第1期。

刘贯春、刘媛媛、张军:《经济政策不确定性与中国上市公司的资产组合配置——兼论实体企业的"金融化"趋势》,《经济学》(季刊)2020年第20卷第5期。

刘海明、曹廷求:《广告宣传、信息不对称与债务融资成本》,《审计与经济研究》2015年第30卷第6期。

刘海明、李明明:《货币政策对微观企业的经济效应再检验——基于贷款期限结构视角的研究》,《经济研究》2020年第55卷第2期。

刘小玄、周晓艳:《金融资源与实体经济之间配置关系的检验——兼论经济结构失衡的原因》,《金融研究》2011年第2期。

刘晓光、刘元春:《杠杆率重估与债务风险再探讨》,《金融研究》2018年第8期。

刘义鹃、朱燕萍:《中国上市公司资本结构与企业价值的关系研究》,《财贸研究》2009年第20卷第5期。

刘义圣、王春丽:《中国新型货币政策工具影响下基准利率的选择——基于VAR模型的实证检验》,《福建论坛》(人文社会科学版)2019年第12期。

刘志远、郭瑾、彭涛:《债务融资、债务来源与企业风险承担》,《现代管理科学》2017年第10期。

罗党论、余国满、邓可斌:《地方官员任期与民生投入》,《党政视野》2015年第55卷第11期。

马理、刘艺:《借贷便利类货币政策工具的传导机制与文献述评》,《世界经济研究》2014年第9期。

马如飞、王艳:《杠杆、债务期限结构与企业投资——来自中国上市公司的证据》,《经济与管理研究》2012年第8期。

马微、盖逸馨:《企业生命周期、碳信息披露与融资约束——基于重污染行业的经验证据》,《工业技术经济》2019年第1期。

马文涛:《货币政策的数量型工具与价格型工具的调控绩效比较——来自动态随机一般均衡模型的证据》,《数量经济技术经济研究》2011年第28卷第10期。

牛慕鸿：《以多维视角审视去杠杆》，《中国金融》2018年第8期。

潘海英、胡庆芳：《生命周期视角下企业融资结构与创新水平互动效应研究——基于战略性新兴产业A股上市公司的经验证据》，《南京审计大学学报》2019年第16卷第4期。

潘攀、邓超、邱煜：《经济政策不确定性、银行风险承担与企业投资》，《财经研究》2020年第46卷第2期。

彭国富、张朝辉：《非金融企业杠杆率合理性评价与调节路径研究》，《经济与管理》2019年第33卷第2期。

彭克强、宋丽丽、张琳：《劳务性增收、收入分层与正规贷款可得性——基于四川传统农区农户调查的分位数回归》，《世界经济文汇》2019年第1期。

彭明生、范从来：《中国货币政策的民间投资产业结构效应》，《金融论坛》2018年第8期。

彭俞超、韩珣、李建军：《经济政策不确定性与企业金融化》，《中国工业经济》2018年第1期。

綦好东、刘浩、朱炜：《过度负债企业"去杠杆"绩效研究》，《会计研究》2018年第12期。

钱明、徐光华、沈弋：《社会责任信息披露、会计稳健性与融资约束——基于产权异质性的视角》，《会计研究》2016年第5期。

邱兆祥、刘远亮：《宏观经济不确定性与银行资产组合行为：1995—2009》，《金融研究》2010年第11期。

饶品贵、姜国华：《货币政策对银行信贷与商业信贷互动关系影响研究》，《经济研究》2013年第1期。

饶品贵、岳衡、姜国华：《经济政策不确定性与企业投资行为研究》，《世界经济》2017年第40卷第2期。

任晓怡：《数字普惠金融发展能否缓解企业融资约束》，《现代经济探讨》2020年第10期。

申慧慧、吴联生：《股权性质、环境不确定性与会计信息的治理效应》，《会计研究》2012年第8期。

盛松成、吴培新：《中国货币政策的二元传导机制——"两中介目标，两调控对象"模式研究》，《经济研究》2008年第43卷第10期。

司登奎、赵冰、刘喜华、李小林：《汇率政策不确定性与企业杠杆率》，《财经研究》2020 年第 46 卷第 12 期。

宋全云、吴雨、钱龙：《存款准备金率与中小企业贷款成本——基于某地级市中小企业信贷数据的实证研究》，《金融研究》2016 年第 10 期。

苏冬蔚、曾海舰：《宏观经济因素与公司资本结构变动》，《经济研究》2009 年第 12 期。

苏坤：《企业风险承担经济后果研究——基于债务期限结构的视角》，《现代管理科学》2016 年第 6 期。

孙国峰、蔡春春：《货币市场利率、流动性供求与中央银行流动性管理——对货币市场利率波动的新分析框架》，《经济研究》2014 年第 12 期。

孙兰兰、翟士运、王竹泉：《供应商关系、社会信任与商业信用融资效应》，《软科学》2017 年第 2 期。

谭小芬、李源、王可心：《金融结构与非金融企业"去杠杆"》，《中国工业经济》2019 年第 2 期。

汪辉：《上市公司债务融资、公司治理与市场价值》，《经济研究》2003 年第 8 期。

汪金祥、吴育辉、吴世农：《中国上市公司零负债行为研究：融资约束还是财务弹性？》，《管理评论》2016 年第 28 卷第 6 期。

王朝阳、张雪兰、包慧娜：《经济政策不确定性与企业资本结构动态调整及稳杠杆》，《中国工业经济》2018 年第 12 期。

王东静、张祥建、张景青：《公司债务期限结构与违约风险》，《管理科学学报》2009 年第 2 期。

王傅强：《现金股利政策与企业生命周期》，《财经理论与实践》2013 年第 3 期。

王红建、李青原、邢斐：《金融危机、政府补贴与盈余操纵——来自中国上市公司的经验证据》，《管理世界》2014 年第 7 期。

王秋石、屈宇超：《经济政策不确定性会加大市场摩擦吗？——基于信贷资本逆向流动的经验证》，《江西社会科学》2020 年第 40 卷第 8 期。

王去非、易振华、陈一稀：《中国货币政策非对称效应下调控工具的选择与搭配》，《金融研究》2015 年第 6 期。

王士伟：《中小型科技创新企业生命周期各阶段的特征及融资政策分析》，《科技进步与对策》2011年第28卷第10期。

王婷、李成：《货币政策调控为何陷入"稳增长"与"抑泡沫"的两难困境——基于国有与非国有企业产权异质性视角的分析》，《经济学家》2017年第10期。

王万珺、刘小玄：《为什么僵尸企业能够长期生存》，《中国工业经济》2018年第10期。

王雪原、王玉冬、徐玉莲：《资金筹集渠道对不同生命周期高新技术企业创新绩效的影响》，《软科学》2017年第31卷第4期。

王一鸣、宋龑娜：《降低企业杠杆率的重点》，《中国金融》2017年第4期。

王永钦、吴娴：《中国创新型货币政策如何发挥作用：抵押品渠道》，《经济研究》2019年第12期。

王宇伟、盛天翔、周耿：《宏观政策、金融资源配置与企业部门高杠杆率》，《金融研究》2018年第1期。

王贞洁、王竹泉：《经济危机、信用风险传染与营运资金融资结构——基于外向型电子信息产业上市公司的实证研究》，《中国工业经济》2013年第11期。

吴莉昀：《政府补助与中小企业融资约束——异质性作用结果与机制研究》，《商业研究》2019年第8期。

夏子航、马忠、陈登彪：《债务分布与企业风险承担——基于投资效率的中介效应检验》，《南开管理评论》2015年第18卷第6期。

肖泽忠、邹宏：《中国上市公司资本结构的影响因素和股权融资偏好》，《经济研究》2008年第6期。

肖争艳、姚一旻：《中国通胀与经济增长放缓福利成本的比较研究》，《经济理论与经济管理》2012年第5期。

肖作平：《上市公司资本结构与公司绩效互动关系实证研究》，《管理科学》2005年第3期。

谢军、黄志忠：《宏观货币政策和区域金融发展程度对企业投资及其融资约束的影响》，《金融研究》2014年第11期。

谢里、张斐：《"四万亿"经济刺激计划与企业杠杆率——来自中国双套样本数据的经验检验》,《财经研究》2018 年第 3 期。

邢天才、王再丰:《中期借贷便利工具对国债利率期限结构的影响——基于主成分分析和 VEC 模型的实证检验》,《金融论坛》2021 年第 7 期。

徐明东、陈学彬:《中国工业企业投资的资本成本敏感性分析》,《经济金融研究》2012 年第 3 期。

徐晓伟、王伟:《应对突发冲击的货币政策工具选择》,《上海金融》2012 年第 2 期。

徐新华、刘泽慧:《上市公司高管激励与会计稳健性——来自深交所上市公司的经验数据》,《南昌大学学报》(人文社会科学版)2018 年第 49 卷第 3 期。

杨昊昌、温军、陈学招:《经济政策不确定性与家族企业创新——融资约束及政府补助视角》,《科技进步与对策》2021 年第 9 期。

杨子晖、陈雨恬、陈里璇:《极端金融风险的有效测度与非线性传染》,《经济研究》2019 年第 54 卷第 5 期。

杨子晖、田磊:《中国经济与世界经济协同性研究》,《世界经济》2013 年第 36 卷第 1 期。

杨子晖、周颖刚:《全球系统性金融风险溢出与外部冲击》,《中国社会科学》2018 年第 12 期。

余振、顾浩、吴莹:《结构性货币政策工具的作用机理与实施效果——以中国央行 PSL 操作为例》,《世界经济研究》2016 年第 3 期。

曾令涛、汪超:《货币政策冲击对企业资本结构的异质性与结构性影响——基于 A 股上市公司的实证研究》,《中央财经大学学报》2015 年第 2 期。

曾颖、陆正飞:《信息披露质量与股权融资成本》,《经济研究》2006 年第 2 期。

战明华:《金融摩擦、货币政策银行信贷渠道与信贷资源的产业间错配》,《金融研究》2015 年第 5 期。

战明华、罗诚剑、李帅:《货币政策冲击对传统行业融资约束产生强化效应吗?——以纺织业为例》,《财经研究》2019 年第 7 期。

张成思、刘贯春:《中国实业部门投融资决策机制研究——基于经济政策不确定性和融资约束异质性视角》,《经济研究》2018 年第 53 卷第

12 期。

张成思、张步昙:《中国实业投资率下降之谜:经济金融化视角》,《经济研究》2016 年第 12 期。

张红玲、耿庆峰:《管理层持股、财务弹性与企业风险承担》,《财会月刊》2018 年第 2 期。

张杰、芦哲、郑文平:《融资约束、融资渠道与企业 R&D 投入》,《世界经济》2012 年第 35 卷第 10 期。

张思成、刘贯春:《中国实业部门投融资决策机制研究——基于经济政策不确定性和融资约束异质性视角》,《经济研究》2018 年第 12 期。

张先志、柳志南:《公司战略、产权性质与风险承担》,《中南财经政法大学学报》2017 年第 5 期。

张璇、刘贝贝、汪婷:《信贷寻租、融资约束与企业创新》,《经济研究》2017 年第 5 期。

张玉鹏、王茜:《政策不确定性的非线性宏观经济效应及其影响机制研究》,《财贸经济》2016 年第 4 期。

张远飞、贺小刚、连燕玲:《危机冲击、损失规避与家族大股东支持效应》,《财经研究》2013 年第 39 卷第 7 期。

赵恢林、黄建忠:《货币政策、异质性企业与产能过剩》,《产业经济研究》2019 年第 1 期。

赵萌、叶莉、范红辉:《经济政策不确定性与制造业企业创新——融资约束的中介效应研究》,《华东经济管理》2020 年第 34 卷第 1 期。

郑忠华、李清彬:《从乐观预期到审慎预期:基于经济政策不确定性对中国经济冲击的视角》,《宏观经济研究》2020 年第 3 期。

钟宁桦、刘志阔、何嘉鑫:《中国企业债务的结构性问题》,《经济研究》2016 年第 6 期。

周菲、赵亮、尹雷:《去杠杆的路径选择:财政去杠杆还是金融去杠杆?——基于企业部门的分析》,《财政研究》2019 年第 2 期。

朱宁、陈宇森、许艺煊:《新型货币政策工具操作能够稳定资本市场吗?》,《系统工程》2019 年第 1 期。

二 英文部分

Acharya V. V., Amihud Y., Litov L. P., "Creditor Rights and Corporate Risk-Taking". *Journal of Financial Economics*, 2011, Vol. 102, No. 1.

Allen N. Berger., Gregory F. Udell. "The economics of small business finance: The roles of private equity and debt markets in the financial growth cycle". *Journal of Banking and Finance*, 1998, Vol. 22, No. 6.

Almeida H., Wolfenzon D. "The Effect of External Finance on the Equilibrium Allocation of Capital". *Jounal of Financial Economics*, 2004, No. 77.

Atkeson A., Chair V., and Kehoe P., 2007. "On the Optimal Choice of a Monetary Policy Instrument". *NBER Working Paper*, No. 13398.

Altavilla C., and Giannone D., "The effectiveness of nonstandard monetary policy measures: Evidence from survey datag". *Journal of Applied Econometrics*, 2017, Vol. 32, No. 5.

Anderson R. G., and Gascon C. S. "The ommercial Paper Market, the Fed, and the 2007 - 2009 Financial Crisisg". *Federal Reserve Bank of St. Luis Rewiew*, 2009, Vol. 91, No. 6.

Baker S. R., Bloom N., Davis S. J., "Measuring Economic Policy Uncertainty". *Quarterly Journal of Economics*, 2016, Vol. 131, No. 4.

Bates T. W., Kahle K. M., Stulz R. M., "Why do U. S. firms hold so much cash than they used to?". *Journal of Finance*, 2007, Vol. 64, No. 5.

Baum C. F., Caglayan M., Ozkan N., et al., "The impact of macroeconomic uncertainty on non - financial firms' demand for liquidity". *Review of Financial Economics*, 2006, Vol. 15.

Baxter N. D. Leverage, "Risk of Ruin and the Cost of Capital". *Journal of Finance*, 1967, Vol. 22, No. 3.

Beckmann Joscha, Czudaj Robert. "Exchange rate expectations and economic policy uncertainty". *European Journal of Political Economy*, 2017, No. 47.

Bernanke B., S., and Blinder A., S., 1988. "Credit, money, and aggregate demand". *American Economic Review*, Vol. 78, No. 2.

Bloom N. "The Impact of Uncertainty Shocks". *Econometrica*, 2009,

Vol. 77, No. 3.

Boubakri N., Cosset J., Saffar W. "The role of state and foreign owners in corporate risk-taking: Evidence from privatization". *Journal of Financial Economics*, 2013, Vol. 108, No. 3.

Brandt L. and H. B. Li. "Bank Discrimination in Transition Economics: Ideology, Information or Incentives?". *Journal of Comparative Economics*, 2003, No. 31.

Bernanke B. S. and Reinhart V. R., "Conducting Monetary Policy at Very Low Short-Term Interest Ratesg". *American Economic Review*, 2004, Vol. 94, No. 2.

Chen Q., Funke K., and Paeta E., 2012. "Market and Non-market Monetary Policy Tools in a Calibrated DSGE Model for Mainland China". *BOFIT Discussion Papers*, 2012, No. 16.

Cumming D., Johan S. "Phasing out an inefficient venture capital tax credit". *Journal of Industry Competition and Trade*, 2010, Vol. 10, No. 3.

Deangelo H., Deangelo L., "Capital Structure、Payout Policy and Financial Flexibility". *Working Paper*, *University of Southern California*.

Churm R. and Radia A., "The Funding for Lending Scheme". *Quarterly Bulletin*, *Monetary Assessment and Strategy Division*, 2012, No. 4.

Denis D. J., Mckeon S. B., "Debt Financing and Financial Flexibility Evidence from Proactive Leverage Increases". *Review of Financial Studies*, 2012, Vol. 25, No. 6.

Dickinson V., "Cash Flow Patterns as a Proxy for Firm Life Cycle". *The Accounting Review*, 2011, Vol. 86, No. 6.

Dornbusch R., "Expectation and Exchange Rate Dynamics". *The Journal of Political Economy*, 1976, Vol. 6, No. 84.

Faccio M., Marchica M. T., Mura R., "CEO gender, corporate risk-taking, and the efficiecy of capital allocation". *Journal of Coporate Finance*, 2016, No. 39.

Fotopoulos G., Louri H., "Firm Growth and FDI: Are Multinationals Stimulating Local Industrial Development". *Journal of Industry, Competition and*

Trade, 2004, Vol. 4, No. 3.

Frank M. Z., Goyal V. K., *Capital structure decisions*. Working Paper, University of British Columbia, 2003.

Fazzari S., Stenven M., Hubbard, R. Glenn and Petersen, Bruce C., "Financing Constraints and Corporate Investment". *Brookings Paper on Economic Activity*, 1988, No. 1.

Firth M., Malatesta P. H., Xin, Q. Q. and Xu, L. P., "Corporate investment, government control, and financing channels: Evidence from China's Listed Companies". *Journal of Corporate Finance*, 2012, Vol. 18, No. 3.

Fleming M. J., Hrung W. B., and Keane, F. M., "The Term Securities Lending Facility: Origin, Design, and Effects". *Current Issues in Economics&Finance*, 2009, Vol. 15, No. 2.

Gaiotti E. and Generale A., *Does Monetary Policy Have Asymmetric Effects? A Look at the Investment Decisions of Italian Firm*. European Central Bank. Working Paper, 2001.

Ghosal V. and P. Loungani., "Product Market Competition and the Impect of Price Uncertainty on Investment: Some Evidence from US Manufacturing Industries", *The Journal of Industrial Economics*, 1996, Vol. 44, No. 2.

Gertler M., "The cyclical behavior of short term business lending: Implications for financial propagation mechanisms". *European Economic Review*, 1993, Vol. 37, No. 2.

Greenwald B. C., Stiglitz J. E., Weiss A., "Imformation imperfections in the capital market and macro-economic fluctuations". *The American Economic Review*, 1984, Vol. 74, No. 2.

Grenier L., "Evolution and Revolution as Organizations Grow". *Harvard Business Review*, 1972, Vol. 50, No. 4.

Guangli Zhang, Jian Lei, Han Zheng, Yao Pan et al., "Economic policy uncertainty and capital structure choice: Evidence from China". *Economic Systems*, 2015, Vol. 39, No. 3.

Guerrieri, Luca and Iacoviello, Matteo, "Collateral Constraints and Macroeconomic Asymmetries". *National Bank of Poland Working Paper*, 2015,

No. 202.

GULEN H., M ION., "Policy Uncertainty and Corporate Investment". *Review of Financial Studies*, 2016, Vol. 29, No. 3.

Habib A., Hason M. "Firm Life cycle, Corporate Risk-Taking and Investor Sentiment". *Accounting &Finance*, 2015, Vol. 55, No. 5.

Hadlock C. J., Pierce J. R., "New evidence on measuring financial constrains: Moving beyond the KZ index". *Review of Financial Studies*, 2010, Vol. 23, No. 5.

Han S. and Qiu J., "Corporate Precautionary Cash Holding". *Journal of Corporate Finance*, 2007, Vol. 13, No. 1.

Hess D., PImmenkötter. "How Much is Too Much? Debt Capacity and Financial Flexibility". *Ssrn Electronic Journal*, 2012, No. 5.

Hyunseob K., Howard K. "The Asset Redeploy ability Channel: How Uncertainty Affects Corporate Investment". *Review of Financial Studies*, 2016, No. 1.

Jensen M. C., "Agency Cost of Free Cash F low, Corporate Finance, and Takeovers". *American Economic Review*, 1986, Vol. 76.

Johansson A. I. and X. Feng, "The State Advance, the Private Sector Retreats? Firm Effects of China's Great Stumulus Program", *Cambridge Journal of Economics*, 2015, No. 75.

Jonathan Brogaard, Andrew Detzel. "The Asset-Pricing Implications of Government Economic Policy Uncertainty". *Management Science*, 2015, Vol. 61, No. 1.

John K., Litov L, Yeung B., "Corporate Governance and Risk-Taking". *The Journal of Finance*, 2008, Vol. 63, No. 4.

Kaplan S. N., Zingales L., "Do investment-cash flow sensitivities provide useful measures of financing constraints?". *Quarterly Journal of Economics*, 1997, Vol. 112, No. 1.

Kashyap A. K. and Stein J. C., *Monetary policy and bank lending.* In Mankiw N. G., (ed.), Monetary Policy, Chicago And London: University of Chicago Press, 1994.

Khwaja A., I. and A. Mian. "Do Lenders Favor Politically Connected Firms? Rent Provision in An Emerging Financial Market.". *The Quarterly Journal of Economics*, 2005, Vol. 120, No. 4.

Kiyotaki N. and J. Moore. "Credit Chains". *Journal of Political Economy*, 1997, Vol. 105, No. 21.

Kornai J. "The Soft Budget Constraint". Kyklos, 1986, Vol. 39, No. 1.

Lamont O., Polk C., Saa-Requejo J. "Financial Constraints and Stock Returns". *Review of Financial Studies*, 1997, Vol. 14, No. 2.

Li K., Griffin D., Yue H., et al. "How does culture influence corporate risk-taking?". *Journal of Corporate Finance*, 2013, Vol. 23.

Li K., H. Yue, and L. Zhan. "Ownersship、Institutions and Capital Structure: Evidence from China". *Journal of Comparative Economics*, 2009, Vol. 39, No. 3.

Lotfaliei B., "Zero Leverage and the Value in Waiting to Have Debt". *Journal of Banking & Finance*, 2018, Vol. 97.

Luigi Benfratello., Fabio Schiantarelli., Alessandro Sembenelli. "Banks and innovation: Microeconometric evidence on Italian firms". *Journal of Financial Economics*, 2008, Vol. 90, No. 2.

Margaritis, Psillaki., "Capital structure, equity ownership and firm performance". *Journal of Banking & amp; Finance*, 2010, No. 34.

McMullen J. S. and A. S. Kier., "Trapped by the Entrepreneurial Mindset: Opportunity Seeking and Escalation of Commitment in the Mount Everest Disaster". *Journal of Bussiness Venturing*, 2016, Vol. 31, No. 6.

Mehmet Balcilar, Rangan Gupta, Won Joong Kim, Clement Kyei. "The role of economic policy uncertainties in predicting stock returns and their volatility for Hong Kong, Malaysia and South Korea". *International Review of Economics and Finance*, 2018, No. 16.

Modigliani F., Miller M. H., "The Cost of Capital, Corporation Finance and the Theory of Investment". *American Economic Review*, 1958, Vol. 48, No. 3.

Myers, Majluf., "Corporate Financing Investment Decision when Firms Have

Information that Investors do not have". *Journal of Financial Economics*, 1984, No. 13.

McAndrews J., Sarkar, A. and Wang, Z. Y., "The effect of the term auction facility on the London interbank offered rate". *Journal of Banking and Finance*, 2016, Vol. 83.

Morgan P. J., "The Role and Effectiveness of Unconventional Monetary Policy". *Korea and the World Economy*, 2010, No. 1.

Nguyen B. T., "The spillover effects of US economic policy uncertainty on the global economy: A global VAR approach". *North American Journal of Economics and Finance*, 2019, No. 48.

Nick, Bloom, Stephen, et al., *Uncertainty and Investment Dynamics. Review of Economic Studies*, 2007.

Norland E., Wilford D. S., "Leverage, liquidity, Volatility, Time Horizon, and the risk of ruin: A barrier option approach". *Review of Financial Economics*, 2002, Vol. 11, No. 3.

Pan S., Shi K., and Wang L., 2016. "Excess Liquidity and Credit Misallocation: Evidence from China". SSRN, 2016.

Poole W., 1970. "Optimal Choice of Monetary Police Instrument in a Simple Stochastic Macro Modle". *Quarterly Journal of Economics*, 2017, No. 84.

Rajan R. G., Zingales L. "What do we know about capital structure? some evidence from international data". *Journal of Finance*, 1995, No. 50.

Peersman G., "Monetary policy and long term interest rates in Germany". *Economics Letters*, 2002, Vol. 77, No. 2.

Reinhart C., Rogoff K., "From Financial Crash to Debt Crisis". *American Economic Review*, 2011, Vol. 101, No. 5.

Renee B. Adams., Heitor Almeida., Daniel Ferreria. "Powerful CEOs and Their Impact on Corp Orate Performance". *Review of Financial Studies*, 2005, Vol. 18, No. 4.

Ross S., "The Determination of Financial Structure: The Incentive Signaling Approach". *Bell Journal of Economics*, 1977, No. 8.

Song Z., Storesletten K., and Fabrizio, Z., "Growing like China". *American Economic Review, 2011, No. 101.

Spence., Michael A. "The Learning Curve and Competition". *The Bell Journal of Finance*, 1981, Vol. 12, No. 1.

Stokey N. L. *The Economics of Inaction: Stochastic Control Models with Fixed Costs.* New Jersey: Princeton University Press, 2008.

Tian G. L., "State shareholding and the value of China's Firm", *Working Paper*, *London Business School*, 2001.

Titman S. D., Opler T. C., "Financial Distress and Corporate Performance". *Journal of Finance*, 2012, Vol. 49, No. 3.

Taylor J. B. and Williams J. C., "A Black Swan in the Money Market". *American Economic Journal: Macroeconomics*, 2009, Vol. 1, No. 1.

Walsh C., 2001. *Monetary Theory and Policy.* Cambridge: Massachusetts Institute of Technology Press.

Warner, "Bankruptcy costs: some evidence". *The Journal of Finance*, 1977, No. 5.

Whited T. M., WU G., "Financial constraints risk". *Review of Financial Studies*, 2006, Vol. 19, No. 2.

Wurgler J., "Financial Markets and the Allocation of Capital". *Journal of Financial Economics*, 2000, Vol. 58, No. 1.

后　　记

自 2017 年博士毕业后，笔者对企业的杠杆率这个课题产生了浓厚的兴趣，原因在于作为社会发展和国民经济的重要基石、创业富民的关键渠道，企业在扩大就业、收入增长、民生改善、国家税收、市场经济等方面发挥了重要作用。2020 年，笔者以企业杠杆率为主题申报了国家社科基金并有幸获批，对企业杠杆率的动态发展越来越关注，认识越来越深刻，并尝试将企业外部经济政策不确定性与企业内部融资约束性结合起来系统思考。

应该说，笔者研究企业资本结构的时间还不是很长，在日新月异的发展变化中，把握企业杠杆率的发展规律和趋势也并非易事。为了进一步加深对这一问题的理论探讨，笔者在国家社科基金最终结项成果的基础上，结合国家社科规划办出版要求，并按照学术著作的体例对项目成果进行了整合，延伸和拓展了对相关理论问题的探讨，形成了《中国企业杠杆率动态调整：决策机制与实现路径》书稿。

在本书即将出版之际，笔者首先要感谢为笔者的课题研究提供数据等相关资料支持的部门和企业，正是在他们的帮助下，笔者才能够以第一手资料和数据进行较为全面、详实的研究工作。其次，感谢在课题研究过程中给予笔者许多关心和帮助的领导、同事、研究生和家人，正是大家的共同支持，才使得本书得以顺利面世。最后，感谢中国社科出版社的热情支持，特别是责任编辑党旺旺老师的细心努力。本书得以出版，特别感谢南昌航空大学学术文库的资助。

在写作本书的过程中，笔者曾广泛阅读了许多经济、产业、社会等方面的相关研究论著，但由于时间仓促，加之水平有限，书中难免存在疏漏和不足之处，敬请读者批评指正。

舒长江
2022 年 9 月 10 日